L'ÉCOSSE EN QUESTIONS

Collection dirigée par Keith Dixon

La collection *L'Écosse en questions* a pour ambition d'offrir au public universitaire français une série d'études critiques sur différents aspects de la culture écossaise, ancienne et moderne.

Ouvrages collectifs ou individuels, études et présentations critiques d'œuvres littéraires ou philosophiques peu connues ou travaux de civilisation concourront à étendre notre compréhension de cette culture «périphérique» en évitant les deux écueils qui guettent encore les études écossaises, à savoir l'engouement pour le kitsch folklorique et le regard scotto-centrique complaisant.

Il ne s'agit donc pas de prendre la défense ou de fournir l'illustration d'une culture européenne dominée, mais de cerner ses spécificités ainsi que les apports extérieurs, d'examiner ses mythes et ses illusions autant que ses succès. Pour ce faire il faut un regard croisé, et la démarche de la collection sera donc résolument pluridisciplinaire et fera largement appel à des collaborations internationales.

L'Autonomie écossaise

Essais critiques sur
une nation britannique

Sous la direction de Keith DIXON

Esther BREITENBACH, Alice BROWN, Ian BROWN, Christian CIVARDI,
Cairns CRAIG, David MCCRONE, John FAIRLEY, Tom NAIRN,
David NEWLANDS, Lindsay PATERSON

TRADUCTION DE FRANÇOISE WIRTH

ELLUG
UNIVERSITÉ STENDHAL
GRENOBLE
2001

Eléments de catalogage avant publication

L'Autonomie écossaise. Essais critiques sur une nation britannique/ Esther Brei-
tenbach, Alice Brown, Ian Brown… [et al.] ; sous la direction de Keith Dixon –
Grenoble : Ellug, 2001.
226 p., couv. ill. en coul. ; 21 cm.
(L'Écosse en questions)
Notes bibliogr.
ISBN 2 84310 026 7

© ELLUG 2001
Université Stendhal
B.P. 25
38040 GRENOBLE CEDEX 9

ISBN 2 84310 026 7
ISSN 1279-8320

Les auteurs

Esther BREITENBACH, Université d'Édimbourg

Alice BROWN, Université d'Édimbourg

Ian BROWN, Queen Margaret University College, Édimbourg

Christian CIVARDI, Université de Strasbourg

Cairns CRAIG, Université d'Édimbourg

Keith DIXON, Université Lumière, Lyon

John FAIRLEY, Université de Strathclyde, Écosse

David MCCRONE, Université d'Édimbourg

Tom NAIRN, Université de Melbourne, Australie

David NEWLANDS, Université d'Aberdeen, Écosse

Lindsay PATERSON, rédacteur en chef de *Scottish Affairs*,
    Université d'Édimbourg

PUBLIÉ AVEC LE CONCOURS DU
CARNEGIE TRUST FOR THE UNIVERSITIES OF SCOTLAND

Introduction

Keith Dixon

Le présent ouvrage tente de faire le point sur l'évolution actuelle dans les champs social, économique, politique et culturel en Écosse en ce début de XXIe siècle, de mesurer le chemin parcouru depuis « l'éclatement de la Grande-Bretagne » repéré par Tom Nairn il y a une vingtaine d'années, et de proposer quelques pistes quant aux avenirs possibles d'une Écosse autonome. Nous avons fait appel à des spécialistes essentiellement écossais – sociologues, politologues, historiens et critiques littéraires – pour affiner notre compréhension des changements en cours, dont le plus important est sans doute l'octroi à l'Écosse, en juin 1999, d'une forte autonomie politique, après près de trois siècles de gestion directe par Londres (l'Acte d'Union de 1707 marqua effectivement la fin de la souveraineté politique écossaise et le début d'une Grande-Bretagne unifiée). L'analyse de ce changement constitutionnel majeur, dont la responsabilité immédiate relève du gouvernement néo-travailliste issu des élections législatives de mai 1997, ne peut pas se faire sans un retour sur le quart de siècle d'effervescence intellectuelle et culturelle qui lui a largement préparé le terrain.

Il faut revenir à la fin des années soixante pour voir les premiers signes d'un processus politique qui devait changer fondamentalement la donne pour l'État britannique, même si, à l'époque, peu nombreux étaient ceux et celles qui, comme Nairn, prévoyaient les bouleversements à venir. Rétroactivement, l'on peut voir dans la victoire de la candidate nationaliste, Winnie Ewing, à l'élection partielle de Hamilton dans l'ouest de l'Écosse en novembre 1967, le premier signe de l'émergence d'un nationalisme écossais moderne qui, loin de n'être que le feu de paille qu'évoquaient tant de commentateurs contemporains, devait transformer *durablement* le paysage politique écossais, et partant le système politique britannique, en l'espace de quelques années. Si l'on y ajoute les « troubles » nord-irlandais et la percée politique moindre du nationalisme gallois, c'est en fait l'ensemble des pays de la périphérie britannique qui entrent dans une période de questionnement de leur statut constitutionnel et de l'avenir de leurs rapports avec le centre. Si les nationalismes irlandais et écossais ont peu de chose en commun, néanmoins la cotemporalité de leur émergence ou réémergence minait l'ensemble de l'édifice grand-britannique. Ce fut d'autant plus déstabilisant que les revendications nationalistes venaient dans le sillage de la « perte » de l'Empire (le processus de décolonisation s'étendit de la fin des années quarante, avec l'indépendance de l'Inde et du Pakistan, jusqu'au milieu des années soixante qui vit la libération des anciennes colonies britanniques en Afrique noire) qui avait mis sérieusement en cause la vision traditionnelle et impériale de l'identité britannique.

Désormais, avec l'ancrage des nationalismes périphériques dans les réalités politiques et électorales, les gouvernements successifs devaient choisir entre deux alternatives pour tenter d'endiguer le mouvement: soit la réforme, qui prendra la forme de la « *dévolution* » (un degré plus ou moins fort de décentralisation politique et de transfert de compétences du centre vers la périphérie), soit la défense, parfois musclée, du *statu quo*. Les gouvernements travaillistes de 1974 à 1979 et de nouveau depuis 1997 optèrent, avec plus ou moins d'enthousiasme, pour la première solution en ce qui concerne l'Écosse, alors que pendant le long règne des conservateurs, de 1979 à 1997, c'est plutôt l'immobilisme qui caractérisa leur politique dans ce domaine. Pour la direction du parti travailliste, bien avant qu'Anthony Blair en occupe la première place, le changement constitutionnel a été considéré comme le moyen le plus sûr de maintenir l'union britannique; le débat portait sur l'étendue du changement nécessaire pour contrer l'influence des nationalistes (qui, par ailleurs, menaçaient les travaillistes dans un de leurs bastions). Pour les conservateurs, l'octroi de l'autonomie à l'Écosse (mais curieusement pas à l'Irlande du Nord) fut perçu comme le premier pas sur la « pente glissante » vers l'indépendance et la désintégration de l'union britannique; cela explique le refus, aux allures héroïques, des gouvernements de Thatcher et de Major de céder le moindre terrain à la revendication d'autonomie, quitte à sacrifier, peut-être définitivement, le parti conservateur en Écosse sur l'autel de cette intransigeance.

Avec moins d'un dixième de la population britannique totale et une économie qui a longtemps traîné un sérieux retard sur celle du pays voisin (sa restructuration récente est analysée ici par David Newlands), l'Écosse ne pouvait être qu'un acteur dominé dans la relation historique qui la liait à l'Angleterre. Dominée l'Écosse l'a été pendant l'ensemble de la période de l'union, dans les domaines politique et culturel, mais on aurait bien tort de réduire les rapports entre les deux pays à cette seule domination. Parmi les Écossais, jusqu'à la période la plus récente, et y compris parmi ceux et celles qui se réclamaient du nationalisme émergent entre les deux guerres, il y a toujours eu une reconnaissance, tout au moins implicite, de leur statut privilégié au sein de l'ensemble britannique : on évoquait l'Acte d'Union non pas comme une an-nexion du territoire écossais mais plutôt comme le début d'un *par-tenariat* qui, certes, vit la fin de la souveraineté nationale écossaise mais ouvrit une longue période pendant laquelle Écossais et Anglais faisaient œuvre commune au sein d'un vaste Empire qui offrait aux uns et aux autres non seulement matières premières et débouchés protégés, mais aussi des carrières fructueuses pour qui acceptait l'expatriation temporaire ou définitive. En effet, dans l'histoire de l'administration coloniale britannique tous les obser-vateurs ont souligné la sur-représentation des Écossais. Pendant tout le XIXᵉ siècle, l'économie écossaise faisait des bonds en avant remarquables grâce à son intégration grand-britannique : une par-tie considérable de son activité fut directement liée aux échanges impériaux.

Dominés sur le plan intérieur (et encore, à la différence des Irlandais sous le joug anglo-écossais, ils conservaient une Église indépendante et reconnue, un système de justice indépendant et un ensemble d'institutions scolaires et universitaires dont cer-taines spécificités ont été maintenues jusqu'à présent) les Écos-sais avaient tous les attributs des dominants dans l'aventure co-loniale grand-britannique. Sans évoquer le comportement des Écossais (administrateurs, évangélistes et troupes d'élite) dans les colonies sous domination britannique, on rappellera ici seule-ment le sort réservé aux immigrants pauvres en provenance de l'Irlande voisine, qui arrivèrent par dizaines de milliers dans la dernière moitié du XIXᵉ siècle et qui furent l'objet de racisme et de pratiques discriminatoires, souvent appuyées par les institutions écossaises. Si, aujourd'hui, les rapports entre Écossais et « Irlandais d'origine » se sont largement apaisés, l'on aurait tort de sous-estimer l'influence des attitudes et des pratiques exclusives voire xénophobes, surtout de la part de l'élite sociale écossaise, au moins jusqu'à la Seconde Guerre mondiale. Cette ambiguïté a longtemps marqué et entravé les tentatives de repenser un avenir autonome pour l'Écosse et pour les Écossais. Pour sortir du carcan grand-britannique il a fallu tout un travail de démystification et de démythification de l'histoire de l'Écosse et de son insertion au sein du Royaume-Uni, un travail qui avait pour but de faire la part de la reconstruction et de la réinvention dans les représentations nationaliste et unioniste, et ce faisant d'ouvrir la voie vers une meilleure compréhension de ce que l'Écosse a effectivement gagné et perdu dans ses rapports complexes non seulement avec sa puissante voisine mais aussi avec les pays et les peuples sous domination britannique.

Nous sortons à peine de ce travail (encore bien sûr incomplet), de ce retour sur soi qui a inspiré tant de chercheurs et de créateurs depuis une trentaine d'années. On trouvera d'ailleurs des échos vivaces des questions et des polémiques que ce travail a suscitées dans les pages qui suivent. Mais le chemin parcouru est déjà important. Les historiens critiques, contestant le sens commun oxbridgien, ont permis de revenir sur la présentation souvent infériorisante de l'Écosse avant l'union avec l'Angleterre pour rappeler que le vent de la civilisation ne soufflait pas en sens unique, ni avant ni après 1707 ; plus récemment ils ont ouvert le chantier de l'analyse critique des rapports réels entre l'Écosse et l'Irlande, de l'évangélisation irlandaise de l'Écosse occidentale, au Vᵉ siècle, à la colonisation écossaise de l'Ulster au début du XXIᵉ siècle, sans oublier la situation des immigrés irlandais en Écosse à partir du milieu du XIXᵉ siècle et le rôle des Écossais d'origine dans la construction politique et culturelle de l'état orangiste de l'Irlande du Nord au XXᵉ. Les critiques littéraires, dont Cairns Craig est un des plus éminents représentants, ont œuvré à la déconstruction de cette « littérature anglaise », encore enseignée dans nos facultés françaises, qui, on le sait maintenant, s'est toujours nourrie de l'innovation provenant de sa périphérie. Le dynamisme actuel de la culture écossaise, que cela soit dans le domaine du roman, du cinéma ou de la peinture, contribue très largement à la redéfinition des contours et des possibilités de la création dans les îles britanniques. Les sociologues nous ont aidés, par le travail minutieux d'examen critique de la réalité sociale écossaise, à démêler le mythique et le réel dans la société contemporaine, écorchant un ensemble d'illusions sur la supériorité prétendue des Écossais dans tel ou tel domaine (plus égalitaires, plus démocratiques, plus ouverts, plus tolérants, moins xénophobes que leurs voisins anglais, selon la *doxa* nationaliste). Dans ce domaine, le travail de David McCrone, de Lindsay Paterson, d'Alice Brown ou d'Esther Breitenbach a été d'un apport précieux : d'ailleurs l'ensemble des travaux publiés d'abord dans le *Scottish Government Yearbook* et ensuite dans *Scottish Affairs*, deux revues auxquelles la majorité des auteurs de ce livre a été étroitement liée, sont à ranger parmi les acquis théoriques essentiels de la période récente.

Mais il ne faut pas oublier non plus le rôle essentiel des créateurs – romanciers, poètes, peintres, sculpteurs, cinéastes – dans le processus de réappropriation critique de l'héritage écossais et de réécriture du présent. Ils ont, par leurs œuvres (abondantes et diverses ces dernières années), redessiné les frontières des Écosses possibles. Ce faisant, ils ont ouvert un espace qui rendait possible les changements dans le champ politique. De l'œuvre d'un Alasdair Gray ou d'un William McIlvanney, d'une Liz Lochhead ou d'une Jackie Kay, des peintures de Ken Currie, des chansons de Jesus and Mary Chain, on ressort avec une meilleure idée des tensions, des contradictions, voire des horreurs, mais aussi des interactions cosmopolites, de l'espérance sociale et des potentialités de l'Écosse moderne. C'est pour cette raison que nous consacrons plusieurs chapitres de cet ouvrage sur l'autonomie écossaise à l'évaluation critique du travail de l'art : Cairns Craig et Ian Brown non seulement évoquent le vaste continent (largement invisible au public français) de la création écossaise mais interrogent ses lacunes et ses certitudes précaires ; avec un sens tout à fait caractéristique de la polémique corrosive, Cairns Craig jette un regard neuf et sans complaisance, entre autres, sur celui qui fut sans doute la figure centrale de la culture écossaise au XXe siècle, C.M. Grieve, *alias* Hugh MacDiarmid, poète et militant, nationaliste et révolutionnaire.

Sans cet énorme travail créateur des chercheurs et des femmes et des hommes de culture, et sans la pluralité de visions nouvelles de l'Écosse qui imprègnent leurs travaux, l'Écosse nationaliste, l'Écosse revendicative aurait pu sombrer dans le repli nostalgique ou la haine de soi qui caractérisent tant de nationalismes contemporains ; elle aurait pu se laisser séduire par un passé réinventé pour les besoins de la cause. À regarder le champ politique écossais de ce début de siècle, l'on est forcé de reconnaître que tel n'a pas été le cas. Si ici et là (surtout dans les interventions de Tom Nairn) l'on peut repérer des doutes quant à la viabilité du compromis constitutionnel actuel dans lequel l'Écosse recouvre une partie de ses prérogatives nationales tout en continuant à rester tributaire d'un système de gouvernance grand-britannique dont les rigidités et les tendances autoritaires sont héritées d'un autre âge, personne ne doute des potentialités du nouveau système, et des incontestables *progrès* dans la vie politique écossaise que les nouvelles institutions ont apportés. Ces avancées sont dues, dans une très large mesure, au travail de contestation de l'ordre britannique qui a influencé de larges couches de la société écossaise, surtout pendant la période de la glaciation thatchérienne. C'est pendant cette période que les différentes forces de la société civile écossaise ont appris à travailler ensemble, et que les partis traditionnels sont sortis (provisoirement ?) de leur surdité habituelle envers le mouvement social autour d'eux. Ainsi, partis et associations (à l'exception des nationalistes et des conservateurs), Églises et syndicats ont pu travailler plus au moins harmonieusement au sein de la *Scottish Constitutional Convention* sur des questions aussi diverses que le nouveau rôle des autorités locales dans une Écosse autonome (analysé ici par John Fairley) ou la prise en compte réelle des femmes ou des minorités ethniques dans le nouveau dispositif politique écossais. Les avancées ont été parfois très sensibles : abandon du système électoral britannique, majoritaire à un seul tour, pour aller vers un système fondé sur la représentation proportionnelle ; place garantie des femmes sur les listes présentées par les partis (lorsqu'on connaît le machisme traditionnel de la vie politique écossaise, c'est un fait remarquable) ; réorganisation du travail parlementaire pour en finir avec les confrontations ritualisées et les archaïsmes de la Chambre des Communes, etc. La législation néo-travailliste qui a donné naissance à l'autonomie politique écossaise s'est très largement inspirée du travail novateur de la *Constitutional Convention.*

Ici encore on entend l'écho pas trop lointain du travail créateur de ceux et de celles qui ont représenté les spécificités écossaises sans les réifier, de manière critique mais positive, de ceux et de celles (surtout celles) qui ont entrepris la déconstruction des mythes phallocentriques de la société écossaise, y compris dans ses expressions les plus « progressistes ». Si nous bénéficions aujourd'hui des effets d'un nationalisme (au sens le plus large qui dépasse et de très loin le *Scottish National Party*) ouvert et inclusif, c'est également parce que des écrivains se sont attelés à la tâche de débarrasser la question de l'identité ou des identités écossaises de ses démons xénophobes (qu'ils soient anti-anglais ou anti-irlandais) : rappelons simplement qu'à deux reprises le romancier glaswégien, Alasdair Gray, parmi beaucoup d'autres, est intervenu fortement dans ce débat-là, non seulement pour démontrer, dans un pamphlet intitulé *Why Scots Should Rule Scotland,* le caractère raisonné de la revendication indépendantiste mais aussi pour rappeler que dans une vision large de la société écossaise contemporaine, sont écossais tous ceux et toutes celles qui *vivent* en Écosse, quelle que soit leur origine géographique ou ethnique (c'est-à-dire, y compris la minorité considérable d'habitants qui viennent de l'Angleterre).

Mais ne soyons pas non plus angélistes dans cette présentation des enjeux et des perspectives de l'autonomie écossaise. L'Écosse, quoi que puissent en penser certains de ses défenseurs un peu trop ardents, est un petit pays situé sur les marges de l'Europe, et dont l'existence même est parfois mal perçue en dehors de ses frontières (pensons à cette incapacité, non uniquement française, de distinguer par le vocabulaire entre l'ensemble et les parties britanniques). Pour cette raison, l'on peut raconter (et l'on raconte effectivement) n'importe quoi à son égard : c'est le cas, dans les médias français où L'Écosse est souvent, y compris dans les journaux « de qualité », confondue avec l'Irlande dans une nébuleuse « périphérie celtique » des îles britanniques. Il faut dire que dans ce domaine une connaissance fine de la réalité contemporaine écossaise n'est pas facilitée par l'utilisation récurrente, dans des publicités destinées à l'étranger, des images *kitsch* et celticisantes utilisées par l'industrie touristique écossaise, sans parler des grandes marques de whisky. À l'extrême droite de l'échiquier politique français, l'on trouve encore quelques nostalgiques d'un ordre celte ancien, qui n'a existé que dans leurs imaginations en manque de pureté ethnique, qui voient dans l'Écosse réinventée de *Braveheart* la confirmation de leurs rêves guerriers. Il va sans dire que l'Écosse de nos jours, celle qui est si bien représentée dans sa diversité par les créateurs et les chercheurs contemporains, n'a rien à voir avec ces chimères. Cet ouvrage a pour objectif de les dissiper un peu plus.

Notre ambition ici est de présenter un panorama aussi large que possible de l'Écosse contemporaine, qui sera accessible non seulement aux chercheurs et aux étudiants spécialisés en études écossaises, mais à un public bien plus large pour lequel les spécificités écossaises restent encore difficiles à appréhender. Le thème central de l'ouvrage est l'autonomie écossaise : c'est le fil conducteur qui permet de lier l'analyse des résultats du référendum de 1997 et les particularités du système politique écossais (Alice Brown), du rôle de la femme dans la société écossaise (Esther Breitenbach), l'examen de l'impact de l'autonomie sur l'économie écossaise (David Newlands) et du rôle historique de la société civile (Lindsay Paterson), la discussion des particularités sociologiques de l'Écosse « nation sans État » (David McCrone) et de l'évolution de la gouvernance régionale en Écosse (John Fairley). Christian Civardi évoque le rôle central joué par les organisations ouvrières dans la construction de l'Écosse moderne et l'évolution de leurs attitudes envers la « question nationale ». Fidèles à la démarche théorique générale que nous avons évoquée ici, Cairns Craig nous ramène au cœur des polémiques qui ont imprégné la culture écossaise au XXe siècle et propose une nouvelle vision décapante de l'autonomie culturelle et de ses conséquences dans le champ politique. Ian Brown nous rappelle l'importance de la représentation théâtrale dans le champ culturel écossais et ses liens avec la revendication autonomiste telle qu'elle a été formulée dans les autres arts. La postface de Tom Nairn, de lecture ardue peut-être mais qui déstabilise les facilités de l'auto-congratulation écossaise, est à la fois réflexion politique et historique, et dans la meilleure tradition du pays de David Hume, polémique intellectuelle ; quelle que soit l'évolution ultérieure de l'Écosse, ses dirigeants auront à affronter les difficiles questions posées ici par Nairn.

Passé, présent et futur de la politique en Écosse[1]

Alice Brown

Le 6 mai 1999, les Écossais se sont rendus aux urnes pour participer à la première élection démocratique d'un Parlement écossais.
Le rétablissement du Parlement, 300 ans après sa dissolution, est
un événement historique. L'Écosse ne dispose pas seulement d'un
nouveau Parlement, mais d'un Parlement élu selon un nouveau
système électoral, constitué d'une nouvelle catégorie d'élus
(membres du Parlement écossais – MSPs) ; il va fonctionner sur la
base d'une nouvelle organisation parlementaire obéissant à de
nouvelles règles du jeu ; le fonctionnement des commissions et le
processus parlementaire seront différents.[2] Si de tels changements
vont bien sûr avoir des répercussions sur la politique écossaise, ils
risquent d'en avoir aussi sur la gestion du Royaume-Uni ; comme
d'aucuns ont pu le dire : « Le remodelage du Royaume-Uni a commencé. »[3]

La modification du système parlementaire, prévoyant la dévolution pour l'Écosse, figurait en bonne place dans le programme du
parti travailliste. La majorité record obtenue par ce parti aux élections de mai 1997, après dix-huit ans de gouvernement conservateur, marquait l'avènement d'une ère nouvelle auquel de nombreux militants écossais œuvraient depuis des années. Le Livre
blanc sur la dévolution publié peu après les élections, en

---

1. Certains éléments de ce chapitre sont tirés d'un ouvrage collectif publié par Mac-
Millan, Brown A., McCrone D. *et al.*, *The Scottish Electorate*, 1999.
2. Brown A., McCrone D. et Paterson L., *Politics and Society in Scotland* (deuxième édition), MacMillan, 1998.
3. *Constitution Unit*, 1999, p. 1.

juillet 1997, correspondait très fidèlement aux propositions de réforme constitutionnelle discutées dans le cadre de la Convention constitutionnelle écossaise (*Scottish Constitutional Convention*) et présentées dans le rapport final de cette convention, *Scotland's Parliament, Scotland's Right* (SCC, 1995). Les deux questions soumises à référendum en septembre furent approuvées par une majorité d'Écossais. Conformément au calendrier du gouvernement, le projet de loi sur l'Écosse fut donc publié en décembre 1997, présenté à la Chambre des communes et reçut l'assentiment royal en novembre 1998. La loi ouvrait la voie aux élections, qui se sont tenues en mai 1999, à la même date pour l'Écosse et le Pays de Galles.

Le but du présent chapitre est de placer les résultats des élections écossaises de 1999 dans une perspective plus large : celle de la spécificité de la politique écossaise et de la marche vers l'autonomie. Le passé, le présent et l'avenir de la politique écossaise seront envisagés tour à tour.

Les partis politiques

« La liste des ouvrages consacrés aux partis politiques écossais est à l'évidence bien mince. » On pourrait compléter cette citation de Peter Lynch[4] en ajoutant que les ouvrages consacrés à la politique écossaise en général ne sont pas nombreux. Par ailleurs, beaucoup – la plupart – des livres traitant de la politique britannique ne prennent pas en compte la diversité de ses composantes. Certains auteurs ont contesté cette tendance à l'uniformisation[5] soulignant que même si les partis politiques ont des étiquettes similaires au nord et au sud de la frontière écossaise, leurs parcours et leurs programmes sont différents. Nous avons montré ailleurs que le succès des partis était directement lié à leur capacité à sensibiliser Westminster aux intérêts écossais et à accroître l'influence écossaise.[6]

---

4. Lynch P. « Third Party Politics in a Four Party System : The Liberal Democrats in Scotland », *Scottish Affairs*, n° 22, hiver 1998, p. 16.
5. Brown *et al.*, *Politics and Society in Scotland*, 1996, 1998 ; Johnson R., Pattie C.J. *et al.*, *A Nation Dividing ? The Electoral Map of Great Britain, 1979-1987*, Longman, 1988 ; Miller W., *The End of British Politics ? Scots and English Political Behaviour in the Seventies*, Clarendon Press, 1981.
6. Brown *et al.*, 1996, *op. cit.*, p. 117.

Les partis politiques écossais ont toujours évolué dans un contexte politique spécifique. Même si l'Écosse est privée de Parlement depuis le Traité d'Union de 1707, elle a cependant joui d'une certaine autonomie en ce qui concerne ses propres affaires.[7] Les différentes histoires de l'Écosse placent généralement trois grandes institutions (« la sainte trinité ») à la base de l'autonomie écossaise : l'Église, le système juridique et l'éducation. L'Église presbytérienne a fourni à la vie écossaise un cadre religieux et culturel tout à fait spécifique ; après l'union, l'Écosse a gardé son propre système juridique, et le système éducatif a évolué dans des directions nettement différentes du système anglais. Ces trois institutions ont, certes, contribué à la formation d'un contexte et d'une identité nationale propres à l'Écosse mais d'autres caractéristiques ont parfois été négligées. L'Écosse a un système d'administration locale, un mouvement syndical distinct, un milieu financier et d'affaires, une presse, un secteur audiovisuel et une quantité d'autres organisations et de groupes de pression qui ont une orientation spécifiquement écossaise. Les affaires de l'Écosse ont été gérées, dans le cadre du système britannique, par le Scottish Office, créé en 1885 et dirigé par le ministre de l'Écosse (*Scottish Secretary of State*), lequel est membre du cabinet depuis 1926. La reconnaissance du statut spécifique de l'Écosse transparaît également dans le nombre de ses députés à Westminster, qui, rapporté aux populations respectives, est plus important que celui des députés anglais ; il faut également souligner l'importance accordée par la Chambre des Communes à la Grande Commission écossaise (*Scottish Grand Committee*) et à la Commission des Affaires écossaises (*Scottish Affairs Committee*). C'est dans ce contexte politique que s'est développée l'identité écossaise et que fonctionnent les partis politiques d'Écosse.

Paterson[8] a retracé l'évolution de l'autonomie écossaise et du « compromis négocié » qui caractérise la relation entre Écosse et Angleterre depuis le XVIIIe siècle, a survécu à l'ère de « l'État légal » du XIXe siècle et de « l'État technocratique » du XXe. Au XIXe siècle, le gouvernement écossais était composé d'un réseau de conseils locaux et d'assemblées régionales formés de représentants des

---

7. Paterson L., *The Autonomy of Modern Scotland*, Edinburgh University Press, 1994.
8. *Ibid.*

professions libérales de la classe moyenne et dirigés par des hommes de loi. Cette élite avait des responsabilités dans divers domaines de la politique et ses décisions étaient guidées par les conventions et les traditions. À cette époque, le Royaume-Uni étant l'un des pays les plus décentralisés d'Europe, les hommes politiques britanniques intervenaient très peu dans les affaires écossaises. Au cours du siècle suivant, on a pensé que les solutions des problèmes politiques étaient d'ordre technique, ce qui a renforcé le rôle des bureaucrates au sein du système de gouvernement. C'est à cette époque que le Scottish Office a acquis une plus grande autonomie, davantage de pouvoirs et s'est mis à fonctionner sur la base de règles informelles, en collaboration avec un réseau de professionnels de la politique. Selon Paterson, ce système continua de fonctionner jusque dans les années soixante-dix, l'Écosse gardant une grande latitude dans la conduite de la politique administrative et l'exercice de ses propres choix en politique intérieure. Il allait être mis ensuite à rude épreuve, en particulier après l'élection d'un gouvernement conservateur conduit par Margaret Thatcher en 1979. Avec cette nouvelle donne, « le compromis négocié » fut soumis à des pressions accrues et il devint difficile de prendre des décisions politiques en Écosse.[9]

L'Écosse compte quatre grands partis politiques, ce qui constitue, en soi, une caractéristique particulière du paysage politique. L'existence d'un parti nationaliste, le SNP (*Scottish National Party*) confère une dimension spécifique aux relations et à la concurrence entre partis. Prenant une optique à long terme sur les positions relatives des partis politiques[10], Brown *et al.* ont identifié quatre dates clés dans l'histoire politique de l'Écosse. La première est celle de la réforme parlementaire de 1832 (*Reform Act*), suivie par une longue période de prépondérance du parti libéral. Vient ensuite l'année 1886 qui marque l'émergence de l'unionisme, nouvelle force politique qui va dominer la politique écossaise pendant cinquante ans. En 1922, le parti travailliste s'impose comme force principale d'opposition à l'unionisme et supplante le parti libéral. Le bouleversement suivant intervient aux élections d'octobre 1974 où le SNP obtient son plus grand succès avec 30 % des suffrages

9. Brown *et al.*, 1996, 1998.
10. *Ibid.*

(11 sièges de députés) et s'affirme ainsi comme un concurrent sérieux notamment pour le parti travailliste écossais. Dans ce paysage politique à quatre partis, compte tenu du système électoral majoritaire à un seul tour, le parti travailliste a facilement imposé son hégémonie et a encore remporté les récentes élections tant à l'échelon local qu'à Westminster et au Parlement européen.[11] Comme nous le verrons plus loin, l'introduction de la proportionnelle pour l'élection du Parlement écossais et les élections européennes de 1999 a modifié la balance des pouvoirs entre les quatre partis.

Le tableau 1 récapitule les résultats (en pourcentages des suffrages et en nombre de sièges) obtenus par les différents partis politiques écossais aux élections générales depuis 1945 jusqu'à 1997. Il met en lumière la façon dont le système majoritaire à un seul tour a grandement favorisé le parti travailliste et le spectaculaire déclin du parti conservateur amorcé à la fin des années cinquante. Le système électoral a permis aux travaillistes de s'assurer 56 des 72 députés envoyés par l'Écosse à Westminster après les élections de 1997. Avec seulement 45,6 % des voix, ils remportaient 78 % des sièges. Quant aux conservateurs, après avoir obtenu plus de 50 % des voix et 36 sièges en 1955, ils ont vu leur électorat s'effondrer pour finalement enregistrer leur plus mauvais résultat aux élections générales de 1997 (17,5 % des voix et aucun siège). Les libéraux démocrates comme le SNP ont été victimes du système électoral, ne parvenant qu'aux troisième et quatrième places dans un système à quatre partis. Grâce à une utilisation judicieuse de leurs appuis, les libéraux-démocrates ont réussi à remporter 10 sièges en 1997 avec seulement 13 % des voix tandis que le SNP n'obtenait que 6 sièges avec pourtant 22 % des voix.

11. Lynch P., 1996.

Tableau 1
Résultats des élections générales
en Écosse, 1945-1947

Pourcentage des suffrages (nombre de sièges)

Année	Labour	Conservateurs	Libéraux	SNP	Autres
1945	47,6 (37) 1,8 (3) ILP[12]	41,1 (27)	5,0	1,2	3,3 (4)
1950	46,2 (37)	44,8 (32)	6,6 (2)	0,4	1,6
1951	47,9 (35)	48,6 (35)	2,7 (1)	0,3	0,5
1955	46,7 (34)	50,1 (36)	1,9 (1)	0,5	0,8
1959	46,7 (38)	47,2 (31)	4,1 (1)	0,5	1,2
1964	48,7 (43)	40,6 (24)	7,6 (4)	2,4	0,7
1966	49,9 (46)	37,7 (20)	6,8 (5)	5,0	0,6
1970	44,5 (44)	38,0 (23)	5,5 (3)	11,4	0,6
1974 (fév.)	36,6 (41)	32,9 (21)	8,0 (3)	21,9 (7)	0,6
1974 (oct.)	36,3 (41)	24,7 (16)	8,3 (3)	30,4 (11)	0,3
1979	41,5 (44)	31,4 (22)	9,0 (3)	17,3 (2)	0,8
1983	35,1 (41)	28,4 (21)	24,5 (8)	11,7 (2)	0,3
1987	42,4 (50)	24,0 (10)	19,2 (9)	14,0 (3)	0,3
1992	39,0 (49)	25,6 (11)	13,1 (9)	21,5 (3)	0,8
1997	45,6 (56)	17,5 (0)	13,0 (10)	22,1 (6)	1,9

(*Source*: Brown *et al.*, 1998)

Les analyses traditionnelles de la situation politique de l'Écosse d'après guerre s'organisent autour de deux thèmes centraux en relation l'un avec l'autre : la différence de comportement entre électeurs écossais et anglais, d'une part, (sensible notamment dans le déclin des conservateurs écossais), la montée du SNP, d'autre part. Ces deux aspects sont liés par la question du nationalisme. De fait, pendant la période qui a précédé les élections de 1997, la politique écossaise a été de plus en plus influencée par des préoccupations

12. Independent Labour Party, petite formation de gauche qui a disparu depuis.

nationalistes. Tandis que ces préoccupations dépassaient le cadre du seul SNP pour gagner le parti travailliste et les libéraux-démocrates, les conservateurs devaient lutter pour ne pas être perçus comme un parti anti-écossais. En conséquence, tous les partis ont cherché à revendiquer une spécificité écossaise, les travaillistes et les libéraux-démocrates en se faisant les champions de l'autonomie interne (*Home Rule*), les conservateurs en s'efforçant de raviver l'image d'un parti défendant le patriotisme écossais au sein de l'Union. Les partis non conservateurs tentèrent également de se démarquer du gouvernement central en affichant des conceptions de plus en plus européennes. À l'issue des élections du 1er mai 1997, pour la première fois de son histoire, l'Écosse n'avait aucun député conservateur. Selon David McCrone[13], non seulement les conservateurs ont perdu tous leurs sièges en Écosse et au Pays de Galles aux élections de 1997 mais en plus « ils ont cessé d'être un parti britannique pour se trouver réduit à l'état de parti croupion limité au sud de l'Angleterre et ne représentant plus que des campagnes ou des banlieues anglaises ». La position du parti conservateur sur la question de la réforme constitutionnelle a été déterminante dans les élections de 1997. C'est donc à cette question que nous allons maintenant nous intéresser.

Les partis et la Constitution

La question de la réforme constitutionnelle a pris une importance croissante dans la politique écossaise des années quatre-vingt et quatre-vingt-dix. Les principaux arguments en sa faveur reposaient, d'une part, sur les divergences politiques entre l'Écosse et l'Angleterre, d'autre part, sur le « déficit démocratique » invoqué par les partisans de l'autonomie interne après que l'Écosse se soit vu imposer des mesures pour lesquelles elle n'avait pas voté sous les gouvernements Thatcher et Major. On tira la leçon des expériences des années soixante-dix, en particulier du référendum travailliste de 1979 sur la réforme constitutionnelle, lequel avait échoué pour n'avoir pas satisfait à la « règle des 40 % » (approbation de 40 % des électeurs inscrits). Un grand nombre d'organisations favorables au *Home Rule* ont alors vu le jour, notamment

---

13. McCrone D., « Introduction », *Scottish Affairs*, numéro hors série, 1998, p. 1.

Campaign for a Scottish Assembly (dont le nom a ensuite été modifié en *Campaign for a Scottish Parliament*, CSP) qui a joué un rôle déterminant dans la création de la Convention constitutionnelle écossaise (*Scottish Constitutional Convention*) en 1989. Le rapport rédigé par cette convention ainsi que les propositions qu'il contenait ont beaucoup influencé la politique du parti travailliste en la matière. La convention, composée de membres du parti travailliste, du parti libéral-démocrate, du parti des verts et de la gauche démocratique¹⁴, a travaillé en coopération avec un grand nombre d'associations et d'organisations issues de la société civile, notamment des représentants des cultes, des syndicats, du milieu des affaires, du secteur associatif, de l'administration locale et d'associations de femmes. Ni le SNP ni les conservateurs n'y ont participé. Bien que certains aient jugé qu'il s'agissait d'une erreur tactique, le SNP ne s'est pas impliqué dans le travail de la convention sous le prétexte que celle-ci serait dominée par le parti travailliste. Le SNP a préféré travailler à son propre programme intitulé : « *Independence in Europe* ». Les conservateurs, quant à eux, ont continué à proclamer leur opposition à la réforme constitutionnelle et à la création d'une assemblée élue en Écosse.

Après avoir travaillé six ans à l'élaboration d'un consensus, la convention a présenté ses conclusions. Le Parlement écossais serait composé de 129 membres élus selon un système semi-proportionnel : 73 membres (un par circonscription, Orkney et Shetland ayant été dissociés pour former deux circonscriptions) seraient élus au scrutin majoritaire à un seul tour et 56 membres sur des listes complémentaires (sept pour chacune des huit circonscriptions européennes). Ces propositions ont été reprises dans le Livre blanc sur la dévolution publié en juillet 1997 par le gouvernement travailliste et dans le *Scotland Act* de novembre 1998. La loi délimitait les pouvoirs conservés par Westminster en application du projet de dévolution, stipulant que les autres domaines seraient du ressort du Parlement écossais.¹⁵ Le projet travailliste incluait certaines mesures novatrices ; il reprenait notamment l'idée, suggérée par la convention, d'élire les députés écossais au scrutin semi-proportionnel et de chercher un meilleur équilibre

---

14. *Democratic Left* : nouvelle appellation du parti communiste.
15. Voir annexe 1.

entre les sexes. Il prévoyait aussi de donner au Parlement le pouvoir de faire varier le taux de base de l'impôt sur le revenu décidé par le Parlement britannique dans la limite de 3 %. Le gouvernement annonça dans la foulée son intention d'organiser un référendum en septembre de la même année. Les électeurs auraient à se prononcer sur deux questions, la création d'un Parlement écossais et l'attribution à ce Parlement du pouvoir de faire varier l'impôt.

Au cours de l'été suivant, le SNP se joignit aux travaillistes et aux libéraux-démocrates pour faire campagne en faveur du double « oui », une campagne coordonnée par l'organisation Scotland Forward.[16] Ce ralliement du SNP causa certaines tensions entre courants réformistes et fondamentaux du parti. Son leader, Alex Salmond défendit l'idée qu'il fallait s'impliquer dans la création d'un nouveau Parlement, tremplin vers l'indépendance, et c'est finalement cette ligne qui prévalut. Des différences d'opinions se manifestèrent également au sein du parti conservateur qui fit cependant officiellement campagne contre la réforme et pour le double « non », les opposants au projet de réforme parlementaire soulignant qu'il serait dangereux de s'aventurer sur une « pente glissante » qui pouvait mener à l'indépendance.

Trois partis politiques, travaillant ensemble au sein de *Scotland Forward*, trois leaders politiques défendant le même programme pour obtenir la réforme parlementaire, voilà qui constituait une expérience très inhabituelle en Écosse, expérience considérée comme la marque d'un consensus et l'avènement d'un nouveau style de politique. Cette coopération a été jugée très efficace au vu des résultats du référendum puisque 74 % des électeurs se sont prononcés en faveur d'un Parlement écossais et plus de 63 % en faveur du pouvoir de faire varier l'impôt. Porté par cet esprit de coopération entre les partis, le nouveau ministre travailliste de l'Écosse, Donald Dewar, annonça qu'il avait invité les quatre grandes formations politiques à participer à un comité consultatif (*Consultative Steering Group*, CSG) chargé d'orienter la rédaction des règlements et des procédures parlementaires. Ont également été associés au travail de ce comité des syndicalistes, des représentants

---

16. Jones P., « Labour's Referendum Plan: Sell-out or Act of Faith? », *Scottish Affairs*, n° 18, hiver 1997 ; Pattie C., Denver D. *et al*, 1 « The 1997 Scottish Referendum: An Analysis of the Results », *Scottish Affairs*, n° 22, hiver 1998.

d'associations pour l'égalité des chances, du milieu des affaires, des cultes, de l'administration locale et des consommateurs. Le comité a été mis en place en janvier 1998 avec pour mission de rendre un rapport en décembre de la même année. L'esprit de consensus devait cependant être mis à rude épreuve au cours de l'année 1998 et de la campagne électorale de 1999.

La première élection du Parlement écossais

Après les élections générales de 1997, les partis tournèrent leur attention vers la préparation des premières élections écossaises et essayèrent d'évaluer les conséquences du nouveau système de scrutin semi-proportionnel.[17] Le passage à un système de scrutin plus proportionnel aurait risqué de remettre en cause la suprématie dont jouissait le parti travailliste depuis vingt ans. C'est d'ailleurs ce qu'a reconnu Donald Dewar lorsqu'il a déclaré :

> Les modifications apportées au système électoral sont des mesures courageuses et de fait, certains parmi les moins charitables de mes collègues travaillistes considèrent que l'adoption d'un système électoral proportionnel constitue un cadeau sans précédent dans la politique écossaise.[18]

Il a ensuite ajouté que le nouveau système devrait favoriser une plus juste représentation des femmes, des minorités ethniques et d'autres groupes minoritaires et qu'ainsi les minorités devraient

17. Des fiches d'information diffusées par le Scottish Office présentaient ce système comme « un genre de représentation proportionnelle » en vertu duquel le nombre de sièges remportés par chaque parti au Parlement refléterait plus fidèlement leur part des voix. Pour l'élection des 129 députés, chaque électeur dispose de deux voix, l'une pour élire un député de circonscription (correspondant aux circonscriptions existantes pour les élections au Parlement britannique plus une supplémentaire en raison de la dissociation d'Orkney et Shetland, soit 73 sièges) et l'autre pour voter pour un parti (avec un nombre de sièges déterminé sur la base des circonscriptions européennes, soit 7 sièges pour chacune des 8 circonscriptions écossaises de l'époque, 56 sièges). Les députés de circonscription sont élus au scrutin majoritaire à un seul tour, les listes complémentaires ayant pour rôle de corriger les disproportions excessives observées entre nombre de voix et nombre de sièges. Dans chaque circonscription européenne, on comptabilise les voix obtenues par parti puis on les divise par le nombre de députés de circonscription élus pour chaque parti plus un. Le parti ayant le plus grand nombre de voix à la suite de ce calcul, obtient le premier député supplémentaire. On procède de même pour déterminer les six autres députés supplémentaires en incluant à chaque fois le nouveau député supplémentaire dans les calculs.
18. Dewar D., « The Scottish Parliament », *Scottish Affairs*, numéro hors série, 1998, p. 9.

être en mesure d'obtenir une représentation. Les premières estimations, calculées sur la base des élections de 1997, montrèrent en effet que le parti travailliste avait fait une concession de taille en acceptant la mise en place d'un système proportionnel car il semblait très peu probable qu'il puisse obtenir une majorité absolue. À supposer même que les électeurs votent comme en 1997 et donnent leur voix au même parti pour les deux scrutins (scénario probablement le plus favorable aux travaillistes), le parti travailliste n'obtiendrait que 63 sièges au nouveau Parlement, soit deux sièges de moins que la majorité absolue. Ces calculs créditaient le SNP de 28 sièges, les conservateurs et les libéraux-démocrates de 22 et 16 sièges respectivement.

Il était, en outre, fort probable que les électeurs ne voteraient pas exactement de la même façon qu'en 1997 et pas forcément pour le même parti dans les deux modes de représentation. Les sondages réalisés juste avant les élections écossaises prévoyaient que les électeurs, comme d'ailleurs les électeurs d'autres pays jouissant d'un système politique décentralisé, allaient faire preuve d'un comportement électoral assez complexe.[19] On s'attendait donc à ce que l'électorat ne fasse pas les mêmes choix pour l'élection du Parlement écossais que pour celui du Parlement de Westminster et que certains électeurs dissocient leurs votes entre députés de circonscription et listes complémentaires. Une étude menée par Dunleavy *et al.*[20] renforça l'idée que l'introduction d'un scrutin semi-proportionnel allait probablement se traduire par une dissociation des suffrages en fonction du mode de représentation, ce qui aurait d'importantes conséquences sur la répartition des sièges entre les partis.

Pendant la campagne électorale, les médias s'intéressèrent surtout à la concurrence entre parti travailliste et SNP, certains sondages plaçant le SNP devant les travaillistes. On vit resurgir toutes sortes de spéculations quant aux chances ou aux risques, selon les points de vue, d'aboutir à l'indépendance ; au fil de la campagne, le consensus entre partis fut soumis à des pressions croissantes tandis que de vieilles rivalités refaisaient surface. Le SNP évoqua la

---

19. Boston J., Levine S. *et al.*, « The 1996 General Election in New Zealand : Proportional Representation and Political Change », *Australian Quarterly*, 1997.
20. Dunleavy P., Margetts H. *et al.*, « Devolution Votes : PR Elections in Scotland and Wales », *Democratic Audit Paper*, n° 12, 1997.

possibilité d'organiser un référendum sur l'indépendance dès la première législature, une suggestion qui n'avait rien pour plaire ni aux travaillistes ni aux libéraux-démocrates. Au congrès de mars 1998, un certain nombre des grandes figures du parti travailliste écossais, y compris Donald Dewar, s'attaquèrent aux nationalistes et par la suite le parti et ses leaders multiplièrent les mises en garde contre les risques d'un « divorce » avec le reste du Royaume-Uni.

La campagne électorale s'échauffa lorsque le SNP fit part de son intention de lever un impôt supplémentaire pour tenir ses engagements électoraux ; on se demanda si les électeurs écossais accepteraient plus facilement les impôts que les électeurs anglais. La campagne fut ensuite quelque peu assombrie par les événements internationaux, en particulier la guerre des Balkans. Le chef du SNP, Alex Salmond, fut condamné par les médias à la suite d'une déclaration controversée sur le rôle du gouvernement britannique au Kosovo. Les nationalistes, et en particulier leur leader, avaient-ils ou n'avaient-ils pas commis deux énormes bourdes, la première en promettant une hausse des impôts, la seconde en prenant le contrepied du gouvernement en période de guerre ? À en croire les sondages, le parti risquait d'en subir les conséquences aux élections.

Les spéculations ne s'arrêtèrent qu'avec les résultats des élections. Comme prévu, aucun parti n'obtint la majorité absolue (voir tableau 2). Bien qu'en tête avec 56 sièges, le parti travailliste était loin des 65 sièges nécessaires pour s'assurer la majorité absolue. Le SNP était en deçà des prévisions avec seulement 30 % des voix. Il obtenait cependant 35 sièges, confirmant ainsi sa place de principal opposant au parti travailliste. Les libéraux-démocrates remportaient 17 sièges et en auraient sans doute eu davantage avec un scrutin plus proportionnel. L'aspect le plus paradoxal de cette élection fut sans doute le fait que le parti conservateur allait envoyer 18 élus à un Parlement dont il ne voulait pas, grâce à un système électoral auquel il s'était opposé. Le nouveau système électoral permit aussi l'obtention de sièges complémentaires par le parti vert écossais (*Scottish Green Party*) et le parti socialiste écossais (*Scottish Socialist Party*). Le dernier siège de circonscription fut remporté par un candidat indépendant, Dennis Canavan, qui s'était présenté contre le candidat officiel du parti travailliste dont il n'avait pas réussi à obtenir l'investiture.

Tableau 2
Élections écossaises de mai 1999
Résultats en voix et en sièges

Partis	Scrutin de circonscription, en voix	Scrutin, régional, en voix	Nombre de sièges		
			Circons.	Régions	Total (%)
Conservateurs	15,6	15,4	0	18	18 (14)
Travaillistes	38,8	33,8	53	3	56 (43)
Libéraux-démocrates	14,2	12,5	12	5	17 (13)
SNP	28,7	27,0	7	28	35 (27)
Divers*	2,7	11,4	1	2	3 (2)
Total			73	56	129

(* un indépendant, un représentant du parti socialiste écossais et un représentant du parti vert écossais)

La question se posa ensuite de savoir quels partis allaient former le gouvernement. Avant les élections, la solution la plus plausible semblait une coalition entre les deux grandes formations ayant participé à la convention constitutionnelle, les travaillistes et les libéraux-démocrates. La possibilité d'un gouvernement de coalition entre les autres grands partis n'avait jamais véritablement été envisagée, d'autant que le SNP avait déclaré qu'il n'entrerait dans aucune coalition comprenant le parti conservateur. Les médias entretinrent également certaines spéculations quant à un gouvernement travailliste minoritaire. Après quelques jours d'incertitude, les travaillistes et les libéraux-démocrates annoncèrent finalement qu'ils étaient tombés d'accord, publiant un document commun intitulé *Partnership Scotland*. Donald Dewar, leader du parti travailliste, fut sans surprise élu Premier ministre par le Parlement et choisit Jim Wallace, leader des libéraux-démocrates pour le seconder. Le gouvernement de coalition comprend 11 ministres (9 travaillistes et 2 libéraux-démocrates) et 11 secrétaires d'État (9 travaillistes et 2 libéraux-démocrates).

À première vue, il semble que les candidats comme les députés élus ne se différencient guère de leurs homologues de Westminster quant à leurs caractéristiques sociales et politiques. Seize des nouveaux élus siègent d'ailleurs déjà à la Chambre des Communes et vont donc cumuler deux mandats, en tout cas dans un premier temps. Il faut cependant souligner les 37 % de femmes élues au Parlement écossais, soit considérablement mieux que les 17 % de la représentation écossaise à Westminster. Le parti travailliste est la seule formation à atteindre la parité avec 28 élus de chaque sexe, vient ensuite le SNP avec 20 hommes et 15 femmes, puis le parti conservateur avec 15 hommes et 3 femmes ; les libéraux-démocrates sont à la traîne avec seulement 2 femmes pour 15 hommes. Les trois « divers » sont des hommes, ce qui donne un total de 81 députés et 48 députées. Cette arrivée massive de femmes, bien supérieure à la proportion jugée nécessaire pour influer sur le processus politique et en modifier les priorités, a été très remarquée.

Ce dernier point est d'ailleurs directement lié au problème plus large du mode de fonctionnement du Parlement. Le gouvernement de Westminster ayant été très critiqué pour ses dérives conflictuelles et centralisatrices, son manque de transparence, de démocratie et de représentativité, le désir s'est clairement manifesté au sein des partis politiques comme de la société civile de voir le nouveau Parlement écossais fonctionner différemment. C'est dans cette optique que le comité consultatif (CSG) évoqué plus haut a été chargé de participer à la rédaction des règlements et des procédures parlementaires. Le comité a commencé, dès janvier 1998, par adopter quatre principes qui allaient servir de base à son travail : partage des pouvoirs, responsabilité, accessibilité et participation, égalité des chances. Son rapport a été présenté au ministre de l'Écosse en janvier et mars 1999. Ses recommandations sur le fonctionnement du Parlement s'inspirent de ces quatre principes (voir annexe 2).

Il y a donc lieu d'espérer que l'adoption de ces recommandations (notamment la nouvelle organisation des commissions et d'autres procédures parlementaires et consultatives) va véritablement favoriser une plus large participation au processus de préparation des lois. Comme l'a déclaré Henry McLeish, président du CSG :

> La création du Parlement écossais est l'occasion de mettre en place une nouvelle sorte de démocratie en Écosse, plus proche de la population, plus conforme aux besoins des Écossais. Nous envisa-

geons un Parlement ouvert et accessible, un Parlement au sein duquel le pouvoir sera partagé avec la population, un Parlement encourageant la participation aux processus décisionnels influant sur nos vies, un Parlement responsable et transparent, un Parlement travaillant à l'égalité des chances pour tous.

Les nouveaux élus sont entrés au Parlement écossais quelques jours après les élections, le 12 mai, et ont commencé par élire leur président et leur Premier ministre. Au cours de ces premiers jours certains espoirs d'un style de politique différent ont pu être déçus : les vieilles habitudes sont difficiles à corriger. Il est clair cependant que l'esprit de coopération était au rendez-vous le 1er juillet 1999 lors de la cérémonie de transfert des pouvoirs et l'inauguration officielle du Parlement par la reine. Tandis que le nouveau Premier ministre, Donald Dewar, faisait référence « à la première étape d'un voyage commencé il y a longtemps et qui n'a pas de fin » et évoquait « une vie nouvelle pour l'Écosse et son peuple », Jim Wallace, poursuivait sur le même ton en déclarant qu'il revenait « aux députés du Parlement écossais de faire du Parlement un succès pour toute l'Écosse, – pour l'ensemble de la nation » et Alex Salmond, leader du SNP, allait dans le même sens, promettant de mettre tous ses efforts au service du peuple écossais. Bien que son parti se soit opposé à la création du Parlement, le leader des conservateurs, David McLetchie, n'était pas en reste et déclarait que son parti s'engageait « totalement pour la réussite du Parlement au sein d'un nouveau partenariat avec le Royaume-Uni. »[21]

En évoquant le passé politique de l'Écosse, nous avons distingué quatre grandes dates essentielles, 1832, 1886, 1922 et 1974. L'arrivée des travaillistes au pouvoir en Grande-Bretagne en 1997 et la première élection d'un Parlement écossais en 1999 qui s'en est suivie marqueront, elles aussi, un tournant dans l'histoire du pays. La création de cette nouvelle assemblée permettra une gestion démocratique dans de nombreux domaines de la politique intérieure et apportera une plus grande transparence au gouvernement de l'Écosse. Cependant, la réforme constitutionnelle, loin de se cantonner à l'Écosse s'inscrit dans un programme plus large qui prévoit aussi l'instauration d'une assemblée au Pays de Galles et en Ir-

---

21. *The Scotsman*, 2 juillet 1999.

lande du Nord, la création d'agences régionales de développement en Angleterre, la mise en place d'une municipalité et l'élection d'un maire à Londres, l'introduction de la proportionnelle pour les élections européennes de 1999, ainsi que la réforme de la Chambre des Lords. La politique, en Écosse comme dans le reste du Royaume-Uni, ne sera plus exactement la même.

Il est, pour le moment, difficile de faire des conjectures sur l'avenir. Les interrogations sont plus nombreuses que les réponses. Quelles sont les perspectives du nouveau Parlement, des députés et de la nouvelle coalition? Comment les hommes politiques et le reste de la population vont-ils s'adapter à la nouvelle organisation parlementaire et aux nouveaux processus décisionnels? Le Parlement respectera-t-il les principes de partage du pouvoir, de responsabilité, de participation et d'égalité des chances? Quelles sont les chances d'émergence d'un style de politique différent en Écosse? Des tensions sont prévisibles entre les différents acteurs de la scène politique: entre hommes politiques des différents partis; entre hommes politiques et représentants de la société civile qui souhaitent être associés au processus décisionnel; entre le Parlement et l'exécutif; entre le Parlement et les fonctionnaires. Il y aura aussi des tensions entre les différents niveaux d'administration: entre le Parlement écossais et celui de Westminster; entre le Parlement écossais et les collectivités locales. On peut encore s'attendre à ce que des relations se nouent entre les assemblées décentralisées d'Écosse, du Pays de Galles et d'Irlande du Nord qui pourraient éventuellement déboucher sur la création d'un conseil mixte. Il sera également intéressant de voir comment évolueront les relations avec l'Europe.

Les éléments dont nous disposons pour le moment semblent en accord avec les propos de Dunleavy *et al.*[22] selon lesquels: « La spécificité politique de l'Écosse, déjà bien marquée, va continuer à s'affirmer avec l'élection et l'entrée en fonction du Parlement écossais. » On peut dire sans risque que l'existence d'un nouveau Parlement va inévitablement modifier le contexte dans lequel évoluera désormais la politique des partis en Écosse. Mais quel sera l'ampleur, l'importance et le rythme de ce changement, voilà qui est bien plus difficile à prévoir.

22. Dunleavy *et al.* 1997, *op. cit.*

Annexe 1

Domaines de compétence du Parlement écossais

– Santé
– Éducation (de la maternelle au supérieur)
– Formation
– Collectivités locales
– Travail social
– Logement
– Développement économique
– Transport
– Affaires juridiques et intérieures
– Environnement
– Agriculture, pêche et forêts
– Sports et arts
– Recherches et statistiques

Domaines réservés à Westminster

– Constitution du Royaume-Uni
– Politique extérieure du Royaume-Uni, y compris les relations avec l'Europe
– Défense et Sécurité nationale du Royaume-Uni
– Protection des frontières
– Système fiscal, économique et monétaire du Royaume-Uni
– Marchés communs des biens et services du Royaume-Uni
– Législation du travail
– Aide sociale
– Réglementation de certaines professions
– Réglementation et sécurité des transports
– Aspects liés à la santé et la médecine, aux médias et à la culture

Annexe 2

Comité consultatif d'orientation : Principes essentiels et recommandations concernant les règlements et procédures du Parlement écossais

1. Partage des pouvoirs : le Parlement écossais doit symboliser et illustrer le partage des pouvoirs entre le peuple d'Écosse, les législateurs et l'exécutif écossais.
Pour favoriser ce partage des pouvoirs, le comité consultatif d'orientation a recommandé les mesures suivantes :
– un président indépendant ;
– une commission multipartite chargée de mener les affaires du Parlement (Bureau parlementaire) ;
– des commissions polyvalentes puissantes ;
– des commissions transversales chargées de traiter de problèmes tels que la pauvreté ;
– des commissions ayant, en plus de leur rôle de contrôle, le pouvoir de proposer des projets de loi ;
– pour tout projet de loi l'instauration d'une période de préparation suffisamment longue pour permettre un travail d'élaboration et d'analyse incluant une large participation des citoyens et des associations ;
– la mise en place de groupes et de réseaux sur l'exemple du Forum civique (*Civic Forum*) associés à l'élaboration et au contrôle de la politique en place ;
– le droit pour les citoyens, à titre individuel ou au sein d'un groupe, de lancer des pétitions.

2. Responsabilité : il serait bon que l'exécutif écossais rende des comptes au Parlement écossais et que Parlement et pouvoir exécutif rendent tous deux des comptes au peuple d'Écosse.
À cet effet, le comité recommande la mise en place :
– d'un « Code de conduite du parlementaire » dont le respect sera contrôlé par une commission *ad hoc* ;
– de procédures incluant notamment un système de Questions parlementaires ;
– de commissions ayant le pouvoir de mener des enquêtes et de recueillir des preuves ;
– de puissantes commissions parlementaires d'audit et de finances ;
– d'une commission chargée d'examiner la législation européenne ;
– l'introduction d'un système de pétitions.

3. Accessibilité et participation : le Parlement écossais doit être accessible, ouvert, réceptif et il se doit de privilégier des procédures qui permettront une approche participative du processus d'élaboration, d'analyse et d'examen de la politique et de la législation.

L'accessibilité et la participation seront facilitées par les mesures suivantes :
– un mode de fonctionnement ouvert, simple, digne et moderne ;
– une utilisation imaginative des nouvelles technologies permettant un accès facile au travail du Parlement ;
– des horaires de travail normaux et le respect des congés scolaires écossais ;
– des réunions plénières et des réunions de commissions tenues en public ;
– l'utilisation d'un anglais clair et direct ;
– la publication régulière de rapports et de bulletins sur les activités parlementaires ;
– un processus législatif ouvert permettant un maximum de consultation et de participation ;
– la tenue régulière de commissions parlementaires en dehors d'Édimbourg ;
– l'installation permanente de certaines commissions en dehors d'Édimbourg ;
– la participation aux commissions de membres non parlementaires cooptés n'ayant pas voix délibérative ;
– des initiatives de sensibilisation à la citoyenneté dans les établissements scolaires.

4. Égalité des chances : dans son fonctionnement et ses procédures de nomination, le Parlement écossais devra reconnaître la nécessité de promouvoir l'égalité des chances pour tous.

Dernier point et point d'importance, l'égalité des chances doit être garantie par les mesures suivantes :
– la création d'une commission sur l'égalité des chances et d'un comité sur l'égalité chargés de surveiller le respect du principe d'égalité par le Parlement lui-même ;
– la prise en compte effective de la question de l'égalité des chances dans le travail du Parlement et du gouvernement ;
– des horaires et des conditions de travail compatibles avec une vie de famille ;
– une programmation régulière et fiable des activités pour permettre aux parlementaires comme aux employés du Parlement de combiner aussi harmonieusement que possible leur travail, leurs responsabilités familiales et les problèmes de garde d'enfants ;
– la disponibilité des informations sous les formes et dans les langues requises.

Le mouvement ouvrier et la question nationale (1886-1997)

Christian Civardi

En Écosse, mouvement ouvrier et revendication autonomiste se structurent à la même époque : la *Scottish Home Rule Association* (Association autonomiste écossaise, SHRA) est fondée en 1886, le *Scottish Labour Party* (Parti travailliste écossais, SLP) en 1888, le *Scottish Trades Union Congress* (STUC) en 1897. Depuis un siècle, l'attitude du premier par rapport à la seconde peut se résumer d'un mot : pragmatisme. C'est en vain que l'on cherchera la moindre réflexion de fond d'un homme politique écossais de gauche sur la question nationale[1] – pas plus, d'ailleurs, que sur la nature, la fonction et l'idéologie de l'État britannique.

Faute de dogme, la position du mouvement ouvrier face aux revendications nationales peut se lire comme une cynique succession de volte-face : ex-secrétaire londonien de la SHRA, Ramsay MacDonald néglige le *Home Rule* (Autonomie écossaise) une fois au pouvoir ; président de l'*Independent Labour Party* (Parti travailliste indépendant, ILP), James Maxton, qui clamait en 1924 : « Je ne vois aucun objectif plus important dans ma vie que de mener cette Écosse régie par les Anglais et les nantis vers une communauté écossaise autonome », concède huit ans plus tard : « Le combat pour la seule liberté politique est aujourd'hui dépassé, que ce soit en Inde, en Irlande ou en Écosse »[2] ; le communiste

---

1. Ce que n'est pas *The Devolution of Power*, du député travailliste J.P. Mackintosh (1968), proposition argumentée d'un fédéralisme à la britannique. Gordon Brown n'aborde pas la question dans son introduction au *Red Paper on Scotland* (1975), en dépit d'un paragraphe intitulé : « Socialism and Nationalism », qui se résume à une dénonciation du SNP en tant que parti capitaliste bourgeois.

2. *Forward*, 28 avril 1924, et *New Leader*, 1er juillet 1932.

Aitken Ferguson, qui accusait en 1927 les autonomistes du STUC de « s'habiller en couleurs écossaises » (*don the tartan*), rédige dix ans plus tard une brochure favorable au *Home Rule*; le travailliste Jim Sillars remporte en 1970 la législative partielle du South Ayrshire en faisant campagne contre la dévolution, puis en 1988 celle de Glasgow-Govan en tant que candidat du... *Scottish National Party* (SNP) ; Robin Cook mène campagne pour le « non » au référendum de 1979, pour le « oui » à celui de 1997. Si Keir Hardie, John Smith et Donald Dewar, constants partisans du *Home Rule*, John Wheatley et Tam Dalyell, opposants tout aussi fermes, font figure d'exceptions, c'est que la position du mouvement ouvrier sur cette question a été, pendant la majeure partie du XXᵉ siècle, fondée sur l'appréciation du rapport de forces, toujours fluctuant, entre socialistes, nationalistes et conservateurs, et donc foncièrement réactive, voire défensive, plutôt que constructive.

En un siècle, la position du mouvement ouvrier sur la question nationale est, me semble-t-il, passée par cinq grandes phases. 1886-1923 : l'héritage libéral, marqué par la *Highland question* (question des Hautes-Terres écossaises) ; 1923-1940 : le repli stratégique, imposé par la crise économique ; 1940-1968 : la foi en la planification centralisée ; 1968-1979 : l'opportunisme des gouvernements Wilson et Callaghan, soumis à la pression du SNP ; 1979-1997 : le temps de la réflexion, produit de dix-huit années d'opposition. On notera que le mouvement ouvrier a accordé le primat, tantôt au politique, tantôt à l'économique. Dans le premier cas (phases I et V), il a adopté une attitude constructive face à la question nationale, dans le second (phases II, III et IV), une attitude défensive.

L'héritage libéral : 1888-1923

Réclamé par la plupart des députés écossais, le poste de *Scottish Secretary* est rétabli en 1885. Cette ébauche de « dévolution administrative » ne satisfait qu'à moitié l'opinion publique, qui estime que les affaires écossaises sont négligées à Westminster. Aussi la *Scottish Home Rule Association*, fondée en 1886, milite-t-elle pour la création d'un Parlement autonome sur le modèle de celui que Gladstone vient de proposer aux Irlandais. La SHRA n'a aucunement pour objectif l'indépendance de l'Écosse, mais un meilleur fonctionnement des institutions du Royaume-Uni; non partisane, elle rassemble députés libéraux (très majoritaires) et du *Crofters' Party*, industriels, universitaires et syndicalistes, tels les dirigeants des mineurs Robert Smillie et Keir Hardie.

Les travaillistes

Keir Hardie fonde en 1888 le *Scottish Labour Party*, partisan d'une réforme agraire, de la nationalisation des compagnies ferroviaires, des mines et des banques, de la journée de travail de huit heures, de l'abolition du *liquor traffic* (trafic de l'alcool) et de l'autonomie de toutes les nations de l'Empire. La *Scottish Land Restoration League* (Ligue écossaise pour la restitution de la terre) et la *Scottish Land and Labour League* adhèrent au nouveau parti. En 1893, Hardie préside à la fondation de l'*Independent Labour Party* britannique, au programme plus ouvertement socialiste que celui du SLP, qu'il absorbe. À son tour, l'ILP contribue, avec le *Trades Union Congress* (TUC), à la formation en 1900 du *Labour Representation Committee* (Comité de représentation du travail) puis, six ans plus tard, du *Labour Party*, dont Hardie est élu président, et Ramsay MacDonald secrétaire. Désormais composante du parti travailliste, l'ILP, bien implanté en Écosse, suscite l'adhésion de bourgeois(es) et d'intellectuel(le)s pacifistes et autonomistes, pour la plupart anciens libéraux.

Revenus au pouvoir en 1906, ces derniers rouvrent le chantier du *Home Rule*. En vain: aucun de leurs *Government of Scotland Bills* (projets de loi sur le gouvernement de l'Écosse) ne franchit le cap de la deuxième lecture aux Communes, sauf celui de 1913, qui s'enlise en commission jusqu'à ce que la déclaration de guerre bouleverse les priorités, entraînant la disparition de la SHRA.

Elle renaît en 1918, sous l'impulsion du tanneur ILP Roland Muirhead. Une forte majorité de ses adhérents est issue du mouvement ouvrier[3]; outre Muirhead, ses personnalités marquantes appartiennent toutes à l'ILP: William (et non « Willie ») Gallacher, président de la *Scottish Co-operative Society* (Société coopérative écossaise), le révérend James Barr, Thomas Johnston, James

---

3. En 1921, la SHRA compte 213 organisations affiliées, dont 89 sociétés coopératives, 65 sections syndicales, 26 sections ILP, 12 bourses du travail.

Maxton. Aux législatives de 1918, le parti travailliste fait campagne pour « l'autonomie pour tous » (*home rule all round*) ; il présente un « programme écossais » (*Scottish programme*) en dix points, dont le premier est « *Complete restoration of the land of Scotland to the Scottish people* », et le troisième « *The self determination of the Scottish people* » : on le voit, la revendication autonomiste procède de la lutte pour une réforme agraire, en particulier dans les Hautes-Terres.

Les partis révolutionnaires

L'extrême gauche est à cent lieues de ces préoccupations.

> *Forward* et l'ILP sont responsables de l'assimilation du socialisme écossais à un mouvement agraire rétrograde… Les gens des Hautes-Terres ne font pas davantage partie de la nation écossaise que les Sioux ne font partie de la nation américaine.[4]

L'organe du *Socialist Labour Party* (Parti travailliste socialiste) ne mâche pas ses mots. Il est vrai que le SLP, fondé en 1903 par la sécession du district écossais de la *Social Democratic Federation* (Fédération sociale démocrate, SDF), est un petit parti au recrutement industriel et urbain. La même attitude prévaut dans le district écossais du successeur de la SDF, le *British Socialist Party* (Parti socialiste britannique), fondé en 1911.[5]

Les syndicats

En 1895, le TUC expulse du nombre de ses affiliés les *Trades Councils* (bourses du travail), coupables de s'être trop tôt érigés en champions de la représentation ouvrière autonome à Westminster. Mécontents de cette décision, les syndicats écossais fondent, deux ans plus tard, le *Scottish TUC*. Pour les petits syndicats, le *Home Rule* représente une bouée de sauvetage face à la vague de fusions syndicales qui menace leur existence ; pour les bourses du travail, une possibilité d'établir le socialisme plus rapidement qu'en Angle-

4. Matheson J.C., « Socialism and Nationalism », *The Socialist*, novembre 1910.
5. « Willie » Gallacher au congrès de 1912 : « Les travailleurs doivent se défendre en tant qu'internationalistes et ne pas se préoccuper du nationalisme ». Cité dans Kendall W., *The Revolutionary Movement in Britain, 1900-1921*, Londres, Weidenfeld & Nicholson, 1969, p. 55.

terre ; pour les cheminots du district écossais de la *National Union of Railwaymen* (Syndicat national des chemins de fer), l'espoir de mettre un terme aux opérations de rationalisation qu'a entraînées la fusion en 1921 des cinq compagnies ferroviaires écossaises au sein de deux sociétés britanniques. Surtout, il représente, pour les uns comme pour les autres, un moyen de mettre fin à l'exode rural, notamment en provenance des *Highlands,* qui chasse vers les villes une main-d'œuvre aussi nombreuse que bon marché. Aussi une résolution favorable au *Home Rule* est-elle votée par chaque congrès du STUC entre 1914 et 1923. Celle-ci sera la dernière avant 1969.

LE REPLI STRATÉGIQUE : 1923-1940

En effet, quatre facteurs vont entraîner, au lendemain de la guerre, le mouvement ouvrier dans une direction assimilationniste : la création du parti communiste, le ralliement des catholiques au travaillisme, la crise économique, et la stratégie électorale du parti travailliste britannique.

Les partis révolutionnaires

Fondé en 1920, le *Communist Party of Great Britain* (Parti communiste de Grande-Bretagne, CPGB) ne représente pas une menace électorale pour le *Labour,* mais son implantation syndicale lui permet de jouer un rôle réel au congrès du STUC. Quoique majoritairement dirigé par des Écossais – Willie Gallacher, J.R. Campbell, Helen Crawfurd, Bob Stewart, Tom Bell –, il adopte d'emblée une ligne antinationaliste. « Les travailleurs de la Clyde vont-ils maintenir leur détermination à ne pas accepter une diminution de leur salaire, ou sont-ils trop occupés par le *Home Rule* pour l'Écosse ? », s'interrogeait *The Communist* du 30 avril 1921 après que le STUC eut voté une motion en faveur de l'autonomie.

Ayant échoué à former un *Scottish Communist Party,* John Maclean fonde en 1923 le *Scottish Workers' Republican Party* (Parti ouvrier et républicain écossais, SWRP), qui survivra une dizaine d'années à son fondateur, mort en novembre 1923. La seule allusion du manifeste que publie le SWRP en 1925 à l'indépendance de l'Écosse est foncièrement défensive : « Elle n'est pas plus incompatible avec l'internationalisme que ne l'est la revendication d'une République ouvrière en Inde, en Égypte ou en Irlande. » Tactique (se démarquer du CPGB)[6] et stratégique (contribuer à l'implosion de l'Empire), le nationalisme de Maclean trouve sa justification théorique dans la vision idéalisée d'une société clanique proto-communiste. Face à cette argumentation sujette à caution, relayée par l'aristocratique président de la *Scots National League* (Ligue nationale écossaise), Ruaraidh Erskine of Marr, le CPGB aura beau jeu de traiter Maclean de « communiste en kilt » (*claymore communist*).

L'internationalisme prolétarien du CPGB nie la spécificité écossaise, tant économique (aucune analyse du « développement inégal ») que culturelle. Au moment même où Gramsci s'érige en défenseur de la langue sarde, les efforts de la *Scots National League* pour promouvoir le gaélique sont comparés par le communiste R. MacLennan à une tentative de « ressusciter les morts afin d'étayer le système en décomposition du capitalisme international »[7], et Lewis Grassic Gibbon, dans un recueil d'essais publié en collaboration avec Hugh MacDiarmid, provoque ouvertement ce dernier.[8]

Les catholiques

On assiste, au lendemain de la guerre, à un transfert d'allégeance des catholiques d'origine irlandaise des libéraux vers les travaillistes, qui ont soutenu le financement par l'État des écoles catholiques, et qui bénéficient du travail de propagande de la

6. « Maclean est resté fidèle au principe... de la troisième Internationale, selon lequel il ne devait y avoir qu'un seul parti communiste par pays. Comme Maclean en voulait un différent du PC britannique (CPGB), la découverte que l'Écosse était un pays séparé lui a fourni le moyen de réussir la quadrature du cercle », J. McHugh & B.J. Ripley, « John Maclean : The Scottish Workers'Republican Party and Scottish Nationalism », *Bulletin of the Scottish Labour History Society*, n° 18, 1983, p. 43.
7. McLennan R., « The National Question and Scotland », *Communist Review*, octobre 1932.
8. « Il est douteux que les Celtes aient jamais contribué en quoi que ce soit aux cultures nationales des pays que l'on nomme à tort "celtiques"... Ils furent et demeurent l'un des pires fléaux qu'ait connus l'Écosse... avares, incompréhensibles, agressifs, dépourvus de culture et réfractaires à toute civilisation », L. Grassic Gibbon, « The Antique Scene », dans *A Scots Hairst*, 1934 ; Londres, Hutchinson, 1967, p. 123.

Catholic Socialist Society de John Wheatley, député ILP de Glasgow-Shettleston, qui lance cette mise en garde :

La question de l'autonomie écossaise, qui commence à connaître un certain retentissement, intéresse naturellement les Irlandais. Beaucoup d'entre nous, malgré leur foi dans l'autodétermination pour tous, sont forcés de reconnaître que la passion brûlante du nationalisme irlandais empêche depuis longtemps le rassemblement des ouvriers autour des questions sociales... Les États-Unis d'Europe représentent un idéal bien plus accessible que beaucoup d'autres et tout mouvement qui tend à renforcer les barrières entre une parcelle de terre, ses habitants et une autre parcelle est à décourager. Il semble qu'en Écosse il n'y ait aucun désir spontané d'indépendance de la part de la population et il est regrettable de consacrer du temps à un désir artificiel. Une meilleure répartition des centres administratifs pourrait se révéler plus efficace mais nous considérerons avec beaucoup de tristesse toute velléité de claironner en Écosse les mérites naturels du Calédonien en les opposant aux faiblesses notoires de chacun de ses compatriotes.[9]

C'est un avertissement que le *Labour* ne peut prendre à la légère : après la loi électorale de 1918, les catholiques constituent 20 % ou plus de l'électorat dans 23 circonscriptions écossaises. Aussi les protestations renouvelées d'autonomisme des non-catholiques de l'ILP commencent-elles à sonner creux.

La stratégie électorale

D'autant que certains d'entre eux se voient un destin national, c'est-à-dire britannique. En 1923, J.R. Bell constate devant le *Scottish Council of the Labour Party* (SCLP) :

Si l'Écosse avait bénéficié de l'autonomie, il est certain qu'un gouvernement travailliste serait maintenant au pouvoir au nord de la Tweed et cette pensée devrait solliciter des efforts encore plus importants de la part des Écossais, de plus en plus nombreux, qui demandent avec insistance un Parlement à Édimbourg pour gérer les affaires écossaises.

Il est vrai qu'aux législatives de 1922 (et à chaque élection jusqu'en 1935), le *Labour* obtient un meilleur résultat en Écosse qu'en An-

---

9. « Catholic Socialist Notes », *Forward*, 5 avril 1928.

gleterre, d'où le vœu qu'émet le délégué du *National Executive Committee* (NEC) travailliste devant la même assemblée de voir « la périphérie celtique sauver l'Angleterre de la folie de son propre conservatisme ». On voit bien le dilemme : le second constate que, sans les Écossais et les Gallois, point de gouvernement travailliste à Londres, le premier que, sans les Anglais, l'Écosse aurait un gouvernement travailliste.

Paradoxalement, c'est l'arrivée massive à Westminster, en 1922, d'une génération brillante de députés ILP écossais presque unanimement partisans du *Home Rule* qui sonne le glas de cette revendication : exerçant un pouvoir réel dans la vie politique britannique et conscients du fait que le parti travailliste avait besoin de leurs sièges pour obtenir la majorité, il était inévitable qu'ils fussent tentés de proposer des solutions nationales à la crise que traversait le royaume. Le parcours sans fautes de John Wheatley, très efficace ministre de la Santé et du Logement du gouvernement Mac-Donald de 1924, les confirmera dans cette option : comment pourrait-on se contenter d'améliorer le sort de la seule Écosse alors que l'on a l'occasion d'implanter le socialisme en Grande-Bretagne ? Aussi MacDonald, Premier ministre, ne soutiendra-t-il pas plus le *Scottish Home Rule Bill* présenté en 1924 par George Buchanan que, leader de l'opposition, celui défendu en 1927 par James Barr.[10]

Déjà passablement distendus par l'échec de ces deux *Bills,* les liens entre SHRA et ILP sont rompus en 1928 lorsque Muirhead et Cunninghame Graham se présentent en tant que candidats nationalistes indépendants à deux élections partielles, puis qu'est fondé le *National Party of Scotland.* Non sans mauvaise foi, Thomas Johnston s'en offusque :

> Le parti travailliste s'est déclaré officiellement en faveur d'une décentralisation politique, ce qui implique l'autonomie écossaise, mais il n'a pas eu l'occasion de traduire son programme en actes législatifs... Si le parti travailliste avait eu cette occasion et avait trahi les espoirs écossais, alors la question de la création d'un nouveau parti se serait posée tout à fait autrement.[11]

---

10. Il proposait le statut de Dominion, ce qui impliquait le retrait de Westminster des députés écossais, privant ainsi le *Labour* de tout espoir de revenir rapidement au pouvoir.

11. *Forward,* 2 juin 1928.

Certes, le nouveau programme travailliste adopté en 1928, *Labour and the Nation* (Le parti travailliste et la nation), prévoit « la création d'assemblées législatives séparées en Écosse, au Pays de Galles et en Angleterre, dotées de pouvoirs autonomes dans les affaires locales ». Il est clair, toutefois, qu'il ne s'agit là que d'une déclaration de pure forme. Revenu au pouvoir en 1929, le gouvernement travailliste n'a pas de temps à consacrer à ces questions constitutionnelles, considérées comme secondaires.

La crise économique

C'est que la crise économique les relègue, en effet, au second plan. Phénomène mondial à partir de 1929, la Dépression semble rendre dérisoire toute tentative de solution purement régionale, poussant Johnston, secrétaire d'État au *Scottish Office* de 1929 à 1931, à remettre en question, désabusé, son long passé de militant autonomiste.[12]

Les syndicats n'ont pas attendu la mondialisation de la crise pour tenir le même discours. Majoritaire au lendemain de la guerre, le point de vue autonomiste[13] est peu à peu supplanté par la position centralisatrice qu'expose devant le STUC de 1923 le délégué de la *National Union of Distributive and Allied Workers* (Syndicat national des travailleurs de la distribution) : « Nous ne sommes pas particulièrement favorables à l'autonomie écossaise, puisque nous voulons des taux de rémunération nationaux s'appliquant à l'Angleterre et à l'Écosse. »

C'est qu'entre-temps, l'environnement économique a changé du tout au tout. D'offensives pendant le boom de 1919-1920, les luttes syndicales sont devenues défensives face à un patronat sachant tirer parti du chômage qui gangrène l'Écosse à partir de 1921. Il devient clair que pour gagner en efficacité la riposte syndi-

---

12. « Je suis… de plus en plus mal à l'aise à l'idée que nous puissions obtenir un pouvoir politique sans avoir d'abord, ou au moins en même temps, suffisamment d'économie à administrer. À quoi rimerait un Parlement écossais à Édimbourg qui n'aurait à administrer qu'un système d'émigration, une admirable loi sur la pauvreté et un cimetière ? », Johnston T., *Memories*, Londres, Collins, 1952, p. 66.
13. « On devrait établir un Parlement, économisant ainsi du temps et de l'argent et donnant au peuple écossais une juste occasion de trouver le chemin de son propre salut », Hugh Lyon, de la *Scottish Horse and Motormen's Association*, devant le STUC de 1918, qu'il présidait.

cale doit être, à l'échelle de l'attaque, nationale. Dans la logique de ce raisonnement, d'aucuns n'hésitent pas à remettre en cause l'existence même du STUC. Cela est particulièrement vrai des syndicats généraux[14] et de l'aile gauche du mouvement, notamment les bourses du travail de Glasgow et Édimbourg, représentées au STUC par les communistes Peter Kerrigan et Aitken Ferguson.

Au congrès du STUC de 1931, pour la première fois en huit ans, une motion autonomiste est mise aux voix : elle est nettement défaite. Il est révélateur de déceler au nombre des rares organisations à avoir soutenu cette motion les bourses du travail de Hawick et Galashiels, centres textiles des *Borders* (région frontalière) où subsistent de petits syndicats locaux, ainsi que les ouvriers agricoles de la *Scottish Farm Servants' Union* (Syndicat écossais des travailleurs agricoles). Une revendication défendue par les seuls groupes situés aux franges professionnelles et/ou géographiques du monde ouvrier ne pouvait plus guère être prise au sérieux par les syndiqués des *Central Lowlands* (région du centre).

En 1932, après le désastre électoral de 1931 et la désaffiliation de l'ILP, le *Labour* tient son congrès national à Glasgow. Le *Home Rule* n'y est même pas évoqué : l'heure est à la reconstruction du parti et au renforcement du rôle de l'État pour tenter de sortir le Royaume-Uni de la crise qu'il traverse. Ce n'est pas la *Scottish Renaissance* (Renaissance écossaise) qui fera changer les travaillistes d'avis. Pendant l'été de 1927, *Forward* publie un échange de correspondance sur le nationalisme entre C.M. Grieve (Hugh MacDiarmid) et J.S. Clarke (député ILP de Maryhill). Un an plus tard, Clarke y attaque un article de Grieve dans la *Pictish Review* :

> Le nationalisme [est] l'invention d'un capitalisme naissant ou en difficulté... Aujourd'hui il ne constitue même pas un mythe significatif, il est plutôt un obstacle... Le « nationaliste » moderne, comme le Jacobite qui pose sa couronne de fleurs au pied de la statue du roi Charles chaque année, ou l'Orangiste qui revit tous les

14. J. Carmichael, de la *Workers'Union*, au congrès de 1924 : « Il serait... assez courageux pour dire aux travailleurs écossais qu'un TUC écossais était à consigner dans le passé. Il savait que cela poserait sans doute des problèmes pour ceux qui se trouvaient dans de petits syndicats d'ouvriers hautement qualifiés en Écosse, mais pour ce qui concernait le grand mouvement ouvrier, leur but était de centraliser le pouvoir exécutif sur le plan britannique. Le STUC avait trente ans : il avait fait un travail de propagande utile, mais rien d'autre. À cause de sa façon de fonctionner, il ne pouvait rien faire de plus », TGWU Area n° 7, *Area Committee Minutes* (NLS).

ans la bataille de la Boyne, est une anomalie historique...
M. Grieve a probablement raison [lorsqu'il écrit que], parmi ceux
qui « dirigent » le mouvement travailliste, il y a trop de mépris pour
la culture et pour les autres raffinements de la vie. Mais où se
trouve la logique dans les positions nationalistes ? Toute l'évolution culturelle actuelle va à l'encontre du nationalisme... Qui aurait
l'idée de dire que la relativité est une invention judéo-allemande ou
la radioactivité une invention franco-polonaise? Actuellement, au
XXᵉ siècle qui a vu naître les vols transatlantiques et la télévision, il
y a encore des hommes pour écrire dans la *Revue Picte*. Pourquoi
pas *Les Nouvelles néolithiques* où *Le Bulletin de l'âge de bronze*?[15]

Paradoxalement, c'est le CPGB qui reprend le flambeau nationaliste. « Certaines sections de la classe capitaliste » soutiennent le
nationalisme écossais à seule fin de « détourner la jeunesse écossaise de la lutte des classes », écrivait Helen Crawfurd en 1932.[16]
Trois ans plus tard, changement de discours : abandonnant sa
ligne de « classe contre classe » Staline prône le « front populaire »
antifasciste. Il importe donc de battre sur leur propre terrain les
nationalistes, qui captent une partie du vote des mécontents de la
classe moyenne. En 1937, une brochure de Aitken Ferguson, *Scotland,* propose un Parlement écossais doté de pouvoirs fiscaux et
économiques.

LA PLANIFICATION NATIONALE : 1940-1968

L'Écosse a proportionnellement moins contribué que l'Angleterre
au raz-de-marée travailliste de 1945 : l'exécutif national du parti estime ne plus avoir un besoin impérieux de ses voix pour arriver au
pouvoir. À Westminster, les *wild Clydesiders* turbulents et talen-
tueux ont laissé la place à une nouvelle génération d'élus, souvent
d'anciens permanents syndicaux méritants, dociles et peu ambi-
tieux; *Scottish Secretary* pendant la guerre, Johnston a utilisé au
mieux le potentiel de la dévolution administrative. Ce système, expliquent ses successeurs, permet à l'Écosse, non seulement de bénéficier d'un traitement préférentiel au sein du Cabinet, mais aussi

15. « More Nationalistic Bunkum », *Forward,* 16 juin 1928.
16. Crawfurd H., « The Scottish National Movement », *Communist Review,* février 1933.

d'influer sur les grandes décisions affectant le royaume ; et il est vrai que la mise en place de l'État providence et des nationalisations est un défi exaltant. Toutefois, la très forte centralisation qui préside aux réformes d'Attlee irrite en Écosse, y compris au SCLP, qui, en 1947, « réitère sa demande d'un examen [de la dévolution], et déplore qu'il ait pris du retard » – allusion à son *Plan for Post-War Scotland* (Plan pour l'Écosse d'après-guerre) de 1941, proposant que siège à Édimbourg une assemblée composée des députés élus pour l'Écosse à Westminster, mis au placard par le NEC.

Certes, la menace nationaliste a été repoussée : élu pour le SNP à la partielle de Motherwell en avril 1945, Robert MacIntyre perd son siège aux législatives de juillet. Mais le séparatisme défait, l'autonomisme prend la relève. John MacCormick, qui a quitté le SNP en 1942, fonde la *Scottish Convention*. En 1947, elle convoque une *Scottish Assembly*, qui rédige un *Scottish Covenant*, pétition autonomiste qui obtiendra deux millions de signatures. Député communiste du West Fife jusqu'en 1950, Willie Gallacher soutient la Convention, et John Gollan, secrétaire national du CPGB, présente en 1948 *Scottish Prospect* (Perspectives écossaises), favorable à un Parlement écossais.[17] Le STUC de cette même année repousse une motion du délégué des mineurs, le communiste Abe Moffat, revendiquant un Parlement écossais, au profit d'une autre prônant la planification économique nationale et la dévolution administrative. Cela restera sa ligne jusqu'en 1969.

Telle est également celle du gouvernement Attlee, dont le *White Paper on Scottish Affairs* (Livre blanc sur les affaires écossaises) de janvier 1948, proposant d'accroître le rôle du *Scottish Grand Committee* à Westminster, est entériné par le congrès écossais du parti. On est en pleine phase d'assimilation. Devant le congrès écossais de 1955, Gaitskell soutient que la planification économique et les négociations collectives nationales ont rendu caduque l'idée de *Home Rule*. Il est vrai que la menace nationaliste semble écartée : le SNP n'obtient pas même 1 % des voix écossaises aux législatives de 1955 et de 1959. Aussi le SCLP tombe-t-il dans la suffisance : en 1961, il refuse de débattre d'une motion déplorant la présence de missiles nucléaires américains au Holy Loch au prétexte qu'il « ne s'agit pas

---

17. Dont l'avènement, toutefois, est subordonné aux « *wider issues of the political struggle* ».

d'un problème écossais ». Trois ans plus tôt, le SCLP a présenté sa stratégie dans *Let Scotland Prosper* (Que l'Écosse soit prospère), qui répudie toute idée d'un Parlement autonome et postule : « Les problèmes de l'Écosse peuvent être résolus au mieux par la planification socialiste à l'échelle du Royaume-Uni », formule reprise en 1963 dans *Signposts for Scotland* (Pistes pour l'Écosse) :

> Le parti travailliste en Écosse considère que les problèmes spécifiques de l'Écosse peuvent être résolus seulement si l'industrie est réorientée du Sud vers le Nord. Ceci implique une stratégie déterminée de planification économique à l'échelle du Royaume-Uni.

Scottish Secretary de Harold Wilson, Willie Ross va s'y employer. Tout en stigmatisant les autonomistes, il ne manque pas de rappeler que, sans l'appoint de ses bastions écossais et gallois, le parti travailliste n'aurait pu accéder au pouvoir en 1964, ni en février et octobre 1974[18], et obtient la création du *Highlands and Islands Development Board* (Conseil de développement des Hautes-Terres et des Iles, 1965) et de la *Scottish Development Agency* (Agence de développement écossaise, 1975), ainsi que la désignation de la quasi-totalité de l'Écosse comme « zone de développement » (1967).

L'OPPORTUNISME : 1968-1979

Cela ne suffit pas à enrayer le déclin économique du pays. En 1967, Winnie Ewing remporte pour le SNP la législative partielle de Hamilton, bastion travailliste de la Clyde. Les succès du SNP aux élections locales de 1968 prouvent que Hamilton n'était pas un simple vote de protestation des déçus du wilsonisme. Willie Ross n'en tient pas compte, qui propose simplement d'étendre la dévolution administrative, et tance le STUC de 1968, coupable d'avoir osé débattre – sans la mettre aux voix – d'une motion autonomiste du leader communiste des mineurs, Mick McGahey.

À partir de 1968, l'attitude face à la question nationale de l'exécutif travailliste britannique et celle de l'exécutif écossais se mettent à diverger. Tandis que Wilson ruse et esquive – il nomme à la

---

18. À l'issue desquels il fut minoritaire de, respectivement, 16, 28 et 10 sièges en Angleterre. Voir Leruez J. et Morère P., *L'Écosse contemporaine*, Paris-Gap, Ophrys-Ploton, 1995, p. 14.

fin de l'année une dilatoire *Royal Commission on the Constitution* (Commission royale sur la constitution) –, le SCLP persiste et signe. En dépit des objurgations du fédéraliste John P. Mackintosh, le SCLP réaffirme dans *The Government of Scotland* (1970) et *Scotland and the UK* (1973) sa foi en la planification économique centralisée, panacée censée rendre inutile toute dévolution législative. Tel n'est pas l'avis des milliers d'ouvriers des chantiers navals *Upper Clyde Shipbuilders*, que le gouvernement de Edward Heath laisse mettre en faillite. Menée par deux syndicalistes communistes, Jimmy Reid et Jimmy Airlie, leur grève avec occupation de 1971-1972 met en cause le « gouvernement de Londres », incapable de faire face aux urgences locales. C'est là qu'apparaît pour la première fois l'idée que le gouvernement conservateur n'a pas de mandat écossais, et qu'une assemblée écossaise majoritairement travailliste pourrait faire contrepoids à un Parlement britannique à majorité conservatrice.

En octobre 1973, la commission royale (Kilbrandon) publie son rapport, majoritairement favorable à la dévolution législative en Écosse et au Pays de Galles. La veille, le SCLP a publié *Scotland and the UK*. La sanction ne se fait pas attendre : une semaine plus tard, le SNP remporte la législative partielle de Glasgow-Govan, bastion travailliste des chantiers navals, résultat d'autant plus humiliant que le *Labour* est alors dans l'opposition. Il est vrai que la découverte du pétrole de la mer du Nord a changé les données de la question : une Écosse indépendante paraît désormais viable. L'opportunisme n'est pas l'apanage des travaillistes : « Le pétrole est écossais », clament les affiches du SNP.

Le slogan porte : aux élections de février 1974, le SNP obtient 7 sièges, et 11 à celles d'octobre, qui en font le second parti (en voix : 30,4 %) d'Écosse derrière les travaillistes. En août Wilson, revenu au pouvoir, le NEC et le STUC convainquent un SCLP réticent de se rallier à l'idée émise par la commission Kilbrandon d'une « assemblée directement élue avec des pouvoirs législatifs dans le cadre de l'union politique et économique du Royaume-Uni ». Cette précision n'est pas que de pure forme : le Livre blanc de 1975, *Our Changing Democracy*, propose certes une assemblée écossaise, mais dépourvue de pouvoirs économiques. C'en est trop pour Jim Sillars, député travailliste naguère antidévolutionniste, qui fonde le *Scottish Labour Party*. Nombre de ses (rares) membres, recrutés surtout parmi la gauche intellectuelle du parti travailliste, sont des ex-opposants à l'entrée du Royaume-Uni dans la CEE, qui se rabattent sur une revendication de représentation autonome de l'Écosse à Bruxelles.

Présentés par les gouvernements travaillistes de James Callaghan, les *Scotland & Wales Bills* (Projets de loi sur l'Écosse et le Pays de Galles) de 1976 et 1978 ne sont pas tant les premières pierres d'une réforme constitutionnelle globale que le résultat d'un calcul politique ponctuel : ne disposant pas d'une majorité absolue à Westminster, le gouvernement a besoin du soutien des libéraux et des nationalistes. Après l'échec du premier projet de loi, le *Scotland Act* – mise en place d'une assemblée et d'un exécutif écossais dépourvus de pouvoirs fiscaux et soumis au contrôle du *Secretary of State for Scotland* (ministre pour les Affaires écossaises) – n'est voté en février 1978 que grâce à l'adjonction d'un amendement prévoyant son approbation ultérieure par référendum par au moins 40 % des électeurs inscrits en Écosse.

La campagne se déroule en février 1979, au sortir du « *winter of discontent* ». Si les libéraux et les communistes, d'une part, les conservateurs de l'autre, appellent, les premiers à un « oui », les seconds à un « non » francs et massifs, le parti travailliste étale ses divisions : face à la campagne travailliste officielle « Le parti travailliste dit *"oui"* » (*Labour says "Yes" campaign*), menée par John Smith et Donald Dewar, et dans laquelle des éléments de la droite du parti tel Bruce Millan côtoient son extrême gauche (jusqu'alors antidévolutionniste, la *Militant Tendency* écossaise s'est ralliée au « oui » sous la pression de ses camarades anglais), une campagne « Le parti travailliste dit *"non"* » (*Labour says "No" campaign*), menée par Tam Dalyell, Robin Cook et le *Tribunite* Norman Buchan, a toute latitude de s'exprimer ; d'où la perplexité, et souvent le manque d'entrain, des sections locales censées mener campagne pour le « oui ». La confusion des résultats fut à la mesure des ambiguïtés de la campagne.[19]

---

19. 51,6 % de « oui » et 48,4 % de « non » parmi les votants, mais, parmi les inscrits, 36,3 % d'abstentionnistes, 32,9 % de « oui » et 30,8 % de « non ».

LE TEMPS DE LA RÉFLEXION : 1979-1997

Salutaire fiasco, qui oblige autonomistes, indépendantistes et socialistes à mener enfin un travail de réflexion, notamment sur la dialectique de leurs idéologies respectives et sur l'identité nationale, qu'avaient entamé *The Red Paper on Scotland* (Gordon Brown éd., 1975) et surtout *The Break-Up of Britain* (Tom Nairn, 1977), et que vont poursuivre nombre de livres et de périodiques[20], mais aussi une nouvelle génération d'artistes et d'écrivains, souvent issus du milieu ouvrier, ainsi que la majeure partie du contingent travailliste écossais à Westminster, considérablement renouvelé : plus jeune, moins ouvrier, moins conservateur, et moins sensible au dogme de l'antinomie entre luttes nationales et lutte des classes – à laquelle peu d'entre eux persistent à croire.

La question du « mandat écossais »

Il faut dire que Mme Thatcher, qui semble prendre un malin plaisir à lier les deux, donne l'impression de privilégier un Sud individualiste et donc dynamique au détriment d'un Nord communautaire et donc archaïque. La carte électorale du royaume s'en ressent, et les législatives de 1983 posent au *Labour* cette question : combien de temps encore ses électeurs écossais vont-ils continuer à soutenir un parti qui, compte tenu de ses piètres résultats en Angleterre, semble n'avoir aucune chance d'arriver au pouvoir à Westminster ? Question d'autant plus épineuse que, si le parti clame avoir un mandat en Écosse (41 sièges sur 72) pour y combattre Mme Thatcher, il reprend le discours du SNP, et obère par avance la position d'un éventuel futur gouvernement travailliste disposant d'une majorité à Westminster grâce aux sièges écossais.

Toute l'habileté de John Smith, qui a piloté le *Scotland Bill* aux Communes en 1977, de Donald Dewar, ministre fantôme pour l'Écosse, et de Gordon Brown, va consister à « vendre » la dévolution – avec l'aval de Neil Kinnock, naguère opposant – sans pour autant tomber dans le piège du « mandat écossais ». Périlleuse gageure : le SNP (3 élus) a beau jeu de traiter de « cinquante faiblards » les 50 élus travaillistes écossais de 1987, bridés par leur

---

20. Notamment *Scottish International, Radical Scotland, Cencrastus.*

volonté de ne pas se réclamer d'un « mandat écossais », tant il est évident qu'ils sont impuissants à ralentir le rouleau compresseur thatchérien, propulsé par une imposante majorité *tory* à Westminster.

Ainsi, le SCLP refuse, en 1988, de se joindre à la campagne de nonpaiement de la *poll tax* que mènent le SNP et certains groupes travaillistes dissidents tels *Scottish Labour Action* (« *against the poll tax and for Home Rule* ») et *Scottish Militant Labour*. C'est en grande partie cette attitude légaliste qui cause en novembre 1988 la défaite du candidat travailliste à la partielle de Glasgow-Govan au profit du SNP, représenté par... Jim Sillars, qui a rejoint les nationalistes après le sabordage du *Scottish Labour Party* en 1979. Sillars est sans conteste un « homme de gauche » : l'anathème de *tartan tories* (conservateurs en kilt) maintes fois jeté contre les nationalistes, notamment par Lewis Grassic Gibbon et Willie Ross, est devenu caduc.

La Scottish Constitutional Convention

Lancée en 1980, la *Campaign for a Scottish Assembly,* non partisane, publie en 1988 *A Claim of Right for Scotland*[21], qui propose la tenue d'une *Scottish Constitutional Convention* transpartisane. Elle se réunit de 1989 à 1991, puis de 1993 à 1995 : libéraux-démocrates, verts, communistes et travaillistes y participent, ainsi que le STUC, les Églises – y compris la catholique, à laquelle le *Home Rule* a cessé de faire peur – et nombre de collectivités territoriales et d'associations culturelles ; nationalistes et *tories* la boycottent. Fin 1995, la convention publie *Scotland's Parliament. Scotland's Right,* qui propose la création d'un Parlement et d'un exécutif écossais dotés de larges pouvoirs, entre autres celui de faire varier de 3 % le taux de l'impôt voté à Westminster. Aussitôt, les *tories* crient à la « *tartan tax* » ; d'où la proposition de Tony Blair, en juin 1996, d'organiser un référendum – idée fermement rejetée par la convention et le parti travailliste un an plus tôt – à deux questions, l'une sur la création d'un Parlement, l'autre sur ses pouvoirs en matière de fiscalité.

On sait que les électeurs écossais ont très majoritairement répondu « oui » aux deux questions qui leur furent posées en sep-

---

21. Edwards O.D., éd., *A Claim of Right for Scotland,* Édimbourg, Polygon, 1989, 202 pages, contient le texte du document, ainsi qu'un certain nombre de prises de positions sur la question.

tembre 1997. Même si la valse-hésitation de 1996 sur l'opportunité d'un référendum rappelle les pires calculs des années soixante-dix, Tony Blair et son gouvernement ont eu l'habileté d'inscrire le *Home Rule* écossais et gallois dans le cadre d'une réflexion globale sur le nécessaire toilettage des institutions britanniques, ce que n'avaient osé faire leurs prédécesseurs travaillistes depuis Keir Hardie, pourfendeur de la monarchie et de la chambre des Lords. Dix-huit années de conservatisme thatchéro-majorien – mais aussi de création artistique, de réflexion politique, historique et sociologique – ont mis en évidence les lignes de fracture sociétales entre Angleterre et Écosse.

Le principal grief formulé dix-huit ans durant par une forte majorité d'Écossais à l'encontre du « gouvernement de Londres » – son absence de mandat écossais – serait-il devenu caduc après les législatives de mai 1997, qui ont fait de l'Écosse une « *tory-free zone* » ? La réponse est tombée en juillet, avec la publication du rapport Dearing proposant, avec l'aval du Premier ministre, une augmentation massive des droits d'inscription à l'université : levée de boucliers quasi unanime au nord de la Tweed, où l'on s'est empressé de faire savoir que le recrutement des étudiants était plus ouvert qu'au sud, et que jamais un Parlement écossais ne souscrirait à une telle mesure. Si, après trois-quarts de siècle d'hésitations, le mouvement ouvrier s'est massivement rallié au *Home Rule*, c'est en grande partie parce qu'il a fait de nouveau sien le postulat de Hardie, en vogue jusqu'au milieu des années vingt : affranchie du conservatisme anglais – dont le rapport Dearing confirme aux yeux de nombreux Écossais qu'il n'est pas l'apanage des *tories* –, l'Écosse retrouvera ses traditions solidaristes, et son mouvement ouvrier sa vocation première : changer la société.

BIBLIOGRAPHIE SÉLECTIVE

Donnachie I., Harvie C., Wood I. S., éd., *Forward! Labour Politics in Scotland, 1888-1988,* Édimbourg, Polygon, 1989, 184 pages.

Keating M., Bleiman D., *Labour and Scottish Nationalism*, Londres, MacMillan, 1979, 215 pages.

Civardi C., *Le Mouvement ouvrier écossais, 1900-1931 : travail, culture, politique,* Presses universitaires de Strasbourg, 1997, 464 pages.

Les femmes écossaises
face au changement constitutionnel

Esther Breitenbach

En Écosse comme dans beaucoup d'autres pays, les femmes, qui représentent pourtant 52 % de la population, sont sous-représentées dans la vie politique et publique ; elles sont désavantagées sur le marché du travail, plus exposées à la pauvreté que les hommes et subissent donc encore une véritable discrimination. Comme ailleurs, leur position dans la société est en évolution mais les progrès sont lents. Il a, en outre, souvent été dit que l'Écosse était plus misogyne, plus rétrograde vis-à-vis des femmes que l'Angleterre. Quoi qu'il en soit, la création d'un Parlement écossais est apparue comme une occasion historique pour les femmes d'Écosse d'influer sur l'équilibre des pouvoirs entre les sexes. En terme de représentation politique, l'élection du premier Parlement a déjà marqué un grand pas en avant puisque 37,2 % des élus (*Members of the Scottish Parliament*, MSPs) sont des femmes. La question est maintenant de savoir dans quelle mesure le changement constitutionnel va offrir des possibilités nouvelles aux femmes. Nous aborderons le problème en faisant d'abord un point rapide sur la situation des femmes en Écosse ; nous nous intéresserons ensuite à la campagne pour la parité qui a précédé l'élection du Parlement écossais avant de nous pencher sur les pouvoirs et l'organisation de cette nouvelle assemblée.

La situation des femmes dans l'Écosse contemporaine est globalement similaire à celle des femmes dans l'ensemble du Royaume-Uni, bien qu'il y ait bien sûr des différences considérables selon les régions du Royaume-Uni. Cependant, si les conditions matérielles sont assez similaires, certaines différences historiques, politiques et culturelles entre l'Écosse et le reste du Royaume-Uni (et en particulier l'Angleterre) ont considérablement influé sur les relations hommes-femmes et sur le sort des femmes en Écosse. D'abord, même si l'union des Parlements écossais et anglais est intervenue en 1707, l'Écosse a conservé son autonomie institutionnelle dans plusieurs domaines importants, en particulier dans les domaines juridique, scolaire et religieux. Historiquement, il s'en est suivi une certaine décentralisation de l'administration de l'Écosse, une législation séparée dans bien des cas, alors même qu'il n'y avait officiellement aucune décentralisation politique.[1]

Le développement industriel et économique de l'Écosse a également suivi une voie quelque peu différente de celle de l'Angleterre. Il semble que les femmes écossaises aient joué un rôle plus important dans la révolution industrielle que les femmes anglaises.[2] Cependant, l'économie écossaise s'étant développée principalement dans les industries lourdes, le charbon, l'acier et la construction mécanique y ont pris une place prépondérante. Le rôle des hommes, ouvriers qualifiés, a donc été privilégié par l'histoire, la mythologie et l'iconographie de la classe ouvrière écossaise tant et si bien que la contribution et l'action des femmes ont été passées sous silence.[3]

Comme dans beaucoup d'autres pays industrialisés occidentaux, le rôle des femmes sur le marché du travail a beaucoup changé au XXe siècle. Leur participation s'est accrue considérablement après la Seconde Guerre mondiale avec le plein emploi et l'augmentation des possibilités offertes aux femmes mariées. Les femmes ont par la suite continué à bénéficier du développement du secteur des services bien que beaucoup de ces emplois soient à temps partiel et mal payés.

Cette modification de l'équilibre des relations entre les sexes dans le monde du travail, dans la vie publique comme dans la vie privée commence à être prise en compte dans les analyses de la société écossaise et de son évolution sociale. Cependant, cette re-

---

1. Voir Paterson L., *The Autonomy of Modern Scotland*, Edinburgh University Press, 1994.
2. Whatley C., *The Industrial Revolution in Scotland*, Cambridge University Press, 1997.
3. Gordon E. et Breitenbach E., *The World is Ill-Divided: Women's Work in Scotland in the Nineteenth and Early Twentieth Centuries*, Edinburgh University Press, 1990 ; Gordon E., *Women and the Labour Movement in Scotland, 1850-1914*, Clarendon Press, 1991.

connaissance reste souvent symbolique et l'on n'a toujours pas véritablement admis l'influence des femmes sur l'orientation de la société dans laquelle elles vivent. Ce déni est une sorte d'équivalent culturel de leur sous-représentation dans la vie publique et politique. En l'absence de toute recherche véritable sur l'histoire passée et présente des femmes en Écosse, les mythes et les représentations erronées se perpétuent sans peine, en particulier ceux qui valorisent la masculinité, confinent les femmes à des rôles de ménagères et leur refusent toute influence dans les processus de transformation sociale.[4]

Au Royaume-Uni, comme dans d'autres pays d'Occident, on a assisté depuis la seconde vague du féminisme, à un essor considérable des écrits féministes et de la recherche dans ce domaine ; l'étude de la littérature féminine et des rapports entre hommes et femmes a pris une part grandissante dans les cursus universitaires. Ce phénomène s'est cependant développé de façon très inégale sur le territoire du Royaume-Uni, les pays périphériques (Irlande du Nord, Pays de Galles et Écosse) restant à la traîne de l'Angleterre tant pour le volume de recherche que d'œuvres publiées. En Écosse, l'absence relative de recherches consacrées à l'histoire des femmes, à l'histoire des rapports entre les sexes et surtout à la situation actuelle des femmes s'explique par une double marginalisation : celle des femmes en Écosse et celle de l'Écosse dans le Royaume-Uni.[5] En clair cela signifie qu'en Écosse il est plus difficile de financer ce type de recherche et qu'il est ensuite plus difficile d'en publier les résultats.

Le handicap que connaissent les femmes écossaises se reflète donc dans le peu d'informations disponibles à leur sujet : dans de nombreux domaines on ne dispose pas de données suffisantes pour évaluer avec précision les différences d'impact de certaines mesures en fonction du sexe. Le gouvernement devrait bien sûr se préoccuper de cette question qui, effectivement, commence à poser des problèmes pratiques urgents. Le fait qu'il y ait peu de recherches et donc peu d'informations sur les femmes d'Écosse en général, d'un point de vue historique, culturel ou social, a aussi des

4. Voir Breitenbach E., « "Curiously Rare" ? Scottish Women of Interest », *Scottish Affairs*, n° 18, hiver 1997, p. 82-94.
5. Breitenbach E., Brown A. et Myers F., « Understanding Women in Scotland », *Feminist Review*, n° 58, 1998, p. 44-65.

conséquences sur la culture politique et sur la façon dont les femmes sont perçues. Cette méconnaissance contribue, en effet, à perpétuer des stéréotypes réducteurs qui minimisent, discréditent et dévalorisent les actions comme les préoccupations des femmes.

La situation des femmes dans la société écossaise

Si l'on se place dans un contexte international et que l'on considère les principaux indicateurs (présence sur le marché du travail, revenus moyens, taux de divorce, augmentation des familles monoparentales, etc.) la situation des femmes dans l'Écosse d'aujourd'hui ne diffère pas sensiblement de celle des femmes dans l'ensemble du Royaume-Uni. Elles constituent 50,8 % de la main d'œuvre[6] et la plupart d'entre elles travaillent dans les services (81,3 % en Écosse contre 81,9 % en Grande-Bretagne selon l'EOC[7]). En Écosse, 42 % des femmes actives travaillent à temps partiel contre 45 % pour l'ensemble de la Grande-Bretagne.[8] Le salaire hebdomadaire moyen d'une femme représente 72 % du salaire moyen d'un homme en Écosse comme en Grande-Bretagne, bien que le salaire moyen écossais soit lui-même inférieur de 7 % au britannique.[9] La proportion des femmes percevant un bas salaire est plus importante en Écosse (47,5 % contre 41,3 % pour l'ensemble de la Grande-Bretagne[10]).

L'accession des femmes à l'éducation supérieure s'est améliorée. En 1996-1997, pour la première fois, le nombre des étudiantes du supérieur a dépassé celui des étudiants, avec 52,8 % de femmes en première année. Il faut cependant noter que la proportion baisse à partir du troisième cycle.[11] Depuis déjà un certain temps, les filles dépassent les garçons en terme d'acquisition de qualifications; cette tendance a également été constatée en Angleterre et au Pays de Galles. Le choix des filières reste toutefois très stéréotypé en fonction du sexe et malgré un niveau

6. Scottish Office, 1998.
7. Equal Opportunity Commission, *Facts about Women and Men in Scotland*, EOC, 1997 ; *Facts about Women and Men in Britain*, EOC, 1997.
8. *Op. cit.*
9. *Ibid.*
10. *Ibid.*
11. Engender, *Gender Audit*, Engender, 1999.

de plus en plus élevé de scolarisation, la réussite scolaire des filles ne leur assure pas encore une position comparable à celle des garçons sur le marché du travail.

Par rapport à la plupart des pays d'Europe de l'Ouest, l'État britannique aide peu les femmes qui travaillent, qu'il s'agisse de fournir des structures d'accueil pour les jeunes enfants, d'accorder des allocations de maternité ou des allocations familiales. Le pourcentage des enfants de moins de deux ans confiés à une crèche est, par exemple, de 2 % en Grande-Bretagne contre 20 à 25 % en France ou en Belgique ; pour les trois-cinq ans, 19 % seulement des enfants fréquentent une structure d'accueil contre 95 % en France et en Belgique et 60 % en Allemagne.[12] En conséquence de ce réseau d'accueil déficient, les mères élevant seules leur enfant n'ont bien souvent que les allocations de base pour vivre et sont donc particulièrement exposées à la pauvreté. En Écosse, un peu plus de 20 % des familles sont monoparentales, un chiffre légèrement supérieur à la moyenne britannique. En raison de parcours professionnels souvent chaotiques, ponctués d'interruptions pour élever les enfants, de périodes de temps partiel et d'emplois mal rémunérés, les femmes sont également exposées à la pauvreté lorsqu'elles prennent de l'âge : elles n'ont pas assez cotisé pour bénéficier d'une retraite correcte. Les indices montrent effectivement des différences à ce niveau et indiquent que les femmes écossaises sont plus mal loties que la moyenne des femmes britanniques, avec un salaire moyen inférieur, une plus grande proportion de bas salaires, un plus fort pourcentage de familles monoparentales et une plus grande exposition à la pauvreté.

Si l'on dispose plus ou moins des données concernant la situation des femmes sur le marché du travail, leur scolarité et les inégalités de salaires par rapport aux hommes, les renseignements restent souvent parcellaires dans d'autres domaines qui n'ont guère fait l'objet d'études approfondies.[13] Il y a, par exemple, très peu d'informations disponibles sur le rôle des femmes écossaises dans les affaires, tant sur un plan quantitatif que qualitatif. Même dans des secteurs comme celui des collectivités locales où des me-

---

12. Bailey J., *Social Europe*, Longman, 1996.
13. Voir Brown, Breitenbach et Myers, 1998, *op. cit.* ; Myers F. et Brown A., *Gender Equality in Scotland : A Research Review Update*, Equal Opportunities Commission, 1997.

sures de rééquilibrage des chances ont été introduites depuis le milieu des années quatre-vingt, les données concernant la situation des employées restent parcellaires et ne permettent pas de mesurer efficacement les changements. Dans le domaine de la fourniture de services par les collectivités locales, les données qui permettraient de mesurer et d'évaluer les différences entre les sexes sont rares.[14] Malgré la pauvreté des données et des études, il est clair que les femmes continuent à être sous-représentées dans les organes de décision et parmi les cadres supérieurs tant du public que du privé.

En ce qui concerne les collectivités locales, l'Écosse a joui d'un degré considérable de décentralisation, « d'un degré d'autonomie en matière de politique intérieure qui a donné un poids considérable à l'élite politique de la société écossaise ».[15] Cette élite politique est cependant restée presque exclusivement mâle. Comme l'a déclaré le journaliste Chris Baur :

> Ils se connaissent tous : ils appartiennent à un cercle fermé de politiciens, d'hommes d'affaires, de fonctionnaires, d'avocats, de syndicalistes, d'hommes d'église, d'universitaires auxquels s'ajoute une pincée nostalgique d'aristocrates. Ils déterminent les priorités de la nation.[16]

La représentation des femmes reste faible dans ces groupes et par conséquent les réseaux politiques restent majoritairement constitués d'hommes, blancs et issus de la classe moyenne.

En faisant le point sur les études portant sur les femmes et la sphère décisionnelle en Écosse, des chercheurs sont récemment arrivés aux conclusions suivantes : des données sont certes disponibles sur la représentation des femmes au Parlement de Westminster, au Parlement écossais, dans les collectivités locales et les institutions publiques ; en revanche dans d'autres domaines peu de recherches ont été menées et peu de données collectées. Parmi ces domaines citons par exemple : le nombre de femmes dans les commissions chargées des affaires écossaises au Parlement de

---

14. Voir Breitenbach E., Brown A. *et al.*, *Equal Opportunities in Local Government in Scotland and Wales*, Unit for the Study of Government in Scotland, University of Edinburgh, 1999.
15. Brown A., Breitenbach *et al.*, *Equality Issues in Scotland. A Research Review*, Equal Opportunities Commission, 1994.
16. Cité par Brown *et al.*, 1994, p. 96.

Westminster, dans les institutions publiques, les partis politiques, parmi les hauts fonctionnaires du *Scottish Office*, le nombre de femmes nommées au deuxième et au troisième niveau d'administration locale ou présentes dans les ONG.[17] Dans le secteur associatif, les femmes semblent mieux représentées au niveau décisionnel et aux postes de direction. Cependant, cette représentation semble liée à la taille des associations puisqu'il apparaît que les plus grandes sont généralement dirigées par des hommes. Les facteurs expliquant la sous-représentation des femmes dans la vie politique et publique sont sans doute similaires à ceux avancés dans d'autres parties du Royaume-Uni et dans d'autres pays industrialisés ; il convient cependant, une fois encore, d'insister sur le fait que l'Écosse est nettement moins bien servie que beaucoup d'autres pays en ce qui concerne la recherche.

Des études qualitatives ont montré que certains facteurs barraient l'accès des femmes à la politique, à la vie publique et au monde du travail. Il s'agit des méthodes de sélection, de recrutement et d'avancement, des exigences conjuguées du travail et de la vie familiale ; des stéréotypes ; du manque de confiance en soi ; de la structure traditionnelle des organisations, du « machisme » de la politique ; des rôles sexués dans les professions, de l'adoption de schémas de carrière masculins, d'une culture de gestion machiste et enfin d'une discrimination directe ou indirecte.[18]

Représentation politique

Le fait que 37,2 % des membres du Parlement écossais soient des femmes représente, comme nous l'avons déjà souligné, une avance importante. Avant cette élection, la représentation politique des femmes en Écosse était régulièrement faible. Cette forme d'exclusion de la vie politique et publique, longtemps après l'accession au droit de vote (1918 : accession partielle des femmes au droit de vote ; 1928 : toutes les femmes obtiennent le droit de vote) est typique des démocraties occidentales bien que l'évolution vers une meilleure représentation des femmes ait été plus lente en

---

17. Myers F., « Women in Decision-Making in Scotland: A Review of Research », *Women's Issues Research Findings*, n° 2, Central Research Unit, Scottish Office, 1999.
18. Myers F., 1999, *op. cit.*

Grande-Bretagne que dans beaucoup d'autres pays d'Europe. Au début des années quatre-vingt-dix, c'est par exemple en Finlande et en Norvège que l'on observait la meilleure représentation des femmes au Parlement avec respectivement 39 et 39,4 % de députées. La Grèce et la France avaient les pourcentages les plus bas avec 6 et 6,1 % respectivement tandis que le Royaume-Uni ne faisait guère mieux avec 9,2 % (chiffres cités par Brown *et al.*[19]). La situation s'est nettement améliorée au Royaume-Uni après les élections générales de 1997 bien que l'on soit encore bien loin des 40,4 % de la Suède ou des 39,4 % de la Norvège qui détiennent les plus hauts taux de représentation des femmes au niveau Parlementaire. Actuellement, il y a 18,2 % de députées à l'assemblée de Westminster; 16,6 % des membres écossais de cette assemblée sont des femmes.

La première élection du Parlement écossais s'est déroulée le 6 mai 1999. La répartition du nombre des élus par sexe est la suivante:

Tableau 1
Députés élus au Parlement écossais
par parti et par sexe

Partis	Femmes	Hommes	Total	Femmes en % du total
Travaillistes	28	28	56	50,0 %
SNP	15	20	35	42,9 %
Conservateurs	3	15	18	16,7 %
Libéraux-démocrates	2	15	17	11,8 %
Indépendants	0	1	1	0,0 %
Socialistes écossais	0	1	1	0,0 %
Verts écossais	0	1	1	0,0 %
Total	**48**	**81**	**129**	**37,2 %**

19. Brown *et al.*, 1994, *op. cit.*, p. 166.

Au niveau des collectivités locales, les femmes occupent 22,6 % des sièges[20], contre 27 % en Angleterre et au Pays de Galles.[21] Il est intéressant de noter que la situation est meilleure en Écosse qu'au Pays de Galles où les femmes occupent 20 % des sièges de conseillers et 10 % des sièges de députés. En Irlande du Nord, le système d'administration locale est différent, les élus locaux y ont des pouvoirs bien plus limités que dans le reste du Royaume-Uni. 14 % des élus locaux d'Irlande du Nord sont des femmes. Il n'y a actuellement aucune députée nord irlandaise au Parlement de Westminster, il n'y en a d'ailleurs jamais eu que quatre en tout et pour tout (Colclough, 1998). Aux élections de 1998 pour l'assemblée d'Irlande du Nord, 14 femmes ont été élues sur un total de 108 membres (13 %).[22]

Avant l'élection du Parlement écossais, les femmes obtenaient généralement une meilleure représentation au niveau local qu'au Parlement. Le taux de représentation actuel des femmes à l'échelon local est de 22,6 % (à la suite des élections de mai 1999). Ce chiffre est similaire à celui issu des élections de 1995. Notons cependant que cette moyenne occulte des écarts importants qui oscillent entre 36,7 % et 8,6 %.

Tableau 2
Pourcentage de femmes élues
au niveau local par parti, 1999

Partis	Pourcentages de femmes
Travaillistes	21,8
SNP	24,0
Conservateurs	23,1
Libéraux-démocrates	32,3
Indépendants/Autres	15,7
Total	**22,6**

(*Source*: Scottish Local Government Unit, juin 1999)

20. Scottish Local Government Information Unit, *The 1999 Scottish Elections*, *SLGIU Bulletin*, n° 113, mai-juin 1999.
21. Brown A., Jones A. et Mackay F., *The Representativeness of Councillors*, York, Joseph Rowntree Foundation, 1999.
22. Je remercie Carmel Roulston de l'université d'Ulster, à qui je dois cette information.

Étant donné le fort retentissement de la campagne en faveur de la parité au Parlement écossais, il peut apparaître paradoxal que la représentation des femmes au niveau local ait éveillé aussi peu d'intérêt. Cependant, les débats suscités dernièrement par les relations entre les conseils locaux et leurs administrés, d'une part, et le projet travailliste de modernisation des collectivités locales, d'autre part, laissent penser que cette question sera bientôt reposée. Une commission est chargée de consulter l'opinion publique écossaise sur les relations entre collectivités locales et Parlement écossais. Cette commission s'est notamment intéressée à la représentativité des collectivités locales et à leur degré de sensibilisation aux besoins des populations qu'elles représentent. Un rapport publié récemment sur le sujet recommandait l'adoption d'une nouvelle stratégie visant à améliorer l'équilibre entre les sexes et à assurer une meilleure représentation de certains groupes sociaux (minorités ethniques par exemple).[23]

Les raisons qui expliquent le faible niveau de représentation politique des femmes en Écosse sont multiples. Comme ailleurs elles se heurtent à des barrières systématiques aux niveaux institutionnel et individuel.[24] Parmi les facteurs qui se sont combinés pour décourager les femmes de faire de la politique citons les procédures de sélection, la discrimination ouverte ou voilée, la tradition politique, les difficultés pratiques de compatibilité avec la responsabilité des enfants, les kilomètres à parcourir pour se rendre jusqu'au Parlement de Westminster.

Cependant, comme l'a remarqué Alice Brown, le fait que la représentation officielle des femmes soit faible ne signifie pas qu'elles ne s'engagent pas ou qu'elles ne s'intéressent pas à la vie politique.[25] Elles sont actives au sein des partis politiques, des syndicats, de l'administration locale, des organisations de femmes, des associations et des organisations de quartier. Leur faible taux de représentation a suscité une frustration croissante qui a engendré une exigence de changement. La revendication d'une meilleure représentation est devenue l'un des grands enjeux de l'action des femmes ces dernières années. L'élection du Parlement écossais a, en particulier, été perçue comme une occasion de marquer un changement radical ; la pers-

23. Brown A., Jones A. et Mackay F., 1999, *op. cit.*
24. Brown *et al.*, 1994, *op. cit.*
25. *Ibid.*

pective d'une réforme constitutionnelle a servi de déclencheur à une action coordonnée des femmes d'Écosse et a apporté une cohésion à leur mouvement qui est sans équivalent en Angleterre.

Dévolution et campagne en faveur de la parité

Les femmes écossaises sont certes désavantagées par rapport aux femmes anglaises en ce qui concerne les salaires, l'accès aux biens, la représentation politique et l'accès aux organes décisionnels; de plus, la recherche sur la condition des femmes est encore embryonnaire et se heurte à de grandes difficultés. La dévolution est apparue comme une occasion d'agir. Il s'agissait, d'une part, d'améliorer la représentation politique des femmes, d'autre part, d'imposer une reconnaissance de leur rôle dans la société écossaise; il fallait aussi éviter de relier systématiquement leurs problèmes à ceux des femmes britanniques ou de se laisser enfermer dans la recherche féministe « britannique ».[26] Celle-ci, en effet, se fonde trop souvent sur la seule réalité anglaise, voire de certaines régions d'Angleterre. Il peut sembler paradoxal de soutenir la dévolution alors que la progression vers l'égalité paraît meilleure en Angleterre mais d'autres facteurs doivent être pris en compte, les appartenances politiques par exemple; de plus le soutien des femmes au Parlement écossais ne fait aucun doute. Le sondage de 1997 sur les intentions de vote (*Scottish Election Survey*) a montré que 66 % des femmes et 73 % des hommes interrogés s'apprêtaient à voter pour le Parlement.[27]

Il est intéressant de noter que la position des mouvements de femmes vis-à-vis de la dévolution a considérablement évolué depuis le référendum de 1979, époque ou il n'était guère question de la représentation des femmes. La convention écossaise des femmes (*Scottish Convention of Women*), organisation de grande envergure créée dans le cadre de la décennie des Nations unies en faveur des femmes) a tenté de poser le problème en faisant parvenir aux partis politiques un questionnaire qui a eu peu d'écho.[28] À

---

26. Voir Breitenbach, Brown et Myers, 1998, *op. cit.*
27. Surridge P., Paterson L. *et al.*, « The Scottish Electorate and the Scottish Parliament », *Scottish Affairs*, numéro hors série, 1998.
28. Brown A., « Women's Political Representation in Scotland: Progress since 1992 », *Scottish Affairs*, n° 14, hiver 1996.

l'époque, le mouvement des femmes en général montrait d'ailleurs peu d'intérêt pour la dévolution, même s'il existait une certaine mobilisation autour des possibles revendications à soumettre à l'assemblée.[29] Ce manque d'intérêt s'expliquait à la fois par une certaine hostilité envers les structures politiques et par la crainte qu'une assemblée écossaise ne se montre encore plus réactionnaire que celle de Westminster. Les choses ont changé par la suite.

A Claim of Right for Scotland, publié en juillet 1988, proposait la mise en place d'une convention constitutionnelle qui devait à la fois servir de forum et faire des propositions sur l'avenir de l'administration de l'Écosse. Comme un certain nombre de militantes s'étaient investies dans la campagne pour la dévolution, des femmes furent invitées à participer à la convention lorsqu'elle fut mise sur pied. Parmi les différentes commissions chargées d'examiner les problèmes constitutionnels dans le détail, il y en eut une sur la question des femmes, présidée par la députée Maria Fyfe. Certaines militantes critiquèrent le fait que la représentation des femmes était plutôt faible au sein de la convention (10 %) et répliquèrent en organisant un groupe sur le droit des femmes (*Women's Claim of Right Group*), lequel publia en 1991 *A Woman's Claim of Right*. Cette démarche, qui, en elle-même, marquait déjà une réflexion sur le débat en cours, eut pour effet de mettre en lumière la question de la représentation des femmes et d'élargir le débat à une plus large audience. Les nombreuses suggestions faites à la commission sur la question des femmes et les discussions dans les réunions consultatives ont montré l'intérêt considérable que soulevait le problème de la représentation des femmes dans les partis politiques, les syndicats, les collectivités locales, les organisations de femmes et les associations de quartier.[30]

En 1991, le groupe femmes de la confédération écossaise des syndicats (STUC) avait déjà réclamé la parité entre hommes et femmes au sein du Parlement écossais. Puisqu'il s'agissait d'une

---

29. Breitenbach E., « Sisters are Doing it for Themselves: the Women's Movement in Scotland », Brown A. et McCrone (éd.), *The Scottish Government Yearbook*, Unit for the Study of Government in Scotland, University of Edinburgh, 1990 ; Levy C., « A Woman's Place ? The Future Scottish Parliament », Paterson L ; et McCrone (éd.), *The Scottish Government Yearbook*, Unit for the Study of Government in Scotland, University of Edinburgh, 1992.

30. Brown A. « Plans for a Scottish Parliament: Did Women make a Difference? », *New Waverley Papers*, Department of Politics, University of Edinburgh, 1996.

nouvelle assemblée, le problème de la mise à l'écart de personnes en place ne se poserait pas et il serait donc très facile d'obtenir une représentation égalitaire en élisant un homme et une femme dans chaque circonscription. Le principe fut adopté par le parti travailliste écossais et entériné par le STUC bien qu'il n'y ait aucun consensus quant à la méthode à utiliser pour parvenir à la parité. L'idée du « 50/50 » s'est rapidement transformée en un cri de ralliement pour de nombreuses féministes au point de devenir le slogan officiel d'une campagne de grande envergure.

Les conflits n'étaient pas réglés entre partis sur le problème de la représentation proportionnelle et celui de la représentation des femmes.[31] L'accord finalement conclu sur cette dernière question déboucha sur un « contrat électoral » inclus dans le rapport final de la convention constitutionnelle, *Scotland's Parliament Scotland's Right*. Ce contrat électoral, qui fixait un engagement de parité entre les sexes, fut signé par les travaillistes et les libéraux-démocrates. Ces partis acceptaient le principe selon lequel le premier Parlement écossais devait compter parmi ses membres autant d'hommes que de femmes. Pour atteindre ce but, ces partis s'engageaient à sélectionner et à présenter autant de candidates que de candidats, à s'assurer que les candidats étaient équitablement répartis, à utiliser le système de représentation semi-proportionnelle et à s'assurer que la taille du Parlement était suffisante pour lui assurer une action efficace et démocratique.

La campagne en faveur de la parité s'est tout particulièrement attaquée aux verrous susceptibles d'empêcher la participation. Par exemple, le soutien à la représentation proportionnelle se fondait bien sûr sur le principe d'une représentation équitable des partis mais aussi sur l'idée que le système proportionnel peut favoriser un meilleur équilibre entre les sexes. Les procédures de sélection des candidats ont été examinées avec soin, des études ayant démontré leur importance. On s'attendait à ce que les travaillistes, les libéraux-démocrates et le SNP adoptent une ligne de conduite « positive » visant à présenter autant de femmes que d'hommes dans la phase d'élection majoritaire à un seul tour ou dans l'élection semi-proportionnelle. Cependant, le parti travailliste a été le

---

31. Voir Brown A., « Women's Political Representation in Scotland », 1996 et « Plans for a Scottish Parliament », 1996, *op. cit.*

seul grand parti à mettre en place un mécanisme destiné à assurer un équilibre entre les sexes et le seul parti à obtenir effectivement la parité de ses représentants au Parlement écossais. Pour y parvenir, les procédures de sélection des candidats ont été modifiées et un système de « jumelage » des circonscriptions a été adopté.[32] En revanche, 12 % seulement des députés libéraux-démocrates sont des femmes, malgré le mot d'ordre donné dans les circonscriptions pour favoriser la parité sur les listes de candidats. Bien que le SNP n'ait pas participé à la convention constitutionnelle, sa direction avait cependant proposé d'adopter des mesures pour assurer la parité. Ce projet a été repoussé par une faible majorité au congrès de 1998. Malgré ce revers, la direction du parti a activement encouragé les candidatures de femmes et a placé un certain nombre d'entre elles en position éligible sur les listes régionales complémentaires. C'est ce qui explique les 43 % de femmes députées du SNP. Le parti conservateur et unioniste a maintenu son opposition à tout mécanisme destiné à assurer la parité hommes-femmes, prétextant que leurs candidats seraient sélectionnés sur le « mérite ». Trois des dix-huit représentants conservateurs au Parlement écossais sont des femmes.

Le Parlement écossais : un style de politique différent ?

Au cours de la campagne pour la dévolution, le style de politique et l'organisation du Parlement écossais ont aussi fait l'objet de larges débats, dont est ressortie la nécessité d'adopter un style radicalement différent de celui de Westminster. L'idée d'un système démocratique plus représentatif était présente dans le _Scotland Act_ du nouveau gouvernement travailliste (1998) et a inspiré le comité consultatif sur le Parlement écossais (_Consultative Steering Group_, CSG).[33] Celui-ci, mis en place à la suite des élections générales de 1997 par Donald Dewar, alors ministre de l'Écosse, avait pour mission d'organiser une large consultation sur la meilleure façon dont le Parlement écossais pourrait mener ses affaires et favoriser la proximité avec ses électeurs. Il fut spécifié que le Parlement de-

---

32. Voir Brown A., Jones A. et Mackay F., 1999, _op. cit._
33. Brown A. _et al._, _Politics and Society in Scotland_, 1998, _op. cit._, et _The Scottish Electorate_, Macmillan, 1999.

vait incarner les principes fondamentaux de partage des pouvoirs, de responsabilité devant les électeurs, d'accessibilité et d'égalité des chances.

Le rapport du comité consultatif a été publié en janvier 1999 et ses recommandations ont été débattues au Parlement écossais. Certaines ont été adoptées par le Parlement : création d'un comité sur l'égalité (*Equality Group*) au sein du Scottish Office (rebaptisé *Scottish Executive*), création d'une commission parlementaire permanente sur l'égalité des chances et adoption de rythmes de travail compatibles avec la vie de famille. Le rapport du comité consultatif comprenait aussi une annexe sur l'application concrète du principe d'égalité au Parlement écossais, précisant sa portée et la façon de le mettre en œuvre. Les projets de loi déposés devant le Parlement devront faire état d'études sur l'impact des mesures envisagées afin d'éviter toute discrimination entre les sexes et contre d'autres groupes comme les minorités ethniques ou les handicapés.

Certaines recommandations portent sur le contrôle de l'étape prélégislative et les consultations extérieures. Le comité consultatif a conseillé la création d'un « forum civique » pour permettre à un large éventail d'organismes et de groupes de la société civile d'exprimer leurs opinions, transmises ensuite au Parlement. Le fonctionnement de ce forum civique est actuellement à l'étude ; pour le moment la façon dont il pourrait s'articuler avec le forum consultatif des femmes d'Écosse (*Women in Scotland Consultative Forum*) n'est pas encore très claire. Le forum consultatif des femmes a été mis en place par le gouvernement en 1998 ; son rôle est de transmettre aux ministres les opinions des organisations de femmes sur les priorités politiques ; il a reçu le soutien de la nouvelle administration écossaise. À l'évidence, ces différents mécanismes offrent aux organisations de femmes la possibilité effective de donner leur avis sur l'orientation de la politique, de suivre le processus législatif et de contribuer à lancer de nouvelles propositions de loi.

Le Parlement s'est engagé à fonctionner d'une façon compatible avec une vie de famille ce qui signifie concrètement que les séances correspondront à des heures de travail classiques, les sessions tiendront compte des vacances scolaires, etc. Contrairement à ce qui se passe à Westminster, il ne devrait pas y avoir de séances de nuit ni de vacances parlementaires sans relation avec les impératifs des conjoints des députés et de leurs enfants. Cela signifie également que des crèches et des allocations pour garde d'enfants seront prévues. L'aménagement intérieur de la Chambre elle-même sera pensé de façon à privilégier la communication plutôt que la confrontation, au contraire de la Chambre de Westminster, dont la disposition (des rangées de bancs en face à face) exacerbe les antagonismes et incite à l'échange de piques.

Les pouvoirs du Parlement écossais

Mais qu'en est-il des pouvoirs du Parlement et de leur portée sur la question des femmes ? Le Parlement écossais aura le pouvoir de légiférer dans un grand nombre de domaines, même si Westminster conserve certaines prérogatives. Il pourra notamment légiférer sur la santé, l'éducation, la formation, les collectivités locales, le travail social, le logement, le développement économique, le transport, la justice et les affaires intérieures, l'environnement, l'agriculture, la forêt et la pêche, le sport et les arts, la recherche et les statistiques. Les domaines conservés par Westminster comprennent la constitution, la politique étrangère et la défense, le système fiscal, économique et monétaire, la législation sur l'emploi (y compris l'égalité des chances) et l'aide sociale. Notons que de façon intéressante et controversée, la législation sur l'avortement reste un domaine réservé à Westminster.

Il est, bien sûr, important pour les femmes que le Parlement écossais ait des pouvoirs sur la politique sociale ainsi que sur le droit civil et criminel. Il devrait ainsi avoir les moyens de s'attaquer à certains problèmes urgents : niveau des allocations familiales, piètre situation des femmes écossaises en matière de santé, handicaps rencontrés par les femmes pour accéder aux biens (logement par exemple), femmes battues, sécurité des femmes, éducation et formation, lois sur le divorce et les affaires familiales, lois sur le viol et les agressions sexuelles.

Il est cependant d'autres domaines qui restent du ressort de Westminster et qui ont d'importantes conséquences sur la vie des femmes, en particulier l'aide sociale, les impôts et l'emploi. Cela signifie que certaines mesures existantes, comme par exemple le crédit d'impôt pour les parents qui travaillent (*Working Families Tax Credit*) qui vise à améliorer la vie des familles et dont bénéficient souvent les femmes, dépend de Westminster. Le Parlement écossais aura le droit de donner son avis à Westminster sur les conséquences de ces mesures en Écosse mais la façon dont l'action des deux assemblées s'articulera sur ce type de problèmes reste à déterminer. De plus, tant que le même parti aura la majorité dans les deux assemblées, on peut s'attendre à ce que le dialogue et la négociation soient de mise. Les choses risquent de changer lorsque les majorités seront de bords différents.

La question de l'emploi est bien sûr primordiale ; la position des femmes dans la société, leur accès aux biens, leur capacité à échapper à la pauvreté en dépend. Or il s'agit d'un domaine réservé à Westminster : quelles conséquences cela peut-il avoir ? Il faut d'abord reconnaître qu'en matière d'emploi, une grande partie de la législation est désormais déterminée par l'adhésion aux directives européennes ; il peut donc paraître inutile de s'interroger sur l'impact d'une décentralisation en la matière. Toutefois, le Parlement écossais se montrerait probablement plus tolérant vis-à-vis des droits syndicaux et plus favorable au relèvement du salaire minimal. Il est intéressant de noter, à ce propos, que les Écossais ont, par leur vote, donné au Parlement le pouvoir de faire varier les impôts, ce qui a généralement été interprété comme le pouvoir de les augmenter[34,] même si le parti travailliste s'est engagé à ne pas faire usage de ce pouvoir pendant la première législature. Ce vote a également été interprété comme la manifestation du vif souhait des Écossais de voir une amélioration des services publics.

Toutes les lois contre la discrimination relèvent également de Westminster : les lois contre la discrimination entre les sexes, contre les inégalités salariales, la loi sur les relations entre les races, et contre la discrimination liée à un handicap. Cette décision a beaucoup déçu les militants pour l'égalité ; il reste à voir dans quelle mesure il ne risque pas d'y avoir conflit entre les compétences des deux assemblées. En effet, bien que le pouvoir de légiférer sur les problèmes d'égalité soit réservé à Westminster, le Parlement écossais a cependant le pouvoir d'œuvrer en faveur de l'égalité des chances. Une fois encore, la question est de savoir comment le Parlement choisira d'interpréter ce rôle. Pour le moment, tout porte à l'optimisme. Le taux de représentation des femmes au Parlement, la création d'une commission sur l'égalité

---

34. Voir Surridge *et al.*, 1998, *op. cit.*

des chances, la création d'un groupe sur l'égalité au sein du gouvernement écossais (*Scottish Executive*), l'engagement de l'application du principe d'égalité, le maintien du forum consultatif des femmes, la mise en place d'un forum civique, la nécessité de vérifier le caractère égalitaire des lois et de prendre des avis : tous ces facteurs vont dans le sens d'une meilleure prise en compte des voix des femmes et des autres groupes défavorisés.

En quoi le Parlement écossais est-il une chance pour les femmes ?

La création d'une nouvelle assemblée législative représente sans aucun doute une chance historique pour les femmes d'Écosse. L'équilibre du pouvoir entre les sexes a déjà été considérablement modifié au niveau de la représentation politique officielle. Le travail des groupes de pression, les campagnes menées pour imposer des systèmes favorisant une meilleure représentation des femmes ont eu un succès certain ; cependant, ce succès reste partiel, des oppositions et des résistances s'étant manifestées. Par exemple, le parti travailliste n'est pas revenu sur la décision rendant illégales les listes de candidature exclusivement composées de femmes (utilisées aux élections générales de 1997), en application de la loi sur la discrimination entre les sexes (*Sex Discrimination Act*). Les partis ne peuvent donc plus recourir à cette méthode qui, en 1997, a pourtant permis d'augmenter la représentation des femmes au Parlement de Westminster.[35] Il avait été demandé que la loi sur la discrimination entre les sexes ne soit pas appliquée au premier tour des élections du Parlement écossais afin de permettre aux partis d'utiliser des mécanismes de quotas pour favoriser la parité. Cette requête a été repoussée par le gouvernement britannique, qui après consultation, a déclaré une telle décision contraire au droit européen. Quoi qu'il en soit, comme nous l'avons indiqué plus haut, le système du « jumelage » utilisé par le parti travailliste ainsi que les procédures de sélection des candidats adoptées par le parti travailliste et le SNP ont permis d'augmenter le taux de représentation des femmes. Les procédures de sélection des candidats, les mesures d'équité entre les sexes et de rééquilibrage en fa-

35. Lovenduski J. et Eagle M., *High Time or High Tide for Labour Women ?*, The Fabian Society, 1998.

veur d'autres groupes comme les minorités ethniques, resteront certainement d'actualité et seront débattues dans le cadre des projets d'aménagement des collectivités locales. On peut aussi s'attendre à ce que les institutions politiques se montrent plus attentives aux attentes des femmes pour d'autres raisons. Les femmes écossaises se sont largement mobilisées autour de la campagne en faveur de la parité et d'autres questions comme la défense des femmes battues[36]; cette mobilisation a suscité une grande activité et débouché sur la création de réseaux et de liens entre organisations et individus. Faire élire des femmes au Parlement écossais n'est qu'un des aspects de la marche vers l'égalité politique; il faut également donner aux femmes et aux organisations de femmes la possibilité d'accéder au gouvernement et au processus d'élaboration de la politique. Les femmes ont déjà commencé à développer leurs capacités de s'organiser par elles-mêmes; leur action a toutes les chances d'être stimulée par un Parlement à l'écoute des citoyens.

L'Écosse a également une certaine expérience en matière d'élaboration et d'application de mesures destinées à promouvoir l'égalité des chances; des organisations d'entraide entre femmes ont été mises en place; des études ont été menées sur les rôles respectifs des sexes dans la société écossaise. Une politique d'égalité des chances a notamment été appliquée au sein de l'administration locale: c'est un processus lent mais régulier qui a débuté vers le milieu des années quatre-vingt et s'est poursuivi malgré la réorganisation de l'administration locale écossaise en 1996. Des organisations comme *Scottish Women's Aid* et *Zero Tolerance*, qui défendent les femmes battues, ont pris de l'ampleur et ont réussi à conserver à cette lutte un caractère prioritaire. Des liens et des réseaux de communication se sont également mis en place.

Le changement de majorité au Royaume-Uni a modifié l'approche des problèmes rencontrés par les femmes. Même si les féministes trouvent des raisons de critiquer le *New Labour*, il faut reconnaître que certaines mesures marquent une évolution notable par rapport aux gouvernements conservateurs: citons, par exemple, la création d'un ministère des femmes et la priorité ac-

36. Mackay F., *The Case for Zero Tolerance: Women's Politics in Action?*, New Waverley Papers, Department of Politics, University of Edinburgh, 1995.

cordée à certains dossiers sensibles (structures d'accueil des jeunes enfants, rythmes de travail compatibles avec la vie de famille, femmes battues). Le gouvernement s'est également prononcé en faveur de l'ouverture et s'est engagé à mener de larges consultations : ces déclarations marquent, elles aussi, un changement important ; de telles mesures devraient permettre aux organisations de femmes de faire valoir leur avis dans le processus d'élaboration de la politique. Il reste, bien sûr, à voir si ces initiatives vont effectivement se concrétiser. Une telle évolution a peu de chance de se faire sans heurts dans la mesure où elle implique un changement des comportements et des habitudes.

Quoi qu'il en soit, des menaces et des risques subsistent. Nous avons déjà indiqué qu'il y avait encore des obstacles à l'introduction de la parité : la mise en place de mécanismes officiels s'est heurtée à certaines réticences ; de même, des résistances se font sentir au sein des partis. Le gouvernement travailliste a, certes, adopté une approche positive en la matière mais après dix-huit années d'administration conservatrice le gouvernement central aura peut-être du mal à mettre en place les mesures nécessaires. On l'a constaté à l'échelon local, ce genre de changement implique une modification des attitudes et des manières de penser tout au long du processus d'élaboration et de formulation de la politique, ce qui est difficile à obtenir avec un personnel réduit et peu de moyens. Même si l'on peut désormais s'appuyer sur une solide expérience en matière d'égalité des chances et d'ouverture aux idées féministes, l'influence de ce groupe de pression reste limitée. Le peu d'ampleur et les lacunes des études sur les femmes d'Écosse contribuent à freiner le développement de ce type de politique.

Il reste à voir si l'accroissement du nombre de députées aura un impact quelconque sur la situation des autres femmes et influera sur les mesures prises par le Parlement ainsi que sur sa façon de mener la politique en général : il conviendra d'étudier empiriquement ces phénomènes. On peut s'attendre à certaines difficultés. Les députées peuvent, par exemple, être simplement intégrées dans l'assemblée sans être véritablement associées à son travail ; il est possible qu'on ne leur propose pas les mêmes opportunités de carrière qu'à leurs collègues masculins. Il sera aussi important de voir comment se développeront les relations entre femmes à l'intérieur et à l'extérieur du Parlement. Pour le moment, la capacité du Parlement à répondre aux attentes des féministes continue à soulever des craintes et un certain scepticisme.[37]

Pourtant certains facteurs sont susceptibles d'entraîner un changement notable : le nombre des députées, le fait qu'il y ait plusieurs femmes ministres et secrétaires d'État, la base égalitaire des structures mises en place par le Parlement et son administration, l'introduction de mécanismes de consultation des femmes, la possibilité pour les organisations de femmes d'agir en groupe de pression et de participer au débat politique, l'expérience préalable d'organes comme la commission pour l'égalité des chances, la commission pour l'égalité entre les races, les collectivités locales ou le secteur associatif. Toutes ces initiatives concourent à la mise en place de structures favorisant l'égalité en politique ; l'équilibre des relations entre les sexes devrait donc s'améliorer et les femmes devraient avoir davantage d'influence en politique.

Il est de toute façon possible d'affirmer que le changement constitutionnel a d'ores et déjà entraîné de grands changements pour les femmes d'Écosse. Elles se sont impliquées dans la campagne pour le changement constitutionnel ; grâce à elles, des questions comme la représentation des femmes dans la vie publique et politique, la pauvreté, la violence envers les femmes sont devenues des questions prioritaires ; elles ont activement contribué à la création de structures favorisant l'égalité entre les sexes et le traitement égalitaire d'autres groupes. Tous ces points marquent une plus grande politisation des femmes qui s'engagent de plus en plus dans le débat politique par le biais d'organisations de toutes sortes. La question qui reste posée n'est pas de savoir si le changement constitutionnel marquera une évolution positive pour les femmes d'Écosse mais plutôt de connaître l'ampleur de cette évolution, de savoir à quelle vitesse se modifiera l'équilibre entre les sexes et enfin de mesurer les résistances auxquelles ce processus va se heurter.

37. Brown A., « Representing Women : The Tactics of Gender », *Parliamentary Affairs*, vol. 51, n° 3, juillet 1998.

Sociologie d'une Écosse en mutation

David McCrone

Les sociologues ont du mal à classer l'Écosse. Ce n'est pas un État au sens habituel du terme puisque, au contraire d'autres petites nations européennes telles que l'Irlande, le Danemark ou la Norvège, elle ne dispose pas de son propre gouvernement indépendant. C'est pourquoi, pour beaucoup, l'Écosse est tout simplement invisible ou encore se confond avec son grand voisin du Sud ; tant et si bien que la plupart des Français utilisent le terme « Angleterre » pour désigner l'État, de préférence à l'appellation plus officielle de « Grande-Bretagne » ou celle plus pédante de « Royaume-Uni ». En fait, l'appellation correcte est bien sûr le Royaume-Uni de Grande-Bretagne et d'Irlande du Nord, la Grande-Bretagne comprenant l'Angleterre, l'Écosse et le Pays de Galles. Ces dernières années, avec la poussée du nationalisme en Écosse, on a vu (et surtout entendu) utiliser « Écosse » à côté de « Grande-Bretagne » comme si notre pays avait déjà quitté le royaume. Pourquoi tant de confusion autour des noms ? Il ne s'agit pas seulement d'un flottement de l'histoire ou d'une géographie mal comprise. En fait nous vivons dans un État qui n'a pas vraiment de dénomination pour ses habitants : il existe certes le terme de Britanniques mais il n'inclut pas les habitants d'Irlande du Nord.[1] Nous sommes les habitants du Royaume-Uni, United Kingdom ou UK en anglais, nous sommes donc des Ukaniens (*Ukanians*), comme l'a ironiquement suggéré Tom Nairn ; nous vivons ensemble dans le même État sans nous être jamais préoccupés de trouver un nom qui puisse tous nous

1. Crick B., « The Sense of Identity of the Indigenous British », *New Community*, 21 (2), 1995.

désigner.[2] De ce point de vue, les Britanniques sont bien différents des Français dont la tradition républicaine définit très (voire trop) précisément qui est français et comment il convient de se comporter, en tant que Français. Les Britanniques, en revanche, sont mal définis. Nous n'avons pas d'équipe de football commune, pas d'équipe de rugby (à part l'équipe des British Lions qui peut aussi inclure des Irlandais, citoyens d'un pays qui a quitté notre État depuis plus de soixante-dix ans). En d'autres termes les Britanniques ont une identité « floue ».[3] Il n'y a pas si longtemps, en plus de l'appellation d'Australiens, de Canadiens ou de Néo-Zélandais, les habitants de l'Empire pouvaient également revendiquer celle de Britanniques (à laquelle certains donnaient parfois la préférence, en particulier parmi l'élite).[4]

Le rapport entre l'Écosse et le développement qui précède est évident. Les cinquante dernières années ont vu la montée de la notion de scotticité aux dépens de celle de britannicité. Nous savons que cette dernière notion a été « forgée » (pour reprendre le terme judicieusement choisi par Linda Colley) au XVIIIᵉ siècle en conséquence de la guerre contre la France et est liée à l'opposition entre le protestantisme et le pouvoir fort du catholicisme en Europe.[5] Le terme « forger » n'évoque pas seulement le travail de formage du forgeron sur son enclume, il véhicule aussi l'idée d'une contrefaçon, d'un subterfuge, d'un *trompe-l'œil* en quelque sorte. Quoi qu'il en soit, le procédé a été très efficace puisqu'on a assisté à la création des Britanniques (Écossais aussi bien qu'Anglais et Gallois, mais plus rarement Irlandais, ces derniers étant souvent trop catholiques pour être britanniques). On peut mesurer la réussite de cette création au nombre de Britanniques qui sont morts pour leur pays. « *Pro patria* » est une formule indubitablement britannique, très libéralement utilisée, comme en témoignera toute visite à un cimetière militaire.

2. Nairn T., *The Enchanted Glass: Britain and its Monarchy*, Vintage Books, 1994.
3. Cohen R., *Frontiers of Identity: the British and Others*, Longman, 1994.
4. Goulbourne H., *Ethnicity and Nationalism in Post-Imperial Britain*, Polity Press, 1991.
5. Colley L., *Britons. Forging the Nation, 1707-1837*, Yale University Press, 1992.

Société, État, nation

Acceptons donc l'idée que l'Écosse n'est pas un État au sens habituel du terme : d'ailleurs elle n'a pas de siège aux Nations unies bien que, comme l'a remarqué Lindsay Paterson[6], pour un non-État ses institutions et sa société civile disposent d'un niveau remarquable d'autonomie. Si le terme « État » appartient au domaine des sciences politiques, les sociologues sont, quant à eux, les gardiens du terme « société » qui est généralement utilisé de deux façons différentes. Société, avec un S majuscule, renvoie à un haut degré d'abstraction en rapport avec les formes générales et communes d'organisation humaine, de même que ses composés (société industrielle, société capitaliste, voire société humaine, etc.). En revanche, lorsque les sociologues parlent de la « société » d'aujourd'hui ils renvoient plus souvent aux « États-nations ». Comme l'a souligné l'éminent sociologue français Alain Touraine :

> L'idée abstraite de société ne peut pas être séparée de la réalité concrète de la société nationale, puisqu'elle se définit comme un réseau d'institutions, de contrôles et d'éducation. Ce qui renvoie nécessairement à un gouvernement, à un territoire, à une collectivité politique. L'idée de société fut et est encore l'idéologie des nations en formation.[7]

Même si, pour faire court, on peut être amené à parler de « société britannique », cette appellation est tout à fait inexacte d'un point de vue sociologique. Le réseau des institutions sociales ne correspond pas vraiment au territoire de l'État britannique. L'Écosse est-elle une « société » ? Évidemment pas dans le sens où l'on parle d'une société britannique ou d'une société française. Mais ces quelque vingt dernières années un vieux concept fortement ancré dans les racines écossaises a fait sa réapparition : la notion de « société civile ». Cette expression désigne « ces domaines de la vie sociale, comme la sphère domestique, économique, les activités culturelles et les interactions politiques, qui sont organisées en fonction d'accords privés et spontanés entre individus et groupes

6. Paterson L., *The Autonomy of Modern Scotland*, Edinburgh University Press, 1994.
7. Touraine A., « Une sociologie sans société », *Revue française de sociologie*, 22 (1), 1981, p. 5.

d'individus sans contrôle direct de l'État. ».[8] En d'autres termes, tandis que l'État peut être considéré comme une entité unique qui s'affirme à l'extérieur (par la guerre) comme à l'intérieur (par la loi), la société est composée d'un réseau certes limité mais néanmoins extensible de groupes et d'individus qui agissent de façon autonome. L'État et la société ne sont pas entièrement indépendants l'un de l'autre : ils se forment et se maintiennent en fonction l'un de l'autre. C'est Adam Ferguson, grand penseur du mouvement écossais des Lumières, qui le premier a utilisé cette expression de « société civile », dans son célèbre essai éponyme. Comme ses collègues, Ferguson utilisait ce terme pour désigner une entité bien plus large que l'État, quelque chose approchant plutôt la société humaine, à laquelle s'ajouteraient les interactions qui au jour le jour entretiennent la vie sociale. L'Écosse est une « société » en ce sens parce qu'elle a toujours été et est encore portée par ces réseaux invisibles d'institutions sociales : il faut cependant préciser que ces dernières sont elles-mêmes entretenues par les appareils institutionnels de la loi, de l'éducation, de la religion, de la politique au quotidien et par la grande densité des organisations diverses ; quiconque consultera dans l'annuaire la liste des associations commençant par « Scottish » sera impressionné par leur nombre. C'est la marque d'une autonomie institutionnelle et en ce sens il est donc possible de parler d'une société civile écossaise.

Le modèle moderniste voit classiquement dans la « nation », ce qui unit État et société ; la nation est alors surtout une catégorie idéologique désignant ce que Benedict Anderson[9] appelle une communauté politique imaginée dont les caractéristiques sont les suivantes :

La nation est imaginée comme une « communion » de personnes (que l'on n'a jamais rencontrées) ; elle a des limites territoriales finies ; elle confère souveraineté et autodétermination à ses membres ; et enfin, cette « communauté » sous-entend une profonde camaraderie entre individus placés sur un plan d'égalité.

La définition d'Anderson est très proche de celle donnée par Renan il y a plus d'un siècle. Faisant appel au vocabulaire du

---

8. Held D., « The Development of the Modern State », dans Hall S. et Gieben B., *Formations of Modernity*, Polity Press, 1992, p. 73.
9. Anderson B., *Imagined Communities. Reflections on the Origins and Spread of Nationalism*, Verso, édition révisée, 1996.

XIXe siècle, Renan remarquait que la nation est par essence une « âme », un « principe spirituel », une sorte de conscience morale. Il concluait : « Une nation est donc une grande solidarité, constituée par le sentiment des sacrifices qu'on a fait et de ceux qu'on est disposé à faire encore. »[10]

Selon le modèle hérité des Lumières, État, société et nation se superposaient parfaitement de façon à avoir exactement les mêmes limites : État, société et nation se rejoignaient pour former une communauté ethnique homogène, autonome et autosuffisante. L'État était la concrétisation de chacune de ces communautés distinctes ; autoproclamé et souverain, il avait pour seul but la recherche de son propre intérêt. On considérait que l'État avait une « volonté » issue du principe de nationalité. Bauman commente :

> Dans l'histoire moderne, le nationalisme a joué le rôle d'une charnière reliant l'État et la société (représentée par la nation voire assimilée à celle-ci). L'État et la nation sont apparus comme des alliés naturels dans le cadre de la vision nationaliste (aboutissement du processus de réintégration). L'État fournissait les ressources nécessaires à la construction de la nation tandis que le postulat d'une nation unie, d'une destinée nationale partagée, légitimait la soumission exigée par l'autorité de l'État.[11]

Sans aucun doute possible, l'Écosse répond à la définition de la « nation ». Ses habitants se disent écossais ; ils sont aussi britanniques mais seulement dans un second temps. Cela s'explique non par de quelconques souvenirs d'une Écosse antérieure à 1707, année où l'Écosse a rejoint la Grande-Bretagne nouvellement forgée, mais bien par une identité nationale nourrie par ce réseau complexe d'institutions que nous avons appelé société civile. Au cours des 100 dernières années, l'identité nationale écossaise a eu la possibilité de s'exprimer par le biais d'une administration spéciale, le Scottish Office, dont les responsabilités sont allées croissant dans le gouvernement de l'Écosse au quotidien ; cette administration devait cependant rendre directement des comptes à l'État et aux ministres britanniques. Ce système a été placé, très ré-

---

10. Renan E., « Qu'est-ce qu'une nation ? », conférence faite en Sorbonne, le 11 mars 1882.
11. Bauman Z., « Soil, Blood and Identity », *Sociological Review*, 40 (4), 1992, p. 683.

cemment, dans les mains d'une assemblée nationale élue au suffrage direct, le Parlement écossais.

Mais n'allons pas trop vite et revenons à notre problématique. Nous avons hérité d'un ensemble de concepts, État, société, nation, qui bien que distincts sont considérés dans la tradition de la pensée occidentale comme quasi interchangeables.

Généralement lorsque l'on parle de la société française, on entend l'État français ou la nation française. Les trois se recouvrent. Pourquoi ? Si nous admettons que chacun de ces termes renvoie à une dimension distincte (l'État est politique, la société sociale et la nation culturelle) pourquoi nous acharnons-nous à les utiliser comme synonymes ? Tout simplement parce que nos bagages culturels contiennent certains axiomes de la « modernité » et notamment l'alignement des termes État, société et nation, auxquels nous donnons les mêmes limites. C'est ce que Bauman a résumé de la façon suivante :

> Il semble que la plupart des sociologues de l'ère de l'orthodoxie moderne étaient convaincus que, tout bien pesé, l'État-nation était suffisamment proche de son propre postulat de souveraineté pour voir dans l'expression théorique « concept de société » un cadre adéquat à l'analyse sociologique.[12]

Nous reconnaissons ici les présuppositions centrales de la sociologie moderne. C'est la justification de l'État moderne.[13] Chaque État fonctionne sur son propre territoire comme la source unique et exclusive de tous les pouvoirs et de toutes les prérogatives. Cette unité se traduit par une monnaie unique, un système fiscal unifié, une seule langue « nationale » (la culture nationale se transmettant par le biais d'un puissant système éducatif) et un système législatif unifié. Par ailleurs, l'État moderne apparaît comme un « complexe institutionnel artificiel et sophistiqué », un cadre délibérément fabriqué, vital pour la construction de l'État et de la nation. En d'autres termes, « l'État moderne n'est pas accordé à un peuple comme un don de Dieu, ce n'est pas sa simple émanation, le fruit de forces historiques aveugles ; c'est une réalité "fabriquée" ».[14] L'État est considéré comme une machine pourvue

12. *Ibid.*, p. 57.
13. Poggi G., *The Development of the Modern State*, Hutchinson, 1978.
14. *Ibid.*, p. 95.

d'une structure interne répondant à une organisation complexe et stricte.

En somme, l'État est conçu, prévu pour fonctionner comme une machine dont toutes les pièces s'engrènent, une machine propulsée par de l'énergie et dirigée par les informations fournies par un centre unique pour le bénéfice d'une pluralité de services coordonnés.[15]

Enfin l'État représente, pour reprendre Weber, la légitimité rationnelle et légale qui s'exprime en premier lieu par la loi,

> une loi positive, choisie, faite et validée par l'État lui-même dans l'exercice de sa souveraineté à la suite de décisions la plupart du temps publiques et réfléchies, généralement récentes.[16]

En d'autres termes, légiférer n'est plus une coutume, un ensemble de privilèges accordés seulement à certains à l'exclusion des autres ; ce n'est pas davantage l'expression de la volonté de Dieu, de la nature ou du monarque. Il s'agit d'une légitimité qui repose sur des procédures rationnelles et transparentes d'élaboration de la loi.

La forme la plus courante de l'État moderne est celle caractérisée par un État-nation dans lequel le politique (l'État), le social (la société) et le culturel (la nation) ne forment qu'un. Pour reprendre les termes de David Held :

> Tous les États modernes sont des *États-nations*, des appareils politiques distincts à la fois des gouvernants et des gouvernés, qui exercent une juridiction suprême sur une zone territoriale délimitée s'appuyant sur un monopole de pouvoir coercitif et disposant d'un minimum de soutien et de loyauté de la part des citoyens.[17]

La (con)fusion entre nation et État est courante et plutôt que de la considérer comme une erreur regrettable, il convient de la prendre au sérieux. Elle montre que le culturel et le politique ont été associés de façon si étroite que leurs émanations, la nation et l'État, sont généralement considérées comme des synonymes. Dans son acception habituelle, l'expression État-nation implique que les « gens » gouvernés par les institutions de l'État ont une

---

15. *Ibid.*, p. 98.
16. *Ibid.*, p. 102.
17. Held D., 1992, *op. cit.*, p. 87.

certaine homogénéité culturelle provenant d'une solide identité commune du point de vue linguistique, religieux et symbolique. Plus que d'autres, nous sommes conscients de « la crise imminente du trait d'union ».[18] Certains spécialistes, Connor par exemple, ont émis l'idée que très peu de prétendus « États-nations » le sont réellement (il en dénombre moins de 10 % en 1971)[19] et des sociologues historiens comme Charles Tilly font une distinction entre « États-nations » et « États nationaux », lesquels sont gouvernés par des structures politiques et institutionnelles communes. De fait, il affirme que très peu d'États européens ont véritablement mérité l'appellation d'État-nation (peut-être la Suède et l'Irlande) et que « la Grande-Bretagne, l'Allemagne et la France, États nationaux s'il en est, n'ont certainement jamais réuni les critères requis ».[20]

Pourquoi cette distinction entre le terme « national » et celui d'« État-nation » a-t-elle de l'importance ? Principalement parce qu'elle marque une vision du monde tel qu'on le conçoit plutôt que tel qu'il est. *Stricto sensu*, le terme d'« État-nation » implique que les unités de gouvernement politique, les États, correspondent à des unités culturelles distinctes, les nations, si bien que le monde entier apparaît comme un gigantesque puzzle dont les pièces sont ces entités. Bien sûr ces pièces ne s'emboîtent pas parfaitement. Non seulement la plupart des États ne sont pas homogènes d'un point de vue culturel et ethnique mais de plus beaucoup (la plupart ?) de ces communautés imaginées que sont les nations, n'ont pas d'États : c'est le cas de l'Écosse.

On pourrait par conséquent se demander pourquoi l'expression « État-nation » rencontre un tel succès dans le monde occidental. C'est une chose de s'insurger contre l'inexactitude du terme, mais il est peut-être plus intéressant de s'interroger sur la façon hégémonique dont il est utilisé pour décrire le monde moderne. On peut trouver un début de réponse dans le processus de formation des États qui a contribué à modeler l'Europe de l'Ouest depuis deux siècles. Même si les États n'étaient pas exactement des nations, on pouvait en tout cas envisager leur adéquation ou y aspi-

18. Anderson B., *op. cit.*, p. 8.
19. Connor W., *Ethnonationalism: the Quest for Understanding*, Princeton University Press, 1994, chap. 4.
20. Tilly C., *Coercion, Capital and European States, AD 990-1992*, Blackwell, 1992, p. 3.

rer. Cette correspondance entre État et nation a d'ailleurs eu tellement d'écho qu'elle fait partie de notre « sens commun », qu'elle appartient au monde politique et culturel que nous acceptons sans nous poser de questions. Est-ce important? Très certainement car l'État moderne acquiert ainsi une légitimité fondamentale sans laquelle il ne pourrait fonctionner.

Cette appellation pose cependant problème. En effet, si l'influence de la formation des États-nations des XIXᵉ et XXᵉ siècles est sensible tout à la fois en politique, en sociologie et en histoire, la probabilité est cependant de plus en plus faible que des sociétés limitées sur le plan géographique et social puissent en cette fin de XXᵉ siècle devenir des entités unifiées alors que la cohérence des États est érodée par les forces économiques, politiques et culturelles.

De grands changements ont influencé les relations entre État, société et nation au cours du XXᵉ siècle. D'abord, contrairement à toute attente, au lieu de décroître, le nationalisme a pris de l'importance au cours de ce siècle. Pour s'en convaincre, il suffit d'évoquer la montée du nationalisme dans les régions ou territoires qui aspirent à se séparer des États en place. Quand on parle d'essor du nationalisme à l'Ouest, on pense immédiatement à l'Écosse, au Pays de Galles, à la Catalogne, au Québec ou à d'autres nations « sans État ».[21] Par ailleurs, pendant la période de l'après-guerre, on a pu observer une forme de nationalisme fondamental, souvent implicite. L'État étant devenu le meilleur garant des opportunités offertes à ses citoyens et le meilleur instrument d'aplanissement des inégalités sociales, les gouvernements ont pris un rôle prépondérant dans la compétition économique entre États pour assurer une croissance économique au service de « l'intérêt national ». Le nationalisme d'État s'exprime dans la compétition économique et politique. Cette forme de nationalisme, loin de décroître, s'est affirmée dans le contexte de compétition internationale de l'après-guerre. Ce nationalisme fondamental s'est développé parallèlement à des contre-nationalismes périphériques qui visaient à remanier les limites et les responsabilités du pouvoir de l'État central et dans de nombreux cas à s'en séparer.

21. McCrone D., *Understanding Scotland: The Sociology of a Stateless Nation*, Routledge, 1992.

Et pourtant, au moment même où le nationalisme prenait de l'importance, il semble que « l'État-nation » perdait de son pouvoir. L'intérêt croissant pour le nationalisme coïncide avec un déclin apparent des pouvoirs de l'État. Comment expliquer cette apparente contradiction ? Peut-être la souveraineté de l'État-nation n'a-t-elle jamais été qu'un artifice. Comme l'a écrit Y. Tamir :

> l'époque des États-nations homogènes et viables est révolue (ou plutôt l'époque où l'on avait l'illusion que des États-nations homogènes et viables étaient possibles puisque de tels États n'ont jamais existé) et la conception de la nation doit être redéfinie.[22]

On a également observé une seconde vague de changements, liés aux premiers, qui concernent le lien entre État et société. Pour simplifier on pourrait dire que l'État a empiété sur la société et la société sur l'État, tant et si bien qu'il est très difficile de les distinguer l'un de l'autre. Tandis que les exigences des citoyens vis-à-vis de l'État vont croissant, la sphère politique cherche à légitimer ses actions dans le domaine social et culturel. Pour reprendre les termes de G. Poggi :

> certains empiétements entre État et société proviennent de ce que l'État s'est projeté lui-même par-dessus la ligne qui les séparait plutôt qu'il n'a été tiré dans cette direction.[23]

Comment cela s'est-il produit ? Les deux domaines principaux de la société civile sont la sphère domestique/familiale et la sphère économique. Dans leurs formes classiques on les considère tous deux comme au-delà de l'influence de l'État, défini comme la sphère publique. Le public renvoie à la sphère du « travail » (emploi), à l'autorité, au pouvoir, à la responsabilité et à la gestion du monde, qui incombent aux hommes. Le privé se rapporte au « domaine domestique », où les femmes et les vertus féminines sont censées prévaloir. Comme l'indique Stuart Hall :

> La distinction entre privé et public est [...] enracinée dans une division spécifique du travail entre les sexes : c'est l'une des principales raisons qui a servi à justifier et à prolonger l'exclusion des femmes des affaires publiques. Ceci explique que le maintien de la

---

22. Tamir Y., *Liberal Nationalism*, Princeton University Press, 1993, p. 3.
23. Poggi G., 1978, *op. cit.*, p. 131.

distinction public/privé soit parfois cité pour illustrer les aspects patriarcaux d'un État.[24]

De même, dans sa forme classique, l'économie privée échappe à l'influence de l'État. La rupture de la ligne entre État et société résulte d'évolutions économiques (le marché ne s'équilibre plus de lui-même), de l'élargissement du droit de vote (qui entraîne un accroissement des exigences vis-à-vis de l'État) et de l'émergence d'un important secteur d'État désireux de protéger et de faire fructifier ses propres intérêts.

À la fin du XXᵉ siècle, les sphères domestique et économique ne sont plus clairement séparées de l'État. Les limites entre État et société civile n'ont bien sûr jamais été fixées ; elles ont constamment évolué, ces modifications entraînant des changements évidents des relations hommes-femmes. Quoi qu'il en soit, à l'époque moderne, l'État ne peut plus se tenir à l'écart des relations sociales, politiques et culturelles et des institutions qui constituent la société. En d'autres termes, comme le souligne S. Hall, l'État « vide », sans contenu social, n'existe pas. L'État constitue la société tout autant qu'il est constitué par elle.

Les identités nationales, quant à elles, deviennent de plus en plus problématiques au fur et à mesure que les identités d'État sont corrodées par les pressions de la mondialisation. Celle-ci remet en cause le principe sociologique classique selon lequel les « sociétés » sont des systèmes sociaux, économiques et culturels bien délimités. L'identité d'État n'est pas remplacée par une « homogénéisation culturelle » dans laquelle tous participent de la même identité mondiale postmoderne parce que tous consomment les mêmes produits industriels et culturels. Certains défendent donc l'idée que la mondialisation est à l'origine de la création ou du renforcement d'identités locales et de l'affirmation marquée de ces identités face aux autres groupes ethniques. Ce phénomène ne correspond peut-être qu'à la simple reprise de sentiments traditionnels visant à défendre et à restaurer la pureté du modèle original, ou à « transférer » de nouvelles identités dans les espaces délimités par les nouvelles forces sociales. L'utilisation d'un vocabulaire lié à la tradition pourrait masquer leur aspect novateur

---

24. Hall S., « The Question of Cultural Identity », dans Hall S. *et al.* (éd.), *Modernity and its Futures*, Polity Press, 1992, p. 20.

et leur adaptabilité aux nouvelles circonstances sociales. Ces « cultures de l'hybridité » comme les appelle S. Hall ont plutôt tendance à assimiler différentes identités sans imposer la primauté de l'une d'elles en particulier.

La montée du néo-nationalisme

Dans la seconde moitié du XXe siècle, en réponse à l'affaiblissement du pouvoir idéologique des identités d'État, s'est imposée l'une des formes les plus paradoxales de nationalisme, le « néo-nationalisme », politique nouvelle dans les États occidentaux. Peu d'États y ont échappé : on l'a observé en Écosse et au Pays de Galles pour le Royaume-Uni, en Catalogne et au Pays Basque pour l'Espagne, en Flandres pour la Belgique, en Bretagne et en Occitanie pour la France, au Québec pour le Canada, etc. Ces nouvelles formes de nationalisme sont paradoxales, d'une part, parce qu'elles n'avaient pas du tout été anticipées, d'autre part, parce qu'elles n'entrent pas facilement dans les cadres des grandes théories du nationalisme.

En tant qu'expression la plus évidente d'une politique identitaire, le nationalisme n'est pas seulement l'une des forces politiques les plus envahissantes du XXe siècle, c'est aussi l'une des plus souples. Il a été utilisé par les États centraux comme par les régions qui aspirent à s'inventer ou à se recréer une autonomie politique. Le nationalisme se prête aux idéologies de droite comme à celles de gauche. Il apporte un sentiment de continuité historique ; c'est une idéologie souple, à deux visages, qui regarde vers le passé pour concevoir l'avenir.

Selon Alberto Melucci[25] les mouvements sociaux, y compris le nationalisme, traduisent des problèmes liés à la structure des sociétés modernes complexes, tout en étant fermement enracinés dans l'histoire. Les deux dimensions, modernité et histoire, sont vitales. Si nous considérons les mouvements sociaux comme de simples effets secondaires de l'histoire (risque évident pour les mouvements nationalistes trop souvent négligés parce que considérés comme des vestiges, « ethniques » et sans importance, d'une

---

25. Melucci A., *Nomads of the Present : Social Movements and Individual Needs in Contemporary Society*, Hutchinson Radius, 1989.

époque révolue) nous risquons de passer à côté des transformations structurelles que ces mouvements manifestent. Si, par
ailleurs, nous nous contentons de considérer les contradictions
culturelles qu'ils signalent dans le présent, nous risquons de négliger le fait qu'ils trouvent leur origine dans les « questions nationales ». Les courants nationalistes sont particulièrement complexes en la matière. A. Melucci remarque que :

> La question ethnique doit être considérée [...] comme englobant
> une pluralité de significations qui ne peuvent être réduites à un seul
> tronc commun. Elle inclut l'identité ethnique, qui constitue une
> *arme de vengeance* contre des siècles de discrimination et contre les
> nouvelles formes d'exploitation ; elle permet d'appliquer *une pression
> sur le plan politique* ; elle apporte une réponse aux *besoins d'identité per-
> sonnelle et collective* dans des sociétés extrêmement complexes.[26]

Nous pouvons interpréter ces trois aspects du nationalisme
comme des fonctions sociologique (« une arme de vengeance »),
politique (« une pression sur le plan politique ») et psychologique
(« besoins d'une identité personnelle et collective »). Cette interprétation fait du nationalisme une idéologie particulièrement puissante en cette fin du XXᵉ siècle, surtout dans une époque où les
structures étatiques traditionnelles, fondées sur l'idée de leur autorité sur les sphères culturelle, économique et politique semblent
s'épuiser. Les courants nationalistes peuvent dès lors s'approprier
la défense du culturel, réclamer la décentralisation des outils politiques tout en servant de vecteur d'identité sociale dans nos sociétés en mutation. On ne peut réduire automatiquement un quelconque courant nationaliste à l'une de ces dimensions mais étant
donné le rythme accéléré du changement social, il devient de plus
en plus probable que les courants nationalistes se transforment en
puissants vecteurs de protestation sociale.

L'Écosse en mutation

Jusqu'ici, j'ai défendu l'idée que pour comprendre l'Écosse d'un
point de vue sociologique en cette fin du XXᵉ siècle, il était nécessaire de se placer dans le contexte plus large des transformations
observées à l'échelle mondiale. Si pour bon nombre de socio-

26. Melucci A., 1988, *op. cit.*, p. 90.

logues modernes l'Écosse n'existe pas, c'est parce qu'elle ne correspond pas au modèle traditionnel de l'État-société-nation. Pour Anthony Giddens par exemple, une nation est un « récipient de pouvoir » dont il définit les limites de la façon suivante : « une *nation*, dans le sens où j'utilise ce terme, n'existe que lorsqu'un État a un pouvoir administratif unifié sur le territoire dont il revendique la souveraineté » ;[27] un « État-nation » est

> un ensemble de formes de gouvernement institutionnelles qui constituent un monopole administratif sur un territoire déterminé par des limites (frontières) et dont l'exercice est entériné par la loi et par le contrôle direct des moyens de coercition internes et externes.[28]

L'Écosse d'aujourd'hui ne correspond toujours pas à ce modèle. Cependant, il apparaît progressivement que très peu de « sociétés » y correspondent. En ce qui concerne l'Écosse, elle a renoncé à l'État traditionnel pour bénéficier de l'autorité économique et politique acquise par l'État britannique au XVIIIe siècle (notons que, pour la plupart des petites nations, l'action de l'État est de toute façon très limitée par les effets de la géopolitique dans laquelle elles ont peu de poids). Ce mariage de convenance n'impliquait pas que l'Écosse fasse simplement partie d'une Angleterre agrandie. L'Écosse conservait son autonomie institutionnelle et avec elle le sentiment d'une identité nationale. Vers le milieu du XIXe siècle une sorte de « nationalisme unioniste » s'est développé au sein de l'élite écossaise.[29] On pouvait être écossais et britannique tout à la fois, ces deux identités étant complémentaires.

Qu'est-ce qui a changé ? Il est clair que cette complémentarité entre identités écossaise et britannique existe bien moins aujourd'hui. D'abord contrairement à ce qui s'est passé en France, l'État britannique est une création antérieure à l'époque moderne. Comme l'a montré Tom Nairn, il s'agit d'un contrat conclu entre deux élites patriciennes et non d'une création démocratique ou ré-

27. Giddens A., *The Nation-State and Violence*, Polity Press, 1985, p. 119.
28. *Ibid.*, p. 121.
29. Morton G., *Unionist Nationalism: The Historical Construction of Scottish National Identity, 1830-1860*, thèse doctorale, université d'Édimbourg, 1994, et « Scottish Rights and "Centralisation" in the Mid-Nineteenth Century », *Nations and Nationalism*, 1996, 2 (2).

publicaine.[30] Dans cette forme d'État archaïque, l'Écosse pouvait conserver son autonomie institutionnelle. Rétrospectivement, on peut affirmer que la seule forme d'État susceptible de permettre aux Écossais de conserver une grande autonomie civile était cet État « prémoderne » dans lequel les liens entre la politique et la base étaient des plus ténus. Il est probable que les Écossais n'auraient pas accepté d'agréger leur autonomie institutionnelle à l'État britannique s'il s'était effectivement agi d'une formation moderne et intégrationniste.

Dans cet État, les habitants étaient des sujets (de la Couronne, dans sa forme monarchique et parlementaire), non des citoyens ; ils avaient des devoirs, non des droits ; il n'y avait pas de constitution écrite. Il s'ensuit que, de façon contradictoire, l'État britannique d'aujourd'hui est constitutionnellement un État unitaire avec une seule assemblée législative siégeant à Westminster tout en étant un État multinational (d'où l'appellation Royaume-Uni) dans lequel Angleterre, Écosse, Pays de Galles et Irlande du Nord revendiquent leur identité nationale et territoriale. Pourtant, ce manque de clarté constitutionnelle a permis le développement de l'un des systèmes les plus libéraux et les plus progressistes du monde moderne, tout au moins jusqu'au XIXᵉ siècle. C'est la raison pour laquelle, dès le XVIIIᵉ siècle, l'intelligentsia écossaise a été très heureuse de s'associer à l'État britannique, rationaliste, progressiste et libéral.

C'était cependant un système qui ne pouvait se maintenir tel quel à l'époque moderne. De nombreux auteurs ont commenté l'aspect retardataire, « ancien-régime » de l'État britannique. David Marquand, par exemple, a qualifié le Royaume-Uni de société « sans principes » parce que ses structures étatiques sont déficientes à la base. Il remarque notamment :

> Grâce aux soulèvements du XVIIᵉ siècle, grâce en particulier à la victoire des propriétaires terriens anglais sur les rois Stuart, il n'est pas possible de parler d'un « État britannique » comme on parle d'un « État français » ou à l'époque moderne d'un « État allemand ». Le Royaume-Uni n'est pas un État au sens continental du terme. C'est un agglomérat d'îles (qui comprend même des terres aussi exotiques que les îles anglo-normandes et l'île de Man qui ne sont

30. Nairn T., *The Break-Up of Britain*, New Left Books, 1977.

même pas représentées à Westminster) acquises à des dates diverses par la couronne anglaise et gouvernées de façons différentes. Ses habitants ne sont pas citoyens d'un État, jouissant de droits définis par cette citoyenneté. Ils sont sujets d'un monarque et disposent des « libertés » que leurs ancêtres ont arrachées aux monarques précédents.[31]

David Marquand ne prétend pas ici que l'État britannique est un *ancien régime* au sens de celui qu'a connu la France avant la révolution ; il y voit plutôt un État dont le développement politique s'est interrompu. État minimal, pourvu d'une administration réduite qui à l'évidence suffisait à assurer les ajustements nécessaires dans un XVIIIe siècle régi par le marché, il ne pouvait réussir la transition vers l'« État du développement » de la fin du XIXe siècle.[32]

Il était impossible que le Royaume-Uni devienne un État « moderne » comme les autres sans un changement fondamental de la constitution. On avait eu un État « veilleur de nuit » après 1707 parce qu'il n'y avait pas beaucoup d'autres options possibles, en tout cas sur le plan politique. L'Écosse avait rejoint l'Union cette année-là à la condition de pouvoir continuer à mener ses propres affaires institutionnelles, c'est-à-dire de conserver ses systèmes judiciaire, scolaire et religieux tout en disposant d'un système d'administration locale. Ce système de « politique de terrain » ne pouvait fonctionner que si l'État britannique se cantonnait à la « politique générale », de type impérial. Lorsque la Grande-Bretagne a perdu son Empire et, menacée par la guerre, a été contrainte de remanier ses structures institutionnelles et politiques, les difficultés ont commencé à se faire jour.

Comme le remarque David Marquand, l'épuisement de la conception impérialiste, d'une part, et de la conception d'une démocratie collective, d'autre part, a laissé après 1970 un vide dans lequel s'est engouffré « l'individualisme autoritaire ». « L'État c'était le Royaume-Uni. L'identité était anglaise. »[33] Il s'agissait au fond d'une identité héritée de l'après-Empire comme l'avait compris l'un des grands prophètes de la droite, le conservateur Enoch

31. Marquand D., *The Unprincipled Society*, Fontana, 1988, p. 152.
32. Marquand D., *The Unprincipled Society*, 1988, et « The Twilight of the British State ? Henry Dubb Versus Sceptred Awe », *Political Quarterly*, 64 (2), 1993.
33. Marquand D., 1993, *op. cit.*, p. 218.

Powell.[34] Son hostilité envers l'immigration des pays du Common-
wealth à population noire provenait de sa perception de la situation centrale de l'Angleterre, du sentiment que sur bien des plans
la « Grande-Bretagne » arrivait à sa fin, sentiment conforté par le
flou permanent de l'identité « nationale » britannique. L'efface-
ment de « l'Angleterre » et de la « Grande-Bretagne » ne fait que
masquer le cœur du problème. On peut aussi relier ce phénomène
à la forte opposition à l'Europe manifestée par ceux qui préconi-
sent un isolationnisme anglais. Pourquoi, se disaient-ils, changer
un Empire pour un autre ?

Quelle est donc la position de l'Écosse du XXᵉ siècle par rapport
à l'État britannique ? Il faut nous souvenir que le Traité d'Union
de 1707 était le résultat d'un « mariage de convenance » entre
l'Écosse et l'Angleterre. L'Écosse y gagnait l'accès aux marchés
intérieurs et extérieurs de l'Angleterre. L'Angleterre soignait l'irri-
tation historique suscitée par la défunte alliance franco-écossaise.
Ce mariage convenait aux deux partis, notamment aux Écossais
qui s'en montrèrent satisfaits pendant une bonne partie de leur
histoire ultérieure. Si les Anglais se sont plaints des « parvenus
écossais », c'était une façon peu habile de reconnaître le succès
économique et l'influence politique des Écossais, très dispropor-
tionnés par rapport à leur importance numérique au sein de l'Empire en expansion. C'est la raison pour laquelle il était possible, au
milieu du XIXᵉ siècle, de voir dans le « nationalisme unioniste »
l'apogée d'une identité duale, écossaise certes, mais aussi britannique. Les deux étaient complémentaires, d'autant plus qu'elles
s'appuyaient sur les trois piliers idéologiques qu'étaient l'unionisme, l'impérialisme et le protestantisme.

Il est clair que la création après-guerre de l'État-providence a
contribué à inclure l'Écosse dans une nouvelle conception de
l'Union, État démocratique centralisateur. À cette époque, le parti
travailliste qui s'était affirmé en Écosse et au Pays de Galles
comme le vecteur permettant aux classes ouvrières de ces pays de
se reconnaître dans la citoyenneté britannique, a momentanément
renoncé à son attachement traditionnel à l'autonomie interne
(*Home Rule*) et pendant un certain temps le centralisme démocratique a prévalu. Une nouvelle ère économique s'est annoncée au

---

34. *Ibid.*, p. 212.

début des années soixante-dix avec la fin de la longue période d'expansion et le passage de l'Écosse d'une économie d'industrie lourde liée aux pays de l'Empire à une économie postindustrielle dépendante des capitaux étrangers et des marchés mondiaux.

À la fin des années soixante-dix, tandis que le travaillisme était en crise, le gouvernement fit une timide tentative avortée pour introduire une dose de *Home Rule*, appelée « dévolution ». C'était trop tard, et trop peu ; cette tentative se heurta à la révolution montante du thatchérisme, laquelle visait à évacuer toute dépendance envers l'État en imposant la loi du marché. Ce curieux mélange entre « libéralisme et État fort »[35] a eu des conséquences particulières sur l'Écosse. Le Scottish Office, créé vers 1880 et devenu en un siècle un quasi-État écossais, se retrouvait en ligne de mire de l'attaque de la nouvelle droite. Dans un pays qui, après le record historique de 1955 (50 % des voix écossaises aux conservateurs) s'était retourné contre le parti conservateur, cette attaque contre l'État fut interprétée par beaucoup comme une attaque contre le pays lui-même. En 1992, seulement 25 % des Écossais votaient conservateur et cinq années plus tard, avec seulement 17 % des suffrages, les conservateurs ne conservaient aucun siège en Écosse (ni d'ailleurs au Pays de Galles).

À l'approche du nouveau millénaire, l'Écosse s'est occupée de renégocier sa place dans le Royaume-Uni, se demandant même si le « mariage de convenance » devait être prolongé. Dans le cadre de l'Empire, les Écossais avaient acquis une influence économique et politique considérable mais cette époque est depuis longtemps révolue. Les trois piliers idéologiques, unionisme, impérialisme et protestantisme, ne jouent plus le rôle qu'ils jouaient précédemment. L'économie de l'Écosse a été transformée et réorientée vers l'Europe et le monde. Une nouvelle donne géographique incluant l'Union européenne, l'État britannique et l'Écosse se dessine et comme les Gallois, les Écossais ont vu dans l'Europe une nouvelle Union susceptible d'agrandir, voire de supplanter, la vieille union britannique. Si les Anglais redoutent de perdre leur souveraineté politique, il y a peu de place pour de telles angoisses dans un pays déjà contraint à échanger son parlement indépendant contre des avantages d'ordres économiques et politiques. Les

---

35. Gamble A., *The Free Economy and the Strong State*, Macmillan, 1988.

Écossais se sont rendu compte qu'en matière de souveraineté les gains compensaient désormais largement les pertes, à supposer que cela n'ait pas déjà été le cas auparavant.[36]

L'attaque de la nouvelle droite contre l'État a eu pour effet d'exacerber le désir d'une plus grande autonomie politique et d'un contrôle accru par l'Écosse des affaires internes (quelque chose qui ressemble davantage à l'*autonomisme* catalan qu'à une indépendance en bonne et due forme). De façon peu judicieuse, la politique de privatisation des sociétés et entreprises ayant le terme « British » dans leur intitulé (compagnies du gaz, du téléphone, des chemins de fer, compagnies aériennes, etc.) a aussi contribué à rompre des liens avec l'État britannique.

Les Écossais sont aujourd'hui plus écossais que jamais en ce qui concerne leur identité politique. De plus, il y a désormais une puissante dialectique entre nationalismes culturel et politique qui se nourrissent l'un de l'autre et s'amplifient mutuellement. Pour ce qui concerne l'identité nationale, la population se répartit en classes d'âge : seules les personnes de plus de 65 ans, qui ont connu l'expérience de la guerre à l'âge adulte accordent encore une quelconque importance au fait d'être britanniques. Les jeunes gens, en particulier les moins de 30 ans, mettront plus volontiers en avant leur scotticité et exprimeront leur désir du *Home Rule* au sein d'un Royaume-Uni recomposé ou encore opteront pour l'indépendance – au sein de l'Europe. Être Écossais c'est se définir comme progressiste et aller de l'avant. L'identité britannique n'est désormais qu'un simple sujet de conversation, elle n'est plus un sujet de lamentation.[37]

Pour résumer nous dirons donc que l'Écosse ne correspond pas aux modèles sociologiques traditionnels de l'État-société-nation.[38] On pourrait la décrire comme une « nation sans État », pourvue d'un haut degré d'autonomie institutionnelle, d'un fort sentiment d'identité nationale (écossaise) en opposition à l'identité d'État

36. MacCormick N., « Sovereignty : Myth and Reality », *Scottish Affairs*, n° 11, 1995.
37. Ascherson N., *Games with Shadows*, Hutchinson Radius, 1988.
38. Brown A., McCrone D. et Paterson L., *Politics and Society in Scotland*, Macmillan, 1996.

(britannique) et qui a cependant subsisté sans Assemblée nationale propre au sein d'un État politique d'union. Cette anomalie reflète la nature singulière du Royaume-Uni, qui s'est longtemps défini en fonction de son identité impériale. Le mariage de convenance dont les Écossais se sont satisfaits longtemps après le traité d'Union de 1707 est un arrangement obsolète. Les mariages qui ne marchent pas se soldent par un divorce (ici l'indépendance) ou par un rééquilibrage sérieux des responsabilités domestiques (la dévolution). C'est là le choix de la Grande-Bretagne. Par ailleurs, ce début du XXIᵉ siècle est une époque à laquelle il ne convient plus de diviser le monde en États-sociétés-nations bien délimités. L'Europe, autre possibilité d'Union, offre aux Écossais un troisième niveau, une nouvelle donne géographique leur permettant de renégocier leur position, de se redéfinir, cette fois non pas comme une anomalie de l'histoire ne correspondant à aucun modèle traditionnel mais comme une société du nouveau millénaire dont l'heure est enfin venue.

Société civile et Parlement écossais

Lindsay Paterson

L'Écosse actuelle a été modelée par une société civile locale qui a fonctionné de manière tout à fait autonome à l'intérieur du Royaume-Uni. Cette autonomie est en fait l'une des raisons qui expliquent que l'Union avec l'Angleterre soit restée acceptable en Écosse : une certaine dose de liberté intérieure s'ajoutait à la possibilité d'accéder aux marchés et aux sphères culturelles de Grande-Bretagne et d'ailleurs. Ce vieil équilibre entre société civile écossaise et État britannique a cependant été considérablement perturbé par le gouvernement conservateur de Margaret Thatcher qui n'a pas respecté cette tradition d'autonomie. C'est la raison pour laquelle, dès le milieu des années quatre-vingt, des secteurs entiers de la société civile ont fait campagne pour obtenir un Parlement écossais élu ; leurs propositions concrètes, exprimées par la convention constitutionnelle écossaise (*Scottish Constitutional Convention*), ont finalement obtenu un soutien populaire massif au référendum de septembre 1997 organisé par le nouveau gouvernement travailliste. La première élection du Parlement s'est déroulée en mai 1999 ; le Parlement est entré en fonction en juillet de la même année.

Cependant, même si l'on peut dire que l'une a accouché de l'autre, les relations entre société civile et Parlement ne vont pas être faciles. À quelles tensions peut-on s'attendre ? Dans quelles directions ces tensions vont-elles entraîner l'Écosse sur le plan politique et constitutionnel ? Telles sont les questions que nous nous proposons de traiter dans le présent chapitre. Malgré les déclarations de campagne, le Parlement sera probablement obligé de défier les institutions qui ont présidé à sa naissance et par conséquent de mettre en cause les fondements mêmes de l'Union entre l'Angleterre et l'Écosse.

Avant d'en arriver à cette conclusion, nous étudierons en détail l'autonomie de la société civile écossaise et les tensions qui l'ont conduite à se rebeller et à prendre position pour l'autonomie.

L'autonomie de l'Écosse moderne

Pour bien comprendre l'Union de 1707 entre l'Écosse et l'Angleterre, il faut d'abord comprendre qu'elle était partielle.[1] Les pressions militaires et économiques ont conduit le vieux Parlement écossais à voter sa fusion dans le nouveau Parlement de Grande-Bretagne, au sein duquel les représentants écossais ont toujours été en petite minorité. Les Anglais ont insisté sur ce point (jugé préférable à un arrangement plus nettement fédéral) de façon à parer à toute menace militaire par le Nord. Jusqu'au XVIe siècle, jusqu'à la Réforme qui marqua l'adoption par l'Écosse d'un protestantisme particulièrement strict, l'allié traditionnel de l'Écosse avait toujours été la France. L'Angleterre continuait à redouter que la France ne cherche à utiliser l'Écosse comme voie d'invasion.

L'Union a sans doute été assez impopulaire en Écosse même si l'on peut supposer que la population comme les institutions y sont, en majorité, restés plutôt indifférents. On peut expliquer l'acceptation générale de cet arrangement par trois facteurs interdépendants. D'abord, et c'est là le point le plus important, l'Union n'a rien changé aux grands piliers institutionnels de l'indépendance écossaise. Elle maintenait l'existence séparée d'une loi et d'un système judiciaire écossais ; elle garantissait l'autonomie du système scolaire et du gouvernement local et surtout, elle sauvegardait la prédominance de l'église presbytérienne. Ces institutions avaient davantage d'importance aux yeux des Écossais que le Parlement qu'ils perdaient et c'est la seconde raison qui explique le caractère acceptable de l'Union : à la différence du

---

1. Voir Fry M., *Patronage and Principle : a Political History of Modern Scotland*, Aberdeen University Press, 1987 ; Harvie C., *Scotland and Nationalism : Scottish Society and Politics, 1707-1994*, Allen Unwin, 1994 ; Lenman B., *Integration, Enlightenemnt and Industrialisation : Scotland 1746-1832*, Edward Arnold, 1981 ; Lynch M., *Scotland. A New History*, Century, 1991 ; McCrone D., *Understanding Scotland : the Sociology of a Stateless Nation*, Routledge, 1992 ; Paterson L., *The Autonomy of Modern Scotland*, Edinburgh University Press, 1994 ; Scott P.H., *1707 : the Union of Scotland and England*, Chambers, 1979.

Parlement anglais, le Parlement écossais n'avait jamais eu un rôle central dans la vie de la nation et en particulier, l'Assemblée générale de l'église constituait une source de propositions législatives bien plus puissante. Cela s'explique, et c'est là le troisième point, par le fait que l'on considérait généralement que le Parlement s'occupait surtout des affaires extérieures et non de la politique sociale intérieure. Renoncer au Parlement semblait donc une démarche relativement dénuée d'importance si cela pouvait garantir le maintien de l'autonomie des institutions et offrir au commerce écossais la possibilité de se développer sur les marchés anglais et gallois.

Les principes généraux de ce curieux arrangement constitutionnel sont restés remarquablement stables pendant environ deux cents ans. Pendant la majeure partie du XVIIIe siècle, la vie sociale a été réglée par l'Église, l'administration locale (élue par un corps électoral très limité) et par le *sheriff*, juge local également chargé de coordonner les réseaux de commissions spécialisées. Les institutions et les groupes sociaux conservaient leur propre autonomie dans ces réseaux, notamment les cinq universités, le corps médical, les propriétaires terriens. La cohésion de l'ensemble était assurée par les institutions judiciaires nationales, manifestation aussi proche que possible d'un gouvernement central, les hautes cours de justice, le barreau des avocats et le *Lord Advocate*, qui renseignait le gouvernement de Londres sur l'atmosphère en Écosse mais avait aussi une énorme influence en Écosse même. Cette société civile aurait sans doute évolué de façon similaire s'il n'y avait pas eu d'Union. De fait, le gouvernement de Londres ne se mêlait pas du quotidien.

Ou presque pas, car Londres a toujours veillé consciencieusement à éviter tout soulèvement militaire en Écosse. En particulier, il écrasa sauvagement le soulèvement des Jacobites de 1745-1746, dernière tentative des Stuart catholiques pour reprendre le trône britannique. Dans ces interventions, l'État britannique avait cependant un large soutien des institutions écossaises et même probablement de la population à l'exception des Highlands et des îles où les Stuart avaient des alliés dans les clans de langue gaélique. On en est venu à établir une adéquation entre sauvegarde du protestantisme et maintien de l'Union puis même à associer ces deux points avec la philosophie des Lumières et les débuts de la liberté civile et religieuse.[2] Lorsque la Grande-Bretagne est entrée en guerre avec la France catholique, ces sentiments se sont encore exacerbés.[3]

Même si le XIXᵉ siècle a vu certaines réformes, les changements n'ont fait que renforcer les tendances en présence.[4] La réforme de 1832 a considérablement étendu les pouvoirs de l'administration locale et élargi le droit de vote. Après délibération du Parlement de Londres, l'administration locale a encore acquis des pouvoirs supplémentaires, lui permettant notamment de promouvoir l'expansion économique. D'autres organisations locales ont fait leur apparition, le plus souvent, comme au siècle précédent, placées sous l'autorité du *sheriff*. À la fin du siècle, il y avait des organismes chargés de superviser les lois en faveur des pauvres, de l'éducation, de la santé publique, des prisons, de l'agriculture et du développement dans les Highlands et les îles. C'est le déclin de l'influence de l'église, en particulier après le schisme désastreux de 1843, qui a rendu nécessaire la création de ces organismes. Certains traditionalistes ont d'ailleurs critiqué ce transfert de compétence, considéré comme une menace pour l'autonomie écossaise. Cependant, la politique écossaise de l'époque était dominée par les réformistes libéraux pour qui ces institutions, nouvelles ou profondément remaniées, étaient tout aussi écossaises que les précédentes. L'administration de l'Écosse, en restant fermement locale, restait parfaitement écossaise ; c'est d'ailleurs par ce biais que les philanthropes des classes moyennes ont pu continuer à imposer une éthique reposant sur la responsabilité presbytérienne alors même que l'influence des Églises s'effondrait. Malgré une grande méfiance vis-à-vis de l'État, c'est sur ce terreau qu'a pu se développer l'idée d'un service public : la politique écossaise consistait surtout en une activité bénévole soutenue par les institutions locales.

Ce nouveau système resta acceptable parce qu'il combinait autonomie intérieure et accès à l'Empire britannique en expansion.

2. Sher R.B., *Church and University in the Scottish Enlightenment*, Edinburgh University Press, 1985.
3. Colley L., *Britons. Forging the Nation, 1707-1832*, Yale University Press, 1992.
4. Voir Checkland S. et Checkland O., *Industry and Ethos: Scotland 1832-1914*, Edward Arnold, 1984 ; Hutchinson I.G.C., *A Political History of Modern Scotland, 1832-1924*, John Donald, 1986.

La classe moyenne écossaise, avec l'excellent système scolaire au mérite mis en place dans les écoles communales et les universités, avait ainsi la possibilité de profiter des avantages des deux sociétés. L'Empire s'ouvrait aux représentants de cette classe, en particulier dans les domaines requérant une grande compétence professionnelle; ils pouvaient désormais proposer au monde les produits de la très puissante industrie écossaise tout en gardant la possibilité de protéger et même de développer leurs racines écossaises par la mise en œuvre d'une politique sociale au niveau local. Ils n'avaient nullement besoin du genre de nationalisme que l'on a vu fleurir à l'époque dans certains autres petits pays d'Europe jusqu'à dominer la vie politique. Ils disposaient déjà des libertés pour lesquelles luttaient les nationalistes d'Irlande, de Bohême ou de Pologne.[5] Rien ne les empêchait de satisfaire leur goût pour la culture écossaise qui n'était pas perçue par l'État comme une menace (ce qui n'était pas le cas en Irlande catholique, pays bien moins autonome confronté au même État, ni dans les territoires dominés par les Empires austro-hongrois ou russe). Le reste de la population ne manifesta aucun signe de désaccord sérieux. Les classes populaires, aussi bien urbaines que rurales continuèrent à soutenir le libéralisme par des manifestations populaires, par le choix d'un journal, ou par les urnes, lorsque vers la fin du siècle, un certain nombre d'ouvriers des classes populaires (les hommes uniquement) obtinrent le droit de vote. Ils restèrent fidèles à l'Empire et à différentes formes de protestantisme. Ils étaient aussi de grands consommateurs de culture écossaise sans pour autant remettre en cause l'Union puisqu'il semblait que l'Union elle-même leur garantissait cette liberté de choix culturel.[6] L'ensemble des groupes sociaux a donc acquis une sorte d'identité duale qui devait subsister tout au long du XXe siècle: ils étaient britanniques pour les affaires extérieures, en rapport avec l'Empire, et écossais pour les affaires locales et domestiques.

5. Paterson L. 1994, *op. cit.*
6. Donaldson W., *Popular Literature in Victorian Scotland*, Aberdeen University Press, 1986 ; Morris R.J., « Scotland : 1830-1914 : the Making of a Nation within a Nation », dans Fraser et Morris (éd.), *People and Society in Scotland, 1830-1914*, vol. 3, John Donald, 1990, p. 1-7; Morton G., « A Tale of Two States: Scotland in the Eighteenth and Nineteenth Centuries », dans Beramendi J.G. et Nunez Xosé (éd.), *Nationalism in Europe. Past and Present*, Université de Saint-Jacques-de-Compostelle, 1994, p. 223-245.

On voit donc qu'à l'orée du XXᵉ siècle, l'Écosse s'administrait elle-même au niveau local, sous la supervision assez vague d'un Parlement lointain surtout préoccupé par l'Empire et ses éventuelles incidences sur la diplomatie et la guerre.

Au milieu du XXᵉ siècle la situation avait déjà profondément changé. Comme dans la plupart des autres pays européens, la crise économique et la démocratisation de masse des années 1920 et 1930 ont conduit l'État à prendre en charge les grands secteurs publics : développement économique, éducation, santé, transports, protection sociale.[7] Comme ailleurs encore, les sociaux démocrates (en Écosse, les travaillistes) étaient principalement responsables de cette évolution, entraînant derrière eux le réticent parti conservateur. Parce qu'un pouvoir central fort impliquait une perte de responsabilité au niveau local, les conservateurs ont souvent soutenu qu'il privait l'Écosse de son autonomie traditionnelle. Apparemment la force de cette argumentation n'était en rien atténuée par le fait que ces mêmes institutions dont on pleurait la perte, administration locale, assemblées locales etc., avaient elles aussi été accusées de saper l'autonomie écossaise depuis 1832.

Mais l'évolution après 1930 allait être aussi tortueuse qu'au siècle précédent. En particulier, le *Scottish Office,* organisme spécifique à l'Écosse, émanation de l'État central, a pris de l'ampleur à cette époque. Malgré d'humbles débuts en 1885, cet organisme a fini par être responsable de la mise en œuvre de la majeure partie de la politique sociale après 1970. Il a finalement acquis la haute responsabilité sur l'éducation, la santé, le travail social, le logement, le développement économique, l'environnement, l'agriculture, la pêche, la justice, le sport et les arts. Importante lacune dans la liste de ses attributions : le large domaine de la protection sociale n'était pas de son ressort. Autour de ce noyau s'est développée toute une série d'organisations, de groupes de pression ou de consultation. Il ne s'agissait pas de simples instruments d'une politique dictée depuis Londres ; ces différents groupes contribuaient de fait et dans une large mesure à l'élaboration de la politique. Dans le domaine scolaire, ils ont par exemple été à l'origine de l'introduction de programmes spécifiques, de systèmes de formation et d'examens

---

7. Fry M., 1987, *op. cit.*; Harvie C., *No Gods and Precious Few Heroes,* 3ᵉ édition, Edinburgh University Press, 1998 ; Paterson L., 1994, *op. cit.*

pour les enseignants. En ce qui concerne les affaires sociales, ils ont présidé à la mise en place, dans les années soixante, d'un système judiciaire pour les jeunes délinquants, très original par rapport à ce qui s'est fait ailleurs en Europe puisqu'il privilégie l'aspect social sur l'aspect juridique. Ces mêmes organisations ont imaginé dans les années cinquante un système de logement reposant sur un parc locatif appartenant aux collectivités locales plutôt qu'à des propriétaires privés et ont ensuite maintenu ce système en place. Dans le domaine du développement économique, à partir des années trente, et plus encore dans les années cinquante, elles ont persuadé l'État britannique de mettre en place des politiques régionales efficaces de manière à limiter les effets du déclin industriel. C'est justement cette possibilité constante de recours aux ressources plus grandes du Royaume-Uni qui explique que l'Union n'ait jamais été remise en question dans son principe. À la fin des années cinquante, les conservateurs soutenaient avec autant d'enthousiasme que les travaillistes cette façon de sauvegarder à la fois l'autonomie de l'Écosse et sa protection sociale.

De plus, même à cette époque de développement du pouvoir central, l'autonomie locale jouissait encore d'une marge confortable. Les collectivités locales élues avaient toujours un certain pouvoir sur l'éducation, les affaires sociales, l'environnement, le logement, les transports locaux et la planification à l'échelon local. Le *Scottish Office*, comme beaucoup de cabinets ministériels de nombreux États, n'était pas en mesure de tout gérer lui-même et déléguait donc certains pouvoirs à diverses commissions chargées de superviser les services de santé ou le développement économique. Bien que nommées par le *Scottish Office*, ces commissions jouissaient d'une parfaite autonomie sur le terrain. Autour de ces commissions gravitaient des groupes de pression, des associations professionnelles, des syndicats qui bien souvent en fournissaient également les membres et contribuaient à tirer les commissions vers la société civile en les éloignant toujours plus de l'État.

Le système judiciaire écossais, qui disposait toujours de structures institutionnelles indépendantes, assurait la cohésion de l'ensemble. Jusque dans les années soixante, le protestantisme presbytérien et sa culture encore forte ont également apporté une certaine cohérence morale. Leur influence ainsi que celle des organisations gouvernementales sur l'opinion écossaise étaient encore renforcées par le caractère spécifique des médias : les journaux lus en Écosse étaient principalement écossais ; les radios et chaînes de télévision écossaises affirmaient de plus en plus leurs particularités en prenant davantage confiance en leur culture spécifique.

En bref, on peut donc dire que l'État providence en Écosse était largement écossais dans sa mise en œuvre. Sur certains points stratégiques, la conception de la politique était, elle aussi, écossaise : pour l'éducation, la justice, les services sociaux, les arts. Ces domaines étaient stratégiques dans la mesure où ils modelaient le caractère de la société bien davantage que d'autres domaines non administrés en Écosse, la politique macro-économique par exemple. D'un point de vue constitutionnel, cette autonomie ne reposait sur aucune base garantie, et c'est cette fragilité qui allait être à l'origine de la rupture finale des années quatre-vingt. Cependant, en Écosse, cette idée d'autonomie en était venue à être considérée comme un droit et l'opinion populaire estimait désormais que les institutions écossaises constituaient l'identité nationale.[8] Ces institutions étaient considérées comme la concrétisation d'une tradition de souveraineté populaire, jugée plus ancienne et plus légitime que le Parlement de Westminster.[9]

Résistance à Margaret Thatcher

Les premiers signes d'un malaise populaire lié au problème de l'autonomie écossaise se sont fait sentir après 1960, dans les années où le *Scottish National Party* a commencé à attirer une part importante des voix.[10] Le SNP était favorable à une indépendance pure et simple, mais les trois autres grands partis, travailliste, conservateur et libéral, ont répliqué en proposant différents projets incluant une assemblée élue aux pouvoirs limités. Le bien faible gouvernement travailliste des années 1974-1979 a finalement réussi à mettre l'une de ces propositions à l'ordre du jour mais, approuvée par une trop juste majorité au référendum de

8. Cohen A.P., « Personal Nationalism : a Scottish View of some Rites, Rights and Wrongs », *American Ethnologist*, vol. 23, p. 802-815.
9. Mitchell J., *Strategies for Self-Government*, Polygon, 1996 ; Paterson L., *A Diverse Assembly : the Debate on the Scottish Parliament*, Edinburgh University Press, 1998.
10. Brown A., McCrone D. et Paterson L., *Politics and Society in Scotland*, Macmillan, 1998 ; Fry, 1987, *op. cit.* ; Harvie, 1994, *op. cit.* ; Paterson, 1994, *op. cit.*

1979, elle ne fut jamais mise en œuvre. De nombreux facteurs peuvent expliquer ce manque d'enthousiasme de l'électorat, notamment le caractère limité des pouvoirs de l'assemblée en question, l'impopularité du gouvernement à l'origine du projet et l'attrait, encore minoritaire, des propositions d'indépendance du SNP. Cependant, l'explication la plus plausible est, sans doute, que la majorité de la population espérait que le vieux système d'autonomie locale partielle pourrait encore fonctionner. Les votants, pour la plupart, avaient toujours vécu avec ce délicat équilibre entre autonomie et accès aux ressources de l'État central et préféraient cet arrangement confortable et sûr à une expérience constitutionnelle risquée.

Malheureusement pour cette partie de la population, et pour la Constitution, il s'est finalement avéré qu'il n'était plus possible de continuer comme par le passé. Le gouvernement de Margaret Thatcher est arrivé au pouvoir en 1979 avec une hostilité envers la société civile sans précédent dans les annales du conservatisme britannique moderne. En accord avec certains dogmes de la nouvelle pensée de droite, Margaret Thatcher voyait dans la société civile une conspiration des experts contre les gens ordinaires qui limitait la liberté de marché sans laquelle aucune autre liberté n'était possible ; elle y voyait aussi une survivance du corporatisme qui avait empêché les gouvernements, travaillistes ou conservateurs, de moderniser l'économie britannique. Elle s'est donc attachée à supprimer nombre des organismes publics jugés les plus corporatistes dans l'ensemble de la Grande-Bretagne (c'est-à-dire ceux qui regroupaient des syndicalistes, des employeurs ou des fonctionnaires par exemple) ; dans les nombreuses commissions restantes elle a fait nommer des personnes dont elle était sûre idéologiquement et elle a affaibli l'autonomie des collectivités locales, des universités et d'autres institutions publiques qui jouissaient auparavant d'une certaine indépendance.

Rien de tout cela n'était délibérément anti-écossais mais c'est ainsi que cela fut ressenti parce que l'Écosse, et en particulier ses classes moyennes, restait très attachée au corporatisme, à la société civile et aux contrepoids institutionnels au pouvoir de l'État central. Ces prédilections s'expliquaient par toutes les raisons exposées plus haut et notamment les presque trois siècles au cours desquels l'autonomie écossaise s'était appuyée sur ces arrangements institutionnels. C'est pourquoi, plus le gouvernement Thatcher poursuivait son programme de restructuration de l'État et moins ce projet soulevait d'enthousiasme en Écosse dans les groupes sociaux qui auraient normalement dû le soutenir. Les classes populaires continuaient à penser que l'État providence était leur meilleure garantie de bien-être; on accusait le gouvernement conservateur d'être responsable de la destruction de grands pans de cette industrie qui fournissait jusque-là du travail à la classe ouvrière écossaise et avait symboliquement contribué à l'élaboration de l'identité écossaise au XXᵉ siècle: un consensus anticonservateur s'est peu à peu dégagé dans la politique écossaise dont on a vu le résultat spectaculaire aux élections générales de 1987. À cette date, le parti conservateur est tombé au-dessous de la barre des 25 % et a perdu 11 des 21 sièges qu'il détenait précédemment (sur un total de 72). Le fort soutien dont il disposait dans le sud de l'Angleterre ou il recueillait à nouveau une forte majorité, a renforcé le sentiment que l'Écosse dans son ensemble se retrouvait confrontée à une Angleterre conservatrice.

La société civile écossaise a réagi de façons diverses au thatchérisme. Elle a œuvré activement contre certaines mesures. Il y a eu, par exemple, une opposition massive à la réforme des collectivités locales proposée par le gouvernement conservateur en 1991 (et mise en place en 1996). On a cherché à ressusciter les idées corporatistes: une commission permanente sur l'économie écossaise a été créée et les propositions de restructuration qu'elle devait faire en 1989 rappelaient davantage la politique régionale des années soixante que les élans enthousiastes de Mme Thatcher pour le « laissez-faire ». On a même trouvé moyen d'utiliser le *Scottish Office* pour exercer une pression discrète sur l'administration: ces pressions permirent, par exemple, d'éviter la fermeture des aciéries de Ravenscraig au début des années 1980 (elles furent fermées dix ans plus tard); l'administration a également été convaincue d'adopter un système d'enseignement professionnel différent de celui de l'Angleterre. Dans certains cas, il y a même eu une opposition pure et simple à la politique officielle, parfois avec succès (les conseils d'administration des écoles ont par exemple obtenu l'abandon du projet de tests obligatoires pour les enfants d'école primaire) mais le plus souvent en vain (l'opposition massive à la réforme des impôts locaux, la *poll-tax*, appliquée un an plus tôt qu'en Angleterre, est restée sans effet tant que l'Angleterre n'a pas, elle aussi, manifesté son mécontentement).

Finalement, après les compromis insatisfaisants obtenus par cette opposition disparate, la plupart des secteurs de la société civile se sont retrouvés pour mettre au point un projet de Parlement plus acceptable que celui qui avait achoppé en 1979. Entre 1989 et 1996, c'est la Convention constitutionnelle (*Constitutional Convention*) qui allait servir de véhicule à ce projet; elle regroupait des travaillistes, des libéraux-démocrates et des représentants de nombreuses organisations de la société civile (collectivités locales, syndicats, Églises, associations de femmes et organisations représentant les groupes ethniques minoritaires). La Convention proposa un Parlement élu à la proportionnelle, disposant d'une autonomie législative dans tous les domaines politiques administrés par le *Scottish Office*. Ces idées ont été reprises sans grand changement par le gouvernement central travailliste élu en 1997; à ces mêmes élections de 1997, les conservateurs essuyèrent une défaite plus cinglante encore qu'en 1987, perdant tous leurs sièges et n'engrangeant que 18 % des suffrages. Le 11 septembre, le projet de Parlement fut approuvé par référendum avec une majorité des trois quarts (pour 60 % de votants); deux tiers des votants approuvèrent l'idée de confier au Parlement des pouvoirs, limités, en matière d'impôt.

Il apparaît donc que les gouvernements de Margret Thatcher et John Major ont joué un rôle déterminant dans cette évolution. Ils ont poussé la société civile écossaise à modifier fondamentalement sa vision de l'État britannique. En conséquence, elle a ensuite produit des propositions très radicales en matière d'autonomie nationale. Ces propositions étaient radicales d'abord par l'étendue des pouvoirs qu'elles prévoyaient pour le Parlement, ensuite parce qu'elles suggéraient une représentation proportionnelle, la parité hommes/femmes et une conduite des affaires bien plus transparente, plus proche des gens, plus consensuelle que celle du Parlement britannique.

La société civile écossaise en est donc venue à hériter d'une tradition nationale de gouvernement qui concrétisait les courants sociaux-démocrates dominants au XXe siècle et déjà sensibles dans la philanthropie presbytérienne du XIXe siècle. Elle héritait de l'autonomie des réseaux sociaux de l'État providence, de l'autonomie des conseils et des collectivités locales qui avaient dirigé l'Écosse aux beaux jours de l'industrialisation du XIXᵉ siècle, et de l'autonomie des paroisses directement léguée par l'Union. Elle avait également la bonne fortune de pouvoir revendiquer l'héritage de la scotticité, se réclamer d'un sentiment, vieux de trois siècles, selon lequel une assemblée paroissiale, un conseil de notables ou un comité d'experts comprenaient mieux les désirs de la population écossaise que le lointain gouvernement de Londres. Ces dignes acteurs de la société civile étaient peut-être pompeux, conservateurs et provinciaux mais on les préférait à l'agression arrogante d'un gouvernement pour lequel, à l'évidence, les Écossais n'avaient pas voté.

C'est ainsi que s'est développée l'idée que la société civile écossaise était radicale, plutôt à gauche et irrévérencieuse envers l'autorité.[11] La gauche écossaise a désarmé la méfiance, vieille de trois siècles, des socialistes européens pour la société civile et elle a bientôt été suivie par toute la gauche britannique[12] ; la droite, ne disposant plus que du pouvoir de l'État pour contrer la résistance de la société civile, a été contrainte de réviser ses positions. De ces changements de perspectives est né le désir de voir le Parlement, que la société civile avait contribué à créer, assumer des positions radicales et associer la société civile, son alliée naturelle, à la mise en place de la réforme de la société écossaise.

Tensions entre Parlement écossais et société civile

La question qui se pose maintenant est de savoir si cette alliance entre société civile et Parlement a des chances de se réaliser. Comme le Parlement est la conséquence directe du conflit entre institutions écossaises et thatchérisme, il peut parfaitement affirmer sa légitimité en recherchant la continuité avec ces institutions. L'élite politique écossaise, qui a montré un enthousiasme marqué pour une certaine forme de nationalisme civique, risque de pousser dans la même direction. Pour elle, l'identité nationale se définit davantage par l'allégeance à des institutions spécifiques que par

---

11. McCrone D., 1992, *op. cit.*
12. Keane J., *Civil Society and the State*, Verso, 1988 ; Kumar K., « Civil Society : an Inquiry into the Usefulness of an Historical Term », *British Journal of Sociology*, n° 44, 1993, p. 375-401.

des caractéristiques ethniques, linguistiques, culturelles, religieuses ou par la couleur de la peau, caractéristiques qui ailleurs pourraient être considérées comme essentielles. D'ailleurs, l'idée que le Parlement peut et donc va travailler en collaboration avec la société civile prévaut à un tel point que la société civile n'a émis aucune crainte en la matière : elle ne redoute plus, comme ce fut le cas dans les années soixante-dix, d'être menacée par un corps élu tirant son autorité directement du peuple. Cet accueil favorable du Parlement par la société civile a connu quelques exceptions qui ont abouti à la création de commissions supplémentaires qui pourraient renforcer l'enracinement du Parlement dans la société civile. En fait, ce sont les collectivités locales, plus que les associations, qui ont exprimé des craintes concernant une éventuelle dérive centralisatrice du Parlement. De nombreuses conférences ont été organisées à ce propos ; une commission indépendante a été chargée de se pencher sur les relations entre collectivités locales et Parlement et le sujet a souvent mobilisé l'ordre du jour de commissions spécialisées censées étudier des domaines particuliers (citons par exemple la commission sur l'avenir de l'éducation, conjointement dirigée par l'organisation nationale représentative des collectivités locales et le principal syndicat enseignant).

D'un autre côté, il y a de bonnes raisons de penser que la relation Parlement/société civile va poser des problèmes. D'abord, et c'est sans doute la principale de ces raisons, la société civile s'est depuis dix-huit ans installée dans une habitude d'opposition au pouvoir conservateur dont elle aura peut-être du mal à se débarrasser rapidement. C'est d'ailleurs ce que laissent penser certaines réactions à certains aspects de la politique du gouvernement travailliste de Londres, citons, par exemple, la proposition de faire payer des frais de scolarité aux étudiants qui a été largement débattue lors de la campagne pour les élections du Parlement au printemps 1999 et a ensuite dominé les négociations de coalition. La même tendance est sensible dans les réactions négatives aux allusions anglaises, qu'elles soient d'origine travailliste ou conservatrice, sur la nécessité de revoir à la baisse la subvention gouvernementale qui constitue la principale ressource du Parlement. Il est facile d'évoquer toute une série de traditions écossaises, remontant jusqu'au XVIIIᵉ siècle, pour légitimer ce genre d'opposition systématique : on peut presque parler d'une composante anarchiste du radicalisme écossais déjà sensible dans les désirs d'indépendance des contestataires presbytériens des XVIIe et XVIIIe siècles.[13] Cette opposition systématique risque d'être renforcée, pendant la période de mise en place du Parlement, par la nécessaire continuité de la plupart des autres institutions de l'administration écossaise. Le Parlement écossais ne ressemble guère aux autres nouveaux Parlements apparus ces dernières années sur la scène européenne (dans les régions autonomes d'Espagne, par exemple, ou encore dans les anciens pays communistes d'Europe centrale et d'Europe de l'Est). Il s'inscrit dans un paysage institutionnel déjà très occupé. Il lui faudra pour agir, utiliser les mêmes canaux exécutifs qu'utilisait précédemment le pouvoir central; ces corps exécutifs obéissaient généralement sans discuter aux instructions issues d'un gouvernement conservateur haï. Il apparaît donc que le Parlement aura du mal à plaire à la société civile en passant outre l'avis de ses fonctionnaires. Les groupes de pression de l'éducation ou de la santé qui trouvaient les fonctionnaires du *Scottish Office* peu coopératifs du temps des conservateurs auront du mal à apprécier les mêmes individus aujourd'hui sous prétexte qu'ils obéissent désormais à de nouveaux dirigeants, surtout si ces fonctionnaires font preuve d'autant d'imagination pour modifier les politiques qu'ils le faisaient à l'époque de Margaret Thatcher.

C'est le sujet des collectivités locales qui risque de provoquer le plus de tension.[14] Malgré les efforts qui se multiplient pour aplanir les difficultés, le Parlement aura du mal à trouver la bonne attitude en la matière. Le Parlement jouit dans un premier temps d'une popularité plus grande que les collectivités locales mais il va sans doute être amené à les réformer de façon à leur donner davantage de légitimité, en instituant une représentation proportionnelle par exemple (selon la recommandation de la commission indépen-

13. Brown C.J., *The Social History of Religion in Scotland, 1780-1914*, Methuen, 1987; Logue K., *Popular Disturbances in Scotland, 1780-1815*, John Donald, 1979 ; Sher R.B., « Moderates, Managers and Popular Politics in Mid Eighteenth Century Edinburgh », dans Dwyer J. *et al.* (éd.), *New Perspectives on the Politics and Culture of Early Modern Scotland*, John Donald, 1982, p. 179-209; Whatley C., « An Uninflammable People? », dans Donnachie I. et Whatley C. (éd.), *The Manufacture of Scottish History*, Polygon, 1992, p. 51-71.
14. Fairley J., « The Democratic Reform of Scotland? », *Scottish Affairs*, n° 18, hiver 1997, p. 18-23.

dante). De plus, l'harmonie entre collectivités locales et Parlement risque fort d'être compromise par la présence dans les assemblées locales du SNP et du parti conservateur, qui pourraient tous deux tirer parti de la proportionnelle et d'une certaine impopularité du gouvernement central travailliste ou de l'administration dirigée par les travaillistes en Écosse.

Toutes ces tensions potentielles sont également liées à un changement de comportement de la population vis-à-vis du gouvernement que l'on constate en Écosse comme dans la plupart des autres pays européens. Au cours des trente dernières années, les citoyens des États pourvus d'un système de protection sociale, ont commencé à remettre en cause l'autorité, phénomène directement induit par le système de l'État providence.[15] Le niveau d'éducation a monté, la situation sanitaire s'est améliorée et les gens n'ont plus accepté la répartition des rôles sociaux traditionnels. Cette tendance à la révolte individuelle s'est d'abord manifestée en Europe dans la gauche des années soixante; lorsque la social-démocratie s'est révélée incapable de traiter le problème de manière satisfaisante, ce sentiment, dans de nombreux pays, a contribué à la montée des partis de la nouvelle droite. Même si les Écossais n'ont jamais fait preuve de beaucoup d'enthousiasme pour le parti conservateur, ils se sont pourtant montrés favorables aux mesures qui semblaient vouloir libérer les individus de l'autorité paternaliste de l'État. Par exemple, les ouvriers écossais ont acheté leurs HLM; les parents ont profité de la liberté qui leur était offerte d'inscrire leurs enfants dans l'école de leur choix; beaucoup ont acheté des actions lorsque le gouvernement conservateur a privatisé les industries autrefois nationalisées. Les Écossais ont activement pris part à l'évolution européenne vers une érosion des comportements traditionnels. Les femmes, en Écosse comme ailleurs, ont remis en question le partage des rôles entre les sexes; les gens ont acquis une plus grande mobilité grâce à la généralisation de la voiture et comme ailleurs, les vieilles institutions, comme l'Église, ont connu un rapide déclin.

15. Giddens A., *Beyond Left and Right*, Polity, 1994; Hirst P., « Quangos and Democratic Government », *Parliamentary Affairs*, vol. 48, 1995, p. 341-359; Inglehart R., *Cultural Shift in Advanced Industrial Societies*, Princeton University Press, 1990.

Il n'y a aucune raison de penser que ces tendances puissent s'inverser. Il est donc légitime de supposer que les Écossais accueilleront leur Parlement avec autant de scepticisme que les citoyens de beaucoup d'autres pays. Le Parlement sera probablement perçu comme une nouvelle institution d'État, composée d'hommes politiques éloignés des problèmes quotidiens et servie par des fonctionnaires qui font barrière au pouvoir populaire tout autant qu'ils sont des serviteurs de la démocratie. À peine le rêve utopique avait-il laissé place à la réalité tangible de 129 nouveaux législateurs faillibles et pour la plupart inexpérimentés, que la presse donnait déjà dans le cynisme (pour avoir une idée du ton des articles, on pourra se référer au numéro du 5 juillet 1999 du *New Statesman* qui est cependant loin d'être le plus virulent). Malgré de courageuses tentatives pour contrecarrer cette vision cynique de la politique, en favorisant la participation de la population aux prises de décisions, il sera difficile de combler rapidement ce gouffre entre gouvernants et gouvernés, pas plus en Écosse qu'ailleurs. Si le Parlement lui-même est composé d'une assez grande proportion de femmes (37 %), il y en a, par exemple, bien peu parmi les hauts fonctionnaires et dans les organes exécutifs, du moins pour le moment. De plus, en raison de l'inévitable confrontation entre parti travailliste et SNP, certaines des députées ont adopté un style bien plus agressif que ne l'auraient souhaité les féministes très critiques de l'agressivité des débats à Westminster. Ceux qui ont mené campagne pour un changement radical du style de politique ont de grandes chances d'être déçus. Dans la mesure où le nouveau Parlement cherche, comme cela a été fréquemment demandé, à favoriser une participation plus active des citoyens, il va forcément fournir à la population des moyens d'exprimer son mécontentement : même si, en Écosse, les citoyens sont généralement considérés comme la base du Parlement, celui-ci risque néanmoins d'être perçu par des citoyens actifs comme la source potentielle d'un pouvoir centralisateur et arbitraire.[16]

Le sentiment de désillusion va se renforcer lorsque les espoirs, étonnamment grands, soulevés par la création du Parlement se-

16. Hall S. et Held D., « Citizens and Citizenship », dans Hall S. et Jacques M. (éd.), *New Times*, Lawrence and Wishart, 1989, p. 173-188 ; Paterson L., « Education, Local Government and the Scottish Parliament », *Scottish Educational Review*, vol. 30, 1998, p. 52-60.

ront inévitablement déçus. Selon un sondage réalisé en 1997, au moment du référendum, entre deux tiers et trois quarts de la population espéraient que le Parlement allait améliorer le système éducatif, les services de santé, les services sociaux et l'économie tandis qu'une petite minorité seulement pensait que les choses allaient empirer.[17] C'est la force de ses sentiments qui explique les résultats décisifs du référendum. Mais aucune institution politique ne pourrait satisfaire de tels espoirs. Il est donc inévitable que des tensions naissent entre le Parlement et la population.

Qui va ensuite s'approprier ces attentes et ces doutes populaires ? C'est la question qui sera au cœur d'un débat déterminant pour la politique écossaise. Si la société civile réussit encore à refléter l'humeur de la société écossaise en général, elle continuera à jouir de la légitimité qui était la sienne pendant la période de l'Union puis a été renforcée par son rôle dans la résistance au thatchérisme. Dans ce cas, le Parlement apparaîtra comme l'intrus tandis que le mythe de la souveraineté populaire se concrétisera dans la résistance légitime des institutions civiles aux empiétements du Parlement. L'idée que le Parlement devra fonctionner sur la base de la concertation et de la consultation risque d'amplifier encore ce phénomène en l'obligeant à s'aligner sur un consensus entre différents groupes de pression et lobbies institutionnels.

Si, par exemple, le Parlement cherche à passer outre aux désirs de collectivités locales d'une couleur politique différente de la sienne, son action sera perçue comme une tentative d'Édimbourg d'imposer ses propres vues à l'ensemble du pays. Ce discours sera d'autant plus crédible qu'il pourra s'appuyer sur l'une des principales sources de méfiance observée avant et pendant la campagne du référendum de 1997, c'est-à-dire la crainte que le Parlement ne s'arroge des pouvoirs appartenant à d'autres centres d'autorité. On imagine facilement que des conflits de ce genre puissent survenir dans des domaines comme l'éducation. En cas de réforme du système électoral pour l'élection des collectivités locales, une administration nationale majoritairement travailliste pourrait, à propos de l'éducation, se trouver en conflit à la fois avec les collectivités locales SNP de gauche et les collectivités conservatrices de droite.

17. Brown A., McCrone D., Paterson L. et Surridge P., *The Scottish Electorate: the 1997 General Election and Beyond*, Macmillan, 1998.

Le SNP pourrait se plaindre de ce que le Parlement coupe les sub-
sides aux écoles ou cherche à imposer une uniformité des programmes à l'échelon national par l'entremise des inspecteurs. Il est
tout à fait possible que les travaillistes tentent des actions de ce
genre puisqu'ils partagent le désir du parti travailliste britannique
de diminuer les dépenses publiques et d'imposer un contrôle central fort sur l'éducation, prétendument pour assurer de meilleurs
niveaux; de plus le style de gestion traditionnel du *Scottish Office* a
entretenu l'idée que le contrôle central correspond à la manière
écossaise.[18] Les conservateurs, quant à eux, pourraient réclamer
un retour à la sélection dans les établissements du secondaire et
reprocher à l'administration travailliste de ne pas permettre ce
choix à l'échelon local.

Les collectivités locales pourraient mobiliser les associations
pour les soutenir dans ces campagnes. Le Parlement peut également se retrouver en conflit direct avec ces associations. Si, par
exemple, il se montre incapable de répondre aux attentes d'augmentation des dépenses publiques, les positions risquent de se ra-
dicaliser sur le front de la lutte contre la pauvreté. De plus, la prédominance des représentants des régions d'Écosse les plus
peuplées pourrait nuire à son image dans les Highlands ou le Sud,
régions qui pourraient se juger négligées. Le Parlement va-t-il radicalement réformer le système de propriété terrienne, subvention-
ner les petites écoles rurales, développer les liaisons avec les Borders (au sud d'Édimbourg) ou soutenir le projet d'établissement
d'une université dans les Highlands et les îles? Il pourra entreprendre certains de ces projets mais ne pourra se permettre de les
réaliser tous (sans se voir taxer de favoritisme par les populations
des zones urbaines, comme cela avait été le cas lors de l'application du programme d'éducation en gaélique). Par conséquent, les
associations qui mènent campagne en faveur de ces projets dans
l'Écosse rurale pourraient se révéler aussi opposées au Parlement
qu'elles l'étaient précédemment au *Scottish Office* et à Westminster.

Il est donc probable que la société civile pourrait continuer à se
poser comme représentant légitime de l'opinion. Le Parlement,
bien sûr, sera peu enclin à accepter docilement cet État de choses

---

18. McPherson A. et Raab C.D., *Governing Education*, Edinburgh University Press,
1988.

et contre-attaquera en invoquant le fait qu'en Écosse, société civile et establishment ne font qu'un depuis longtemps. Cette tendance risque de s'amplifier dans la mesure où les travaillistes ne détiennent qu'une majorité relative au Parlement (56 sièges sur un total de 129). Les autres partis pourront arguer que de larges pans de la société civile sont de sensibilité travailliste, ce parti ayant dominé les affaires publiques écossaises (à l'exclusion du *Scottish Office*) depuis plus de trente ans. La société civile n'est pas aussi radicale que son discours anti-Thatcher a pu le laisser croire. Elle a, certes, fait preuve d'efficacité dans sa résistance aux tentatives de réformes du gouvernement conservateur, mais ne s'est guère montrée imaginative en matière de politique publique depuis les années soixante. Trop confiantes dans la qualité du système éducatif, peu critiques de la position dominante des spécialistes dans de nombreux domaines, les institutions les plus puissantes se sont ralliées avec beaucoup de réticence aux idées d'égalité des sexes et de lutte contre le racisme ; enfin, dans le domaine culturel, elles sont freinées par un mélange d'esprit de clocher et de méfiance à l'égard de tout ce qui est anglais. La campagne en faveur du Parlement a aussi été largement motivée par le désir d'échapper à la vie tristement conformiste que la société civile a créée pour l'Écosse au sein du Royaume-Uni.[19] De façon plus générale, comme l'a montré Kumar[20], l'enthousiasme pour la société civile dont fait montre actuellement la gauche britannique fait l'impasse sur le conservatisme de nombreuses institutions. Il se pourrait que certains parlementaires de gauche voient dans la société civile un problème plutôt qu'une solution dans la mesure où elle a été complice de l'absence de réforme du Royaume-Uni.

En adoptant cette position hostile à la société civile, les partis d'opposition pourraient tirer avantage du changement d'attitude de la population envers le gouvernement que nous avons évoqué plus haut. En d'autres termes, ils pourraient tenter une version écossaise de la campagne très réussie menée en Angleterre par Margaret Thatcher dans les années soixante-dix et quatre-vingt. Comme elle le fit à l'époque, ils pourraient rejeter sur la société civile tous les maux de la nation. Ils pourraient suggérer que seul un

---

19. Nairn T., *Faces of Nationalism*, Verso, 1997, p. 194-209.
20. Kumar K., 1993, *op. cit.*

programme fort de réformes nationales permettra de mener à bien une rénovation du pays qui corresponde aux attentes de la population. Ils pourraient aussi chercher à s'associer à des courants sympathisants d'autres pays, même s'il fallait cette fois les chercher en Europe alors que Mme Thatcher s'était tournée vers les États-Unis. Bref, les partis d'opposition pourraient partir en croisade contre les institutions civiles qui ont donné naissance au Parlement. Le risque en sera d'autant plus fort que le Parlement adoptera une interprétation plus radicale du travail par consensus. Si le Parlement tient davantage compte de l'opinion publique, reflétée par des dispositifs nouveaux tels que les mini-sondages, les groupes témoins (*focus groups*), les référendums électroniques, etc., on peut s'attendre à ce que les partis d'opposition s'adressent directement à la population sans passer par les canaux traditionnels.

Les relations entre Parlement et société civile n'auront donc rien du confortable consensus souvent dépeint dans les commentaires des travaux de la convention constitutionnelle, pour la bonne raison que la société civile est loin d'être aussi homogène qu'on ne l'a dit au moment où elle menait obligeamment la résistance écossaise contre le thatchérisme. De plus, il est probable que les conflits, quels qu'ils soient, finissent par renforcer l'importance du Parlement dans la vie de tous les jours. Le Parlement n'est guère plus homogène que la société civile. Les controverses entre l'exécutif et la société en général seront traitées à la chambre. En supposant que la société civile parvienne encore à se poser en leader du scepticisme populaire à l'égard de l'autorité centrale, une pléthore de parlementaires d'opposition seront eux aussi disposés à s'associer à ce populisme. Comme le gouvernement écossais est mené par un parti travailliste prudent encore très lié au parti anglais, il ne sera pas difficile de voir dans le manque d'indépendance de l'Écosse vis-à-vis de l'Angleterre la source des problèmes écossais. À ce stade, les exigences de la souveraineté populaire s'imposeront à la société civile : si le peuple est souverain, et si la société civile représente le peuple, alors toute contrainte extérieure sur la politique écossaise s'avérera intolérable. Si seulement, dira-t-on, nous avions un Parlement plus démocratique dont l'unique source d'autorité provienne véritablement du peuple écossais représenté par les institutions de la société civile, alors il serait possible d'oublier la déception de tous ces espoirs qui n'ont été que partiellement réalisés.

D'un autre côté si le Parlement devait finalement produire une majorité capable de susciter le mécontentement public contre un establishment écossais trop confiant, il s'engagerait alors dans un combat contre les institutions qui ont su préserver la spécificité de l'Écosse au sein du Royaume-Uni mais ont en même temps entretenu les liens entre ces deux entités. Cela impliquerait que le Parlement acquière davantage de pouvoirs, en particulier en ce qui concerne la politique de redistribution des richesses, domaine dans lequel les positions écossaises sont bien plus à gauche que les positions anglaises.[21] Cela impliquerait également que le Parlement s'oppose aux composantes les plus britanniques de la culture écossaise, à tous ces salariés des classes moyennes qui se sont accrochés à une identité duale alors même que les ouvriers l'abandonnaient progressivement. Ce scénario poussera lui aussi le Parlement vers une plus grande indépendance, ancrée dans une souveraineté populaire dont il sera le champion.

Pour conclure, précisons que nous n'avons pas cherché ici à suggérer que « l'indépendance » est la seule solution possible aux tensions entre la société civile et le nouveau Parlement écossais. Ce que nous avançons cependant c'est que le processus qui va s'engager mènera nécessairement à une extension des pouvoirs et de l'autorité du Parlement dans la mesure où celui-ci sera le forum où s'exprimeront les grandes tensions de la société écossaise. Le résultat final est imprévisible puisque le terme « indépendance » est en train de prendre une nouvelle dimension au sein de la nouvelle Europe. Ce qui semble certain, cependant, c'est que la dynamique qui va être mise en route marque la fin du rôle de l'Écosse comme simple composante autonome d'un Royaume-Uni souverain.

---

21. Brown A., McCrone D. *et al.*, 1998, *op. cit.*

Influence des changements constitutionnels sur l'évolution de l'économie écossaise

David Newlands

Les principaux arguments qui ont présidé à la création du Parlement écossais étaient bien sûr d'ordre politique ; il n'empêche que cet événement aura probablement un impact considérable sur l'économie écossaise et le niveau de vie de la population. Le Parlement dispose, en effet, de pouvoirs économiques étendus. Il est, par exemple, responsable du développement économique, il intervient dans le processus décisionnel pour les affaires européennes en rapport avec l'Écosse, il est en charge de l'investissement intérieur, de la promotion du commerce et du tourisme ainsi que des réseaux de transports locaux. Financé par une subvention du Trésor britannique, il a également le pouvoir de faire varier l'impôt sur le revenu. Jusqu'à présent, les discussions concernant son impact économique ont surtout tourné autour de ce problème d'imposition. C'est pourtant sur le long terme qu'il faut chercher les véritables potentialités du nouveau système, lequel pourrait conduire à une meilleure compétitivité des entreprises écossaises.

Le présent chapitre s'intéresse aux conséquences possibles des récents changements constitutionnels sur le développement économique de l'Écosse. Nous étudierons les tendances dominantes de l'économie écossaise avant de considérer les avantages que pourrait entraîner la dévolution, selon la théorie économique d'abord, au vu de l'expérience d'autres pays européens ensuite. Après une rapide comparaison de la situation actuelle avec la situation précédente dite de « statu quo » et l'indépendance, nous verrons par quels moyens le Parlement financera les dépenses publiques en Écosse, puis nous envisagerons les différents types de politique économique entre lesquels le nouveau Parlement devra choisir avant d'exposer nos principales conclusions.

Évolution récente de l'économie écossaise

Il est fondamental de souligner d'entrée que l'économie écossaise est fortement intégrée dans l'économie britannique et que l'évolution économique de l'Écosse dépend donc pour beaucoup des tendances qui affectent le Royaume-Uni dans son ensemble. L'Écosse a, par exemple, enregistré sur la période 1971-1992 exactement le même taux de croissance (du produit intérieur brut, PIB, en volume) que le Royaume-Uni, soit 1,6 % par an.[1]

Le PIB écossais par tête, rapporté au chiffre moyen enregistré au Royaume-Uni, offre un bon indice de prospérité économique relative. Traditionnellement, le PIB par habitant en Écosse atteint 92 à 96 % du chiffre moyen pour le Royaume-Uni. Ces dix dernières années, cette proportion est passée de 92,3 % en 1989 au chiffre record de 98,9 % en 1995, ce qui montre que l'Écosse a mieux surmonté la récession du début des années quatre-vingt-dix que le Sud de l'Angleterre. Le dernier chiffre connu, celui de 1997, est un peu moins bon puisqu'il se situe à 95,5 %.[2] Dans le classement par régions, l'Écosse arrivait quatrième après Londres, le Sud-Est et l'Est de l'Angleterre entre 1990 et 1995 mais est redescendue à la sixième place (dépassée par le Sud-Ouest de l'Angleterre et la région East Midlands) en 1997. En ce qui concerne les revenus, on ne constate une importante différence qu'avec la région du Sud-Est de l'Angleterre : l'Écosse apparaît comme une région à revenus moyens comparée aux autres régions du Royaume-Uni et à beaucoup d'autres pays d'Europe de l'Ouest.

Durant la plus grande partie du XXᵉ siècle, son taux de chômage a été plus élevé que celui du Royaume-Uni dans son ensemble ; ce taux, comparable à celui des régions du Nord de l'Angleterre, dépassait nettement celui du Sud. Ces dernières années,

---

1. Gudgin G., « Prosperity and Growth in UK Regions », *Local Economy*, 11 (1), 1996, p. 7-26.
2. Storie G. et Horne J., « Economic Review », *Scottish Economic Bulletin*, n° 58, 1999, p. 5-22.

l'écart a eu tendance à se resserrer, le taux de chômage en Écosse restant supérieur à celui du Sud, mais étant nettement inférieur à celui des régions du Nord.

Cette relative stabilité de l'économie écossaise par rapport au Royaume-Uni masque les importants changements qui sont intervenus. Durant les vingt ou trente dernières années, une restructuration massive de l'économie écossaise s'est opérée. Les industries traditionnelles de production et de transformation du métal comme les aciéries, la construction navale, les matériels de transport et la construction mécanique, ont connu un fort déclin. En Écosse, plus de 40 % des emplois de l'industrie ont été perdus depuis 1980. Certaines industries bien établies comme la fabrication du whisky, les produits chimiques et le papier ont survécu ; quelques industries relativement nouvelles se sont installées, notamment le pétrole, l'électronique et l'informatique. Quoi qu'il en soit, la base industrielle de l'économie écossaise s'est rétrécie.

L'économie écossaise est relativement active à l'exportation. Pendant longtemps, la part de l'Écosse dans le commerce britannique a baissé de façon continue mais elle s'est finalement stabilisée ces dernières années autour des 12 %. Les exportations écossaises sont très concentrées : elles concernent un petit nombre de pays et de produits. Quelques pays, principalement les États-Unis, l'Allemagne, la France et l'Italie, et deux industries, le whisky et les ordinateurs et matériels de bureau, représentent près de la moitié des gains provenant de l'exportation.

D'autres critères méritent d'être pris en considération, notamment la compétitivité des entreprises, la création d'entreprises nouvelles et la part des capitaux étrangers. Pour la compétitivité, l'Écosse occupe une position médiane par rapport aux autres régions du Royaume-Uni.[3] L'industrie manufacturière se place au septième rang des douze régions du Royaume-Uni. Cette activité est très bien classée pour certains critères (ressources humaines par exemple) mais d'autres indicateurs sont nettement moins bons (recherche et développement ou travail indépendant notamment). La situation est similaire dans le secteur des services. Les services écossais se classent cinquième sur douze ; ici encore l'indicateur

---

3. Brooksbank D. et Pickernell D., « Regional Competitiveness Indicators », *Local Economy*, 13 (4), 1999, p. 310-326.

des ressources humaines est bon tandis que celui du travail indépendant est mauvais.

L'Écosse a invariablement enregistré l'un des plus bas taux de création d'entreprises du Royaume-Uni.⁴ Cela n'est guère surprenant puisque l'Écosse obtient de mauvais scores pour les indices traditionnellement associés aux forts taux de création d'entreprises. Parmi ceux-ci figurent notamment la proportion des cadres et des personnels ayant une formation supérieure (en particulier scientifique et technique), la bonne santé de l'économie locale, les facilités de financement (parfois liées au niveau des prix de l'immobilier lorsque celui-ci est utilisé comme garantie) et les disponibilités de locaux pour les petits ateliers et unités de production.

Ces dernières années on a pu noter une augmentation sensible de la part de capitaux étrangers dans l'industrie écossaise ; cette augmentation est due, d'une part, à des fusions et des prises de contrôle et, d'autre part, à un investissement direct de capitaux étrangers, provenant notamment d'Amérique du Nord et d'Asie orientale. Si la plupart des petites et moyennes entreprises restent la propriété d'Écossais, seulement 33 % des entreprises écossaises employant entre 250 et 499 personnes avaient, en 1998, leur siège social en Écosse. Ce chiffre tombe à un petit 19 % si l'on considère les plus grandes entreprises (500 employés ou plus).⁵

Dans l'économie écossaise, c'est le domaine des finances publiques qui prête tout particulièrement à controverse. Tandis que le niveau des dépenses publiques non identifiables par habitant est sans doute inférieur au niveau moyen du Royaume-Uni, la part de dépenses publiques identifiables est plus élevée. D'après les estimations officielles de ces dernières années, en Écosse, la dépense publique identifiable par habitant était de 20 % supérieure à celle de l'Angleterre tandis que le total des dépenses publiques, identifiables ou non identifiables, se situait quelque 12 à 15 % au-dessus de la moyenne du Royaume-Uni. De plus, toujours d'après les données officielles, les finances publiques de l'Écosse sont en déficit structurel. Les chiffres les plus récents, ceux de l'année 1996-1997, font état d'un déficit estimé de 7,1 milliards de livres,

4. Keeble D. et Walker S., « New Firms, Small Firms and Dead Firms », *Regional Studies*, 28 (4), 1994, p. 411-428.
5. Campbell A. et MacDonald D., « Small and Medium Sized Enterprises in Scotland », *Scottish Economic Bulletin*, n° 58, 1999, p. 33-41.

compte non tenu des revenus provenant du pétrole de la mer du Nord; ce déficit serait descendu à 4,2 milliards si l'ensemble des revenus du pétrole avaient été affectés à l'Écosse. La même année, le déficit fiscal de l'Écosse (compte non tenu des revenus du pétrole) s'élevait à 11,25 % contre 4,25 % sur l'ensemble du Royaume-Uni.

Remarquons, cependant, que les chiffres officiels concernant l'imposition et les dépenses ont été critiqués sur différents points. Ils n'incluent pas certaines données fiscales, notamment les dégrèvements sur les intérêts des prêts immobiliers ou les cotisations à des fonds privés de retraite, ce qui favorise très probablement l'Angleterre. Par ailleurs,

> ... certaines des dépenses incluses dans l'équation de dépenses relatives reflètent simplement les différences de structure entre les activités économiques de l'Écosse et de l'Angleterre [...]. Les dépenses consacrées à l'agriculture, aux forêts et à la pêche sont liées à la structure des activités économiques et non à la population; il n'est donc guère surprenant que les dépenses par habitant soient supérieures en Écosse.[6]

Une dernière question mérite notre attention: celle des disparités économiques au sein même de l'Écosse. Elles sont considérables au niveau des localités, comme le montrent, par exemple, les taux de chômage. Les différences restent notables à l'échelle d'unités plus larges comme les anciennes régions (*Stationary Office*, 1999). En 1995, le revenu moyen par ménage s'élevait à 10 126 livres mais n'atteignait que 9 449 livres pour Dumfries et Galloway (soit 93 % du chiffre moyen pour l'Écosse) et 9 590 livres (95 %) pour Central. En revanche, pour les Grampians, le revenu par habitant atteignait 11 060 livres (109 % du chiffre moyen pour l'Écosse) et 11 200 pour les Lothians (111 %).

Ce que la dévolution pourrait apporter à l'économie

La création d'un Parlement écossais va-t-elle entraîner de meilleures performances de l'économie écossaise? Si l'on en croit la théorie économique et les expériences d'autres pays européens,

---

6. Mair C. et McAteer M., « Scotching the Myth: Analysing the Relations between a Scottish Parliament and Westminster », *Scottish Affairs*, n° 19, 1997, p. 4.

il apparaît que la création de gouvernements régionaux décentralisés peut s'accompagner d'avantages économiques, même si ceux-ci ne sont pas automatiques.

En théorie, les instances locales et régionales se doivent d'assumer diverses fonctions économiques dont sont cependant exclues la politique macro-économique et les politiques de redistribution des richesses.[7] La question de la politique macro-économique est très controversée mais on s'accorde généralement à dire que l'ouverture des économies régionales et locales empêche toute gestion macro-économique efficace à ces niveaux. Les politiques de redistribution des revenus sont logiquement conçues au niveau national ou supranational dans la mesure où il est nécessaire qu'un centre décisionnel unique soit chargé de planifier cette redistribution afin d'éviter les contradictions qui pourraient résulter de différents niveaux de décision.

C'est surtout la fourniture de services et la politique de développement économique qui sont traditionnellement considérées comme les domaines privilégiés d'un gouvernement décentralisé. Il a souvent été dit que le marché n'est pas un bon fournisseur de biens publics.[8] Ce raisonnement justifie l'intervention de l'État. Cependant, l'aptitude d'un gouvernement à fournir des services publics dépend de sa capacité à être attentif aux préférences de la population et de son aptitude à obtenir et à traiter les informations nécessaires. Un gouvernement décentralisé sera mieux informé sur les préférences de la population et pourra en tenir compte plus facilement. Il sera donc probablement mieux placé qu'un gouvernement central ou des entreprises privées pour tirer parti des ressources locales.

Ces arguments théoriques sont en principe valables pour les instances régionales comme pour les collectivités locales; cependant, de par leur taille, les régions sont sans doute plus adaptées à la fourniture de certains services que des unités plus petites. Les régions pourront profiter d'économies d'échelle administratives, seront moins exposées aux effets d'externalités tout en conservant

---

7. King D., Fiscal Tiers: *The Economics of Multi Level Government*, George Allen et Unwin, 1984.
8. Helm D. et Smith S., « The Decentralised State: the Economic Borders of Local Government », dans Helm D. (éd.), *The Economic Borders of the State*, Oxford University Press, 1989, p. 275-296.

le bénéfice de la connaissance des préférences locales. Par exemple, le niveau régional semble particulièrement adapté pour l'enseignement professionnel et l'enseignement supérieur. Les instances régionales ou locales peuvent également jouer un rôle au niveau du développement économique. Certaines politiques économiques permettent de pallier un marché momentanément déficient parce que trop frileux, mal informé ou soumis à des effets d'externalités, etc. Cependant, lorsque le gouvernement national ou supranational stimule convenablement la croissance, il n'est pas forcément nécessaire que le gouvernement régional s'implique en la matière. De fait, on a souvent considéré que

... les dépenses [d'un gouvernement décentralisé] pour le développement économique ne font que déplacer le problème et n'ont pas d'efficacité réelle dans un jeu qui grève de façon disproportionnée les finances des localités qui n'ont justement pas les ressources nécessaires pour jouer à ce jeu.[9]

Plus récemment, des avis contraires se sont fait entendre : les régions seraient à même de mener des politiques de développement économique adaptées aux capacités et aux opportunités locales. De fait, une politique industrielle décentralisée peut présenter un certain nombre d'avantages parmi lesquels on citera : la proximité du marché, qui permet de mieux hiérarchiser les priorités (de décider, par exemple, s'il convient de favoriser l'immobilier ou la formation professionnelle) ; une meilleure connaissance des entrepreneurs locaux et des écueils qui peuvent freiner leur expansion ; une grande facilité de repérage des objectifs grâce aux réseaux locaux ; une grande ouverture à l'innovation et à l'expérimentation ; une plus grande unité des objectifs et un sentiment d'identité régionale ; des temps de réponse plus courts grâce à une meilleure connaissance des structures politiques et administratives locales ; une plus grande flexibilité dans la mise en place de programmes généraux.[10]

En matière de financement, le mécanisme des subventions du gouvernement central aux collectivités locales et régionales peut

---

9. Bennett R., « Decentralisation and Local Economic Development », dans Bennett R. (éd.), *Decentralisation, Governments and Markets*, Clarendon Press, 1990, p. 221.
10. Begg I., Lansbury M. et Mayes D., « The Case for Decentralised Indutry Policy », dans Cheshire P. et Gordon I. (éd.), *Territorial Competition in an Integrating Europe*, Avebury, 1995, p. 179-205.

avoir un certain nombre de conséquences intéressantes. Certaines économies d'ordre administratif sont possibles si le gouvernement central perçoit les impôts pour le compte des collectivités locales et régionales puis les redistribue sous la forme de subventions. Accorder une subvention prouve l'intérêt légitime que porte le gouvernement central, ou la population d'autres régions, à l'un des postes de dépenses d'une collectivité locale. Les dépenses en transport, par exemple, peuvent refléter des priorités nationales en même temps que des préférences locales. Enfin, et c'est peut-être le point le plus important, les subventions participent d'un mécanisme de correction de l'écart entre besoins et ressources. Tous ces arguments pèsent davantage en faveur de la décentralisation des dépenses que de celle de l'imposition.

En gros la théorie économique va donc dans le sens des dispositions prises pour l'organisation du Parlement écossais. Il n'est pas prévu de décentraliser les pouvoirs d'ordre macro-économiques, pas plus que les différents instruments qui permettent une politique de redistribution des ressources. L'aide sociale reste du ressort du gouvernement britannique. Il est vrai qu'une certaine décentralisation de l'imposition a été décidée mais la finalité de ces pouvoirs fiscaux est d'assurer un revenu supplémentaire au Parlement écossais plutôt qu'une redistribution des revenus au sein de l'Écosse. La théorie confirme également le bien-fondé des dispositions en matière de financement: la plus grande partie des dépenses du Parlement sera financée par une subvention du gouvernement central et la décentralisation concernera plus les dépenses publiques que l'imposition.

Il est intéressant de considérer les expériences menées dans d'autres pays d'Europe pour en tirer des informations supplémentaires sur le rôle économique de Parlements régionaux comparables au Parlement écossais.[11] La situation dans les quatre autres grands pays d'Europe, l'Allemagne, la France, l'Italie et l'Espagne, est particulièrement intéressante puisque ces pays ont tous des autorités régionales élues, ce qui n'est pas le cas du Royaume-Uni.

---

11. Newlands D., « A "Europe of the Regions"? The Economic Functions of Regional Government in the European Community », *Current Politics and Economics of Europe*, 2 (3), 1992, p. 187-202 et « The Economic Role of Regional Governments in the European Community », dans Hardy S. *et al.* (éd.), *An Enlarged Europe: Regions in the Competition?*, Jessica Kingsley Publishing, 1995, p. 70-80.

L'Allemagne a une longue tradition de gouvernements régionaux puissants et protégés par la Constitution. Il y avait onze Länder en Allemagne de l'Ouest auxquels sont venus s'ajouter, depuis la réunification, cinq Länder supplémentaires correspondant à l'ancienne Allemagne de l'Est. Les Länder ont notamment la responsabilité de l'éducation, des affaires culturelles et de l'administration locale. De plus, cela fait longtemps que l'aide au développement économique est décentralisée en Allemagne. La plupart des Länder ont leurs propres programmes régionaux et disposent depuis les années soixante d'organismes de développement industriel.

Les vingt-deux régions françaises ont été créées en 1955 mais elles ne disposent d'assemblées élues que depuis 1986. Les conseils régionaux jouent un rôle essentiel dans l'élaboration des plans de développement régionaux. Outre ce rôle de planification, ils interviennent de différentes façons pour stimuler la croissance économique. Ils ont la responsabilité de la formation professionnelle et de la formation permanente, le pouvoir de financer et de garantir des prêts, de fournir des sites industriels, de conseiller les entreprises. Certaines régions ont même installé des bureaux à l'étranger pour encourager les financements extérieurs.

Il y a toujours eu un régionalisme fort en Italie : beaucoup des régions actuelles étaient d'ailleurs des États indépendants avant l'unification. La Constitution de 1948 prévoyait cinq régions dites « à statut spécial » et quatorze régions « ordinaires » (dont le nombre sera plus tard porté à quinze). Les cinq régions à statut spécial furent effectivement créées en 1948 mais les autres régions n'ont vu le jour qu'en 1970. En plus de compétences d'ordre social et culturel, les régions italiennes disposent de pouvoirs qui concernent essentiellement la politique de développement économique et d'aménagement du territoire et s'exercent dans les strictes limites des recommandations du gouvernement central.

L'Espagne a mis en place un système de gouvernements régionaux au cours des vingt dernières années. En 1979, le Pays Basque et la Catalogne ont été les premiers à devenir des communautés autonomes inscrites dans la nouvelle Constitution de 1978. Quinze autres communautés autonomes ont été créées entre 1981 et 1983. Les régions espagnoles disposent de pouvoirs exclusifs étendus qui incluent notamment les affaires culturelles, les services sociaux, le logement, l'aménagement urbain et la protection de l'environnement. La politique de développement économique fait partie des domaines qui sont conjointement du ressort du gouvernement central et du gouvernement régional.

La régionalisation de ces pays et d'autres pays membres de l'Union européenne s'est vue confortée et même renforcée par des décisions prises au niveau européen. La Commission européenne a cherché à accroître le rôle des gouvernements régionaux et locaux par la création et la mise en place d'une politique régionale européenne. La dernière grande réforme de cette politique prévoit une augmentation considérable des fonds structuraux destinée à atténuer les conséquences probables du marché unique sur les disparités de revenus et d'emploi. La tendance est donc à reporter le financement de projets individuels sur des programmes s'appuyant sur les plans de développement régionaux, lesquels, dans la plupart des pays de l'Union européenne, sont décidés par les régions. Pour défendre l'accroissement des compétences des gouvernements régionaux, on a surtout invoqué un argument qui fait écho à la théorie économique : une implication directe des autorités locales et régionales est gage d'une meilleure prise en compte des besoins locaux dans l'élaboration des plans de développement. D'autres considérations, plus pragmatiques, entrent aussi en ligne de compte. Des mesures, quelles qu'elles soient, prises avec l'assentiment des autorités régionales, ont toutes les chances d'avoir leur soutien au moment de leur mise en place. De plus, en orientant les fonds directement vers les autorités locales et régionales, la Commission cherche à s'assurer que les fonds européens viendront bien s'ajouter aux fonds nationaux.

Il subsiste un certain nombre de barrières à la construction d'un cadre institutionnel régissant la participation des gouvernements régionaux dans la politique régionale de l'Union européenne. Certains des États membres n'ont pas de structures gouvernementales régionales. De plus, pour le moment, la Belgique et l'Allemagne sont les deux seuls pays à disposer d'un mécanisme officiel de participation des instances régionales au processus de prise de décision au sein de l'Union européenne.[12] Par ailleurs, les

12. Haynes *et al.*, « Regional Governance and Economic Development : Lessons from Federal States », dans Danson M. (éd.), *Regional Governance and Economic Development*, Pion, 1991, p. 68-84.

plans de développement régional ne sont pas toujours établis par les régions elles-mêmes. Bon nombre d'États membres restent opposés à l'idée d'accorder davantage de pouvoirs aux régions. Quoi qu'il en soit, le sommet de Maastricht a renforcé le rôle des régions, en particulier par la création du Comité des régions, possible prémice de la fondation institutionnelle d'une future « Europe des régions ».

Certaines leçons peuvent être tirées de l'expérience des autres pays européens. Dans la théorie, les pouvoirs économiques des gouvernements régionaux concernent principalement la fourniture de services et la politique de développement économique. Pourtant, malgré une décentralisation sensible en France, en Italie et en Espagne, le gouvernement central de ces trois pays exerce un important contrôle sur les activités économiques de l'administration décentralisée. Les instances régionales (et locales) sont grandement dépendantes des subventions du gouvernement central. De fait, les occasions de donner davantage d'autonomie fiscale aux régions n'ont pas toutes été exploitées. La clause autorisant les régions d'Italie à lever un supplément d'impôt sur le revenu n'a jamais été appliquée. Malgré toute la controverse autour de la variation du taux de base de l'impôt, la même chose pourrait bien se produire en Écosse. Même en Allemagne, la décentralisation concerne davantage les dépenses que l'imposition.

Les réformes française et italienne laissent penser qu'une décentralisation véritable peut demander du temps et des étapes successives. En Italie et en Espagne les mêmes pouvoirs n'ont pas été accordés aux différentes régions. Dans ces pays, la décentralisation n'a donc pas impliqué que toutes les régions avancent au même rythme et encore moins qu'elles soient forcément concernées par chaque étape du changement (même si, sauf en Italie, les dispositions prises initialement pour un petit nombre de régions, ont été généralisées ensuite au pays tout entier). Le Parlement écossais (et bien sûr l'assemblée galloise) peut donc parfaitement élaborer sa propre politique économique sans attendre la régionalisation de l'Angleterre.

Éléments de comparaison avec la situation précédente et l'indépendance

À en croire la théorie, et l'expérience des autres pays européens, il semble donc que la création d'un Parlement écossais puisse avoir un impact positif sur l'économie ; certains doutes se font jour cependant, lorsque l'on établit une comparaison avec le *statu quo* précédent.

La théorie apporte, certes, des arguments en faveur de la décentralisation des fonctions gouvernementales. Mais ces arguments plaident-ils pour une prise en charge de ces fonctions par un gouvernement régional ou pour une administration décentralisée du gouvernement central ? La réponse est loin d'être claire.

On peut défendre l'idée que le processus démocratique est un moyen, même imparfait, de révéler les préférences des gens pour les biens et les services publics et que, par conséquent, plus qu'une structure administrative décentralisée, un gouvernement régional sera à même d'obtenir l'adhésion nécessaire à la poursuite du bien public, aussi incohérent et complexe soit-il. De plus, on peut penser qu'en ce qui concerne le développement économique d'une région, les préférences locales, la recherche d'un équilibre entre d'éventuelles demandes contradictoires d'accès aux ressources sont des éléments tout aussi déterminants que le repérage des possibilités de développement ; il apparaît donc légitime de confier ce rôle clé à une instance élue au suffrage direct.

Ces arguments n'ont cependant guère de poids. En effet, il est difficile de croire que la création d'une assemblée élue va changer beaucoup de choses, du moins à court terme, surtout lorsque l'on considère l'arsenal des pouvoirs détenus par le *Scottish Office* avant la création du Parlement.

Le *Scottish Office* a acquis de plus en plus de pouvoirs au fil des dernières années. Le comité de développement des Highlands et des îles (*Highlands and Islands Development Board*, HIDB) ainsi que l'agence du développement en Écosse (*Scottish Development Agency*, SDA), créés en 1975, devaient tous deux rendre des comptes au *Scottish Office*. Un nouveau département de l'industrie a été créé au début des années soixante-dix pour s'occuper des responsabilités du *Scottish Office* dans le domaine du développement industriel et économique. La création en 1991 de *Scottish Enterprise* et de *Highlands and Islands Enterprise* a encore renforcé les pouvoirs du *Scottish Office* sur la politique de formation en Écosse. De plus, au début des années quatre-vingt-dix, la supervision de l'enseignement supérieur est passée au *Scottish Office* avec la création du *Scottish Higher Education Funding Council*. Ainsi, même si aucune loi de dévolution n'a été votée par les conservateurs, ceux-ci ont introduit, de fait, une dévolution administrative considérable.

Quelle différence apporterait l'indépendance? De façon surprenante, la différence serait sans doute bien mince. Une Écosse indépendante serait exposée aux mêmes contraintes écrasantes de la politique macro-économique qu'aujourd'hui. Ces contraintes pourraient être plus fortes encore pour peu que l'Écosse indépendante ne cherche pas à entrer rapidement dans la zone euro, renonçant de ce fait à son pouvoir de fixer les taux d'intérêt, pouvoir que beaucoup considèrent d'ailleurs comme purement théorique.

L'indépendance impliquerait la mise en place de nouveaux pouvoirs décisionnaires en Écosse mais c'est déjà ce qui va se produire avec la création du Parlement décentralisé. Il y a cependant un domaine dans lequel l'indépendance serait plus intéressante que la dévolution, c'est celui de la représentation dans les forums de prise de décision de l'Union européenne.

La grande différence qu'entraînerait l'indépendance, du moins à court terme, se situerait au niveau des finances publiques de l'Écosse. Il est difficile d'en estimer l'impact avec précision; il varierait en fonction de la nature de l'accord négocié entre l'Écosse et le reste du Royaume-Uni, en particulier en ce qui concerne le partage des revenus du pétrole de la Mer du Nord et de la dette nationale britannique.[13] S'il s'avère, comme nous l'avons évoqué précédemment, que l'Écosse a un déficit structurel et si celui-ci était transféré à une Écosse indépendante, le poids de ce déficit, actuellement financé par les régions plus riches du Royaume-Uni, devrait être supporté par les Écossais.

13. Lee C. H., *Scotland and the United Kingdom*, Manchester University Press, 1995.

Le financement des dépenses publiques en Écosse

C'est sans doute en promouvant une économie plus dynamique et plus efficace que le nouveau Parlement trouvera son principal rôle économique. Néanmoins la façon dont il va financer les dépenses publiques garde toute son importance et reste au cœur du débat politique actuel.

Mise à part la clause de variation du taux de base de l'impôt, le financement du Parlement écossais sera similaire au précédent système de financement des activités du *Scottish Office*, c'est-à-dire qu'il sera assuré par une subvention versée par le Trésor britannique. L'évolution de cette subvention (appelée « *Scottish Block* ») sera déterminée, comme précédemment, en fonction de l'évolution des dépenses consacrées à des programmes comparables en Angleterre et au Pays de Galles. Il y a peu encore, on utilisait la formule de Barnett selon laquelle pour chaque augmentation d'un montant de 85 livres des dépenses publiques en Angleterre, l'Écosse recevait une subvention supplémentaire de 10 livres (5 pour le Pays de Galles). La formule de Barnett se fondait sur l'importance relative des populations recensées en 1976. Cette formule a été modifiée en 1992 et l'évolution des dépenses publiques en Écosse doit désormais être strictement proportionnelle à sa part dans la population britannique de 1991.

La formule de Barnett a permis de dépolitiser la détermination des dépenses publiques en Écosse, alors même que les relations entre gouvernement central et collectivités locales étaient très politisées ces vingt dernières années. Cela ne veut évidemment pas dire que les discussions concernant la répartition des finances publiques entre les différentes parties constitutives du Royaume-Uni sont en passe de disparaître. Les dispositions prises pour le financement des travaux du Parlement écossais ne constituent pas un accord fiscal durable dans la mesure où la formule de Barnett n'est pas un mécanisme statutaire. Par conséquent, en l'absence d'un conseil territorial du trésor ou d'une nouvelle estimation des besoins au niveau du Royaume-Uni, le budget assigné au Parlement écossais reste politiquement très vulnérable. En tout cas, le Parlement écossais a peut-être moins à craindre que ne le pensent certains d'un examen approfondi de la répartition territoriale de dépenses publiques à l'échelle du Royaume-Uni: même si l'on attribue à l'Écosse une part de dépenses publiques identifiables supérieure à la moyenne, sa part de dépenses publiques non identifiables est en revanche inférieure à la moyenne.[14] Le pouvoir du Parlement de faire varier le taux de base de l'impôt sur le revenu (dans la limite de 3 %) a suscité une énorme controverse. Certains ont soutenu l'idée qu'il était vital pour le Parlement écossais de pouvoir faire varier l'impôt afin qu'il soit possible de décider de façon autonome du niveau des dépenses publiques en Écosse. Les avantages que dégagerait une réduction du taux de l'impôt sur le revenu ne sont pas évidents. En raison de la grande ouverture de l'économie écossaise, le Parlement ne pourrait pas stimuler la demande de façon significative par une diminution de l'impôt sur le revenu. Dans le cadre d'une politique sociale, il peut s'avérer utile de modifier les impôts mais si la seule mesure possible est la réduction du taux de base de l'impôt sur le revenu, l'incidence en est restreinte puisque les plus pauvres ne paient de toute façon pas cet impôt.

La clause prévoyant des augmentations du taux de base de l'impôt sur le revenu semble avoir été motivée par la recherche d'une méthode administrative directe permettant d'apporter un revenu supplémentaire au Parlement écossais. Cette disposition sous-entend que les Écossais préféreraient un ensemble impôts/dépenses publiques plus élevé que les autres habitants du Royaume-Uni. Lorsque la loi a été votée, l'augmentation maximale de 3 % aurait apporté un budget supplémentaire de 450 millions de livres par an. Au moment de l'élection du Parlement ce surplus atteignait 690 millions de livres, les tranches de l'impôt sur le revenu ayant été modifiées pour le budget 1999.

Au cas où le Parlement utiliserait ses pouvoirs de faire varier l'impôt, un certain nombre de problèmes se poseraient. Les coûts administratifs pourraient être importants. La détermination du lieu de résidence des contribuables pourrait en particulier poser problème. Ces coûts administratifs seraient encourus immédiatement, même si une faible variation du taux est envisagée. On peut donc défendre l'idée que si cette possibilité était utili-

14. Heald D. et Geaughan N., « The Fiscal Arrangements for Devolution », dans McCarthy J. et Newlands D. (éd.), *Governing Scotland: Problems and Prospects*, Ashgate, 1999, p. 49-67.

sée, il faudrait faire varier le taux au maximum, c'est-à-dire de 3 %. La proposition par le SNP de renoncer à la réduction générale du taux d'imposition d'1 % prévue dans le cadre du budget 1999 aurait entraîné une perte sur les deux tableaux. Le fait que l'impôt sur le revenu soit plus haut en Écosse que dans le reste du Royaume-Uni aurait pu avoir des effets négatifs tout en apportant bien peu de revenus nets supplémentaires après déduction des coûts administratifs.

Des taux d'impôts plus élevés pourraient aussi conduire à l'émigration des entreprises et des particuliers, même si ce risque a probablement été très exagéré. Il est extrêmement peu probable qu'une variation du taux de l'impôt sur le revenu provoque une émigration considérable. Des études menées sur une incidence tout à fait comparable, à savoir l'effet du niveau de la taxe professionnelle sur le choix d'implantation des entreprises, n'ont pas réussi à démontrer une véritable influence des différences, pourtant considérables, du niveau des taxes locales.[15]

Un autre problème se pose encore : le Parlement écossais a certes le pouvoir de faire varier le taux de l'impôt sur le revenu (dans la limite des 3 %) mais le contrôle final du montant des recettes fiscales lui échappe, comme nous l'avons déjà indiqué précédemment. Ainsi la même augmentation du taux de base de l'impôt décidée en Écosse aurait aujourd'hui pour conséquence une augmentation des recettes bien plus importante que l'année dernière en raison d'une décision prise par le Chancelier de l'Échiquier britannique ; le contraire pourrait tout aussi bien se produire à l'avenir.

Enfin la plus grande difficulté pourrait provenir de l'important décalage entre les attentes de la population et les modestes réalisations rendues possibles par ce surcroît de recettes. On a vu au cours de la campagne électorale, des groupements d'intérêts de tous bords expliquer tout ce qu'il serait possible de faire grâce à une augmentation des dépenses de quelques dizaines ou centaines de millions de livres.

---

15. Bennett R., « The Impact of Non-Domestic Rates on Profitability and Investment », *Fiscal Studies*, 17 (1), 1996, p. 34-50.

Problèmes économiques en suspens

Le Parlement écossais peut donc avoir un impact considérable sur la politique de développement industriel et économique, la formation, le développement de la technologie, la création d'entreprises et la propriété industrielle.

L'Écosse a depuis longtemps une politique de développement économique déterminée en Écosse par des institutions écossaises. On s'accorde à dire que, dans les années soixante-dix et quatre-vingt, les résultats du *Highlands and Islands Development Board* (HIDB) comme du *Scottish Development Agency* (SDA) étaient positifs. On aurait pu s'attendre à ce que l'efficacité de ces organismes soit encore accrue par leur restructuration en *Highlands and Islands Enterprise* (HIE) et *Scottish Enterprise* (SE). Le HIE et le SE ont pris en charge les fonctions de formation précédemment assurées en Écosse par l'agence pour la formation (*Training Agency*) tandis que la décentralisation se poursuivait encore puisque les responsabilités du développement économique et de la formation étaient ensuite confiées aux *Local Enterprise Companies* (LEC) répartis sur l'ensemble du territoire écossais. Cependant, la création de ces derniers est peut-être la mesure décentralisatrice de trop; en effet, elle empêche toute vision d'ensemble des problèmes de l'économie écossaise tandis qu'une multitude de problèmes de coordination ont fait leur apparition.[16]

Il est donc possible que le Parlement écossais cherche à imposer aux *Local Enterprise Companies* des lignes stratégiques et politiques plus fermes. De plus, comme le remarquent Fairley et Lloyd[17],

> ... les LEC, étant des sociétés, sont tenus de recruter deux tiers des membres de leurs conseils d'administration dans le secteur privé [...]. La nature très fermée des conseils d'administration des LEC pourrait bien les avoir coupés de l'expérience et du savoir-faire précieux des secteurs public et associatif.

---

16. Duff I., « Economic Development and the Scottish Constitutional Convention's Blueprint for a Scottish Parliament », *The Scottish Council for Development and Industry*, 1997.
17. Fairley J. et Lloyd M.G., « Economic Development and Training: the Roles of Scottish Enterprise, Highlands and Islands Enterprise and the Local Enterprise Companies », *Scottish Affairs*, n° 12, 1995, p. 67.

Le Parlement aurait tout intérêt à se pencher attentivement sur cet aspect des choses.

Dans le cas où le réseau *Scottish Enterprise/Highlands and Islands Enterprise/Local Enterprise Companies* ne serait pas fondamentalement modifié, d'autres transformations pourraient être envisagées. Les attributions de *Scottish Enterprise* pourraient, par exemple, être étendues aux aspects sociaux du développement, ce qui est déjà le cas pour *Highlands and Islands Enterprise*. Ces deux organismes pourraient être chargés de consacrer davantage d'efforts à l'encouragement du partenariat entre collectivités locales, LEC, *Scottish Homes*, employeurs, syndicats et interlocuteurs locaux.

Le Parlement écossais s'intéressera particulièrement à l'éducation et à l'acquisition des connaissances. Ses pouvoirs englobent tout le secteur éducatif officiel depuis les crèches jusqu'aux universités. Le Parlement aura aussi la possibilité d'améliorer la situation de la formation technologique. L'absence de véritable stratégie de formation soulève depuis longtemps le mécontentement des Écossais. On a dit que la demande à court terme des employeurs pour tel ou tel profil avait été privilégiée au détriment des besoins à long terme de l'économie. Le Parlement pourrait aider les entreprises à comprendre qu'elles ont tout intérêt à disposer d'une force de travail bien formée. D'autres mesures, plus interventionnistes, pourraient aussi être envisagées comme par exemple la création d'un impôt formation payé par les employeurs.

Le *Scottish Office* et *Scottish Enterprise* (ainsi que leur agence commune *Locate in Scotland*) ont déployé beaucoup d'efforts pour attirer des investissements étrangers en Écosse mais le Parlement aura peut-être des priorités différentes. Les investissements étrangers entraînent des bénéfices considérables en terme d'apport de capitaux, de nouvelles technologies, de techniques de gestion et bien sûr d'emplois. Mais ils présentent aussi un certain nombre d'inconvénients. En particulier, le « syndrome de la filialisation » est en partie responsable des bas taux d'innovation enregistrés en Écosse, de la faible représentation des secteurs de technologies de pointe et du peu de créations d'entreprises.

Il ne serait ni réaliste ni souhaitable que le Parlement se fixe comme politique générale de limiter ou même de réduire la croissance de la participation étrangère dans l'industrie écossaise; il pourrait cependant envisager un changement de priorité dans la politique de recherche des capitaux étrangers et notamment dans les questions soulevées lors d'entrevues entre les représentants de *Locate in Scotland* et les investisseurs potentiels. Au cours de ces discussions, il conviendrait de rechercher des engagements plus contraignants en ce qui concerne l'implantation des services d'encadrement et de recherche des sociétés, les transferts de technologie, la politique de recrutement, la politique commerciale des achats et des ventes. Le Parlement pourrait également représenter l'Écosse de façon plus efficace à la Commission des monopoles et des fusions (*Monopolies and Mergers Commission*) et s'associer à des institutions financières pour renforcer la situation des entreprises écossaises et permettre à celles qui souhaitent maintenir leur indépendance de résister à des prises de contrôle extérieures.

Les relations entre collectivités locales écossaises et Union européenne auront beaucoup d'importance. Les collectivités locales ont un rôle légitime à jouer pour encourager le développement économique et le Parlement devra faciliter leur tâche. Il devra, par ailleurs, s'assurer que les collectivités locales disposent des fonds nécessaires pour éviter qu'elles ne soient évincées du domaine du développement économique ou encore qu'elles ne soient tentées de s'en retirer d'elles-mêmes. Il serait également intéressant de favoriser des relations plus étroites entre collectivités locales et *Local Enterprise Companies*.

Le partenariat avec l'Europe fonctionne déjà plutôt mieux en Écosse que dans beaucoup de régions anglaises où l'administration est moins cohésive. Le Parlement pourrait cependant renforcer encore ce partenariat. Il pourrait y associer certains acteurs sociaux, comme les syndicalistes, les membres des collectivités locales qui en ont souvent été exclus. Il pourrait également s'efforcer d'élargir les réseaux européens auxquels l'Écosse participe, non seulement par l'intermédiaire des structures officielles de l'Union européenne mais aussi par l'intermédiaires de projets transnationaux et des nombreuses organisations informelles qui existent. Pour ce faire, il suffira dans la plupart des cas d'encourager et de soutenir les collectivités locales ou d'autres organisations qui appartiennent déjà à ces réseaux.

La création du Parlement écossais aura sans aucun doute des conséquences positives sur le revenu net et la situation de l'emploi à Édimbourg; il ne faudra cependant pas que cela se fasse aux dépens d'autres régions d'Écosse. La région d'Édimbourg étant déjà, comme nous l'avons vu précédemment, l'une des plus prospères d'Écosse, il faudrait chercher à mieux répartir ces avantages. Il serait, par exemple, possible, et cette possibilité a été mentionnée plusieurs fois dans le courant de la campagne électorale, d'implanter un certain nombre de postes et de services administratifs ailleurs qu'à Édimbourg.

Enfin, il ne faudra pas négliger la forme, qui a son importance au même titre que le contenu de la politique. Le Parlement écossais devra chercher à assurer une aussi grande transparence que possible du processus d'élaboration de la politique économique afin que tous les organismes impliqués dans le développement économique, y compris le Parlement lui-même, soient à même de répondre de toutes leurs actions. Il faudra encourager le partenariat entre les différents acteurs. Des ressources suffisantes devront être allouées au processus d'élaboration de la politique : le Parlement pourrait considérablement améliorer la qualité du processus décisionnaire en consacrant des sommes relativement modestes à la collecte de données fiables sur la structure et les performances de l'économie écossaise.

Certaines de ces idées ont déjà été reprises dans les premières semaines d'entrée en fonction du Parlement. Le programme conjoint des travaillistes et des libéraux-démocrates, *Partnership for Scotland*, insiste sur les investissements nécessaires dans les domaines de l'éducation, du développement et des technologies nouvelles, de l'aide à l'innovation et au développement des entreprises. Des mesures ont été proposées pour augmenter le nombre des apprentissages, faciliter la création d'entreprise et promouvoir la commercialisation du savoir-faire scientifique de l'Écosse. De même, la création d'un « Ministère de l'entreprise et de la formation sur toute la vie » qui chapeaute l'éducation, la formation, l'industrie, le commerce et les investissements étrangers est une démarche assez encourageante, d'autant que ce ministère a été placé sous la houlette d'un personnage d'envergure, le travailliste Henry McLeish.

La mise en place du Parlement écossais peut entraîner une meilleure gestion de l'économie écossaise. La théorie économique comme l'expérience d'autres pays européens nous montrent que des gains sont tout à fait possibles en la matière. Il est cependant important de rappeler que le *Scottish Office* avait déjà de grandes responsabilités dans le domaine du développement économique et que la création d'une assemblée élue n'apportera peut-être pas un grand changement, du moins dans un premier temps.

Même si certains ont crié haut et fort qu'il était vital pour le Parlement d'avoir des pouvoirs fiscaux, ces pouvoirs ne devront pas masquer les véritables enjeux : comment les recettes existantes seront-elles utilisées ? Quelle sera la politique économique poursuivie dans le cadre des budgets existants ? L'adoption par le Parlement d'une politique économique appropriée peut permettre une augmentation du taux de croissance de l'économie, un accès plus rapide aux nouvelles technologies, une meilleure formation professionnelle et un meilleur taux de création d'entreprise. Tout cela dépend de la capacité du Parlement à encourager les réseaux de coopération à l'intérieur de l'Écosse et à prouver sa crédibilité.

Les travaillistes et les libéraux-démocrates ont été critiqués par certains pour le manque d'audace de leur programme d'action pour la première législature. Pourtant, même si le reproche est peut-être fondé dans d'autres domaines, on ne pouvait pas s'attendre à beaucoup de nouveauté dans les affaires économiques, compte tenu de la composition de l'administration et des politiques menées par le passé. Il est possible que le Parlement écossais parvienne à résoudre les problèmes de l'économie écossaise mais cela sera sans aucun doute un travail de longue haleine.

Les collectivités locales écossaises

John Fairley

L'ÉCOSSE a une longue histoire d'administration locale dont on trouve déjà la trace au XIIᵉ siècle. La ville d'Aberdeen possède les archives d'un gouvernement local remontant au début du XIVᵉ siècle. Au XXᵉ siècle, avec l'avènement de la démocratie de masse, des réformes structurelles ont été entreprises en 1929, 1975 et 1995 pour rationaliser et améliorer le système. Les services publics, la gestion et les finances des collectivités locales ont également été modifiés par des lois spécifiques. Le système actuel, très récent, risque de connaître un nouveau bouleversement après la mise en place du Parlement national élu en 1999.

Centralisation et privatisation

Tout au long de son histoire moderne, l'Écosse a connu un régime politique plutôt centralisé. Au niveau local, toutes les instances vraiment importantes sont contrôlées, de très près, par le *Scottish Office* à Édimbourg. En raison du principe d'« *ultra vires* », en vertu duquel les conseils locaux ne peuvent outrepasser les pouvoirs qui leur sont alloués par le Parlement, on entend souvent dire que les collectivités locales sont « aux ordres » du Parlement. Pour l'Écosse, il serait plus exact de dire qu'« au XXᵉ siècle, les collectivités locales sont passées aux ordres du *Scottish Office* ». Les responsabilités des collectivités locales sont généralement définies par des textes de lois dont le contenu est déterminé sur avis du *Scottish Office* ou même directement par lui. De fait « la supervision des collectivités locales est l'une des raisons d'être de l'*Office* ».[1]

1. Pottinger G., *The Secretaries of State for Scotland 1926-1976*, Édimbourg, Scottish Academic Press, 1979, p. 162.

Les gouvernements Thatcher des années quatre-vingt puis du début des années quatre-vingt-dix ont considérablement accru la mainmise du gouvernement central sur les collectivités locales, qui représentent un poste important de la dépense publique. Un contrôle central direct était nécessaire pour atteindre les objectifs de réduction des dépenses et des impôts directs. Important maillon administratif du système d'« État providence », élément régulateur des marchés locaux et des politiques d'aménagement du territoire, les collectivités locales ne pouvaient être laissées à l'écart du programme de privatisation. Problème supplémentaire, il fallait mener cette politique à bien malgré la forte opposition que manifestaient les collectivités locales envers la politique néo-libérale de Mme Thatcher. Au vu de l'impressionnante stabilité politique observée depuis la victoire des travaillistes aux élections générales de 1997, on peut cependant supposer que cette opposition était davantage suscitée par le gouvernement conservateur lui-même que par le contenu de ses propositions de réforme.

La loi a exigé des collectivités locales qu'elles privatisent leur domaine immobilier en vendant aux locataires en place à des prix très inférieurs à ceux du marché. Presque tous les logements intéressants ont ainsi été cédés à leurs locataires avant 1995. Au niveau central, on pensait qu'une société de propriétaires aurait davantage de sympathies conservatrices. Cette campagne de privatisation est sans nul doute l'une des plus réussies de l'ère Thatcher, tant pour le transfert de propriété du public vers le privé que pour la participation des particuliers. Quoi qu'il en soit, malgré l'apparente popularité de cette campagne, les conservateurs n'ont pas trouvé en Écosse le soutien escompté. Les collectivités locales ne furent pas autorisées à utiliser l'argent récolté pour construire de nouveaux logements locatifs ; les seules constructions réalisées à l'époque étaient destinées à satisfaire les besoins de catégories très ciblées comme les personnes âgées ou les handicapés. Vers la fin des années quatre-vingt-dix, il fut décidé de mettre un terme au rôle des collectivités locales dans le secteur locatif, ce qui constituait un renversement de tendance notable si l'on se souvient qu'au début de la « révolution Thatcher », la ville de Glasgow était le plus important propriétaire de logements publics d'Europe.

Les différents gouvernements Thatcher ont demandé aux collectivités locales d'ouvrir une grande partie de leurs activités à la concurrence du secteur privé, même si, en fin de compte, on a observé bien peu de transferts vers le privé. Cette nouvelle approche avait déjà été envisagée par les gouvernements travaillistes des années soixante-dix. Les entreprises privées ont donc eu la possibilité de soumissionner aux appels d'offre et les collectivités locales ne pouvaient entreprendre ces projets que si elles remportaient le contrat. La loi de 1980 a institué une pratique connue sous l'appellation de « soumissions concurrentielles obligatoires » (*compulsory competitive tendering* ou CCT) pour tous les programmes de construction et d'entretien des voiries. La loi de 1988 sur l'administration locale (*Local Government Act*) étendit la pratique des CCT aux travaux dits « manuels », qui incluaient, par exemple, la fourniture de repas aux cantines scolaires et le nettoyage des bâtiments publics. La loi de 1992 étendit les CCT aux services pouvant relever de professions libérales, ce qui touchait, par exemple, les projets d'architecture, les services financiers, les services spécialisés en informatique, les services du personnel et les services juridiques. Même si elle n'a jamais véritablement été appliquée, la loi de 1992 allait conduire à des changements radicaux dans la gestion de ces activités et à des réductions de personnel, à un « dégraissage » important.

Que le travail soit privatisé ou non, on pensait à Londres que les changements imposés par les mécanismes de la concurrence, induiraient nécessairement une plus grande efficacité des collectivités locales. L'arrivée de la concurrence a eu des conséquences de trois ordres. Premièrement elle a introduit le secteur privé et ses idéologies en matière de gestion au cœur même de l'administration locale et a favorisé la mise en place d'une nouvelle catégorie de bureaucrates dont la carrière était inextricablement liée au programme de privatisation. Deuxièmement, il y a eu un certain nombre d'expériences limitées de privatisations volontaires ou « contrats extérieurs » (*outsourcing*) pour reprendre l'euphémisme de rigueur. Alors qu'il était dirigé par les conservateurs, le conseil de Stirling a, par exemple, fait appel aux services de cabinets juridiques privés mais l'expérience a tourné court. Il s'est avéré que le secteur privé n'avait pas les compétences requises et était bien plus onéreux ; de plus le conseil est rapidement revenu aux travaillistes qui ont inversé la vapeur. Troisièmement, afin de remporter les contrats, les collectivités locales écossaises ont cherché à réduire leurs coûts en supprimant des emplois et en accordant de moins bonnes conditions aux travailleurs du bas de l'échelle. Ces derniers étaient généralement déjà peu payés ; dans certains secteurs comme l'entretien et la restauration, il s'agissait souvent de femmes, dont bon nombre étaient employées à temps partiel. Le système éducatif a également fait l'objet de réformes très controversées dont le but réel était d'affaiblir le rôle des collectivités locales dans la gestion des écoles en favorisant le développement du secteur privé. Cette démarche avait une importance stratégique pour trois raisons. D'abord, une privatisation réussie de l'éducation impliquerait l'implantation du projet Thatcher au cœur même de chaque communauté. Ensuite, l'éducation était de loin le plus coûteux des services assurés par les collectivités locales puisqu'elle représentait quelque 40 % de leurs dépenses. Enfin, en Écosse, le système éducatif est presque entièrement public, le secteur privé étant très restreint, bien moins important qu'en Angleterre. Les partisans de la privatisation voyaient dans cette situation un obstacle à leurs projets.

Des conseils élus, investis d'un rôle administratif limité, ont été institués dans toutes les écoles qui le souhaitaient. On a donné aux parents une certaine latitude dans le choix de l'école publique que leurs enfants pouvaient fréquenter. On a collecté et publié des données approximatives sur les « performances des écoles », l'idée des conservateurs étant d'aider les parents à choisir rationnellement, en consommateurs avertis, l'école de leurs enfants. De plus les écoles ont été autorisées à « sortir » de la tutelle des collectivités locales après vote des parents. Il est intéressant de noter que deux de ces réformes (choix parental et conseils d'école) ont été accueillies plutôt favorablement par la population. Contrairement aux attentes du gouvernement central, les conseils d'école se sont rapidement avérés les alliés des enseignants et des collectivités locales. Les classements comparatifs des écoles sont restés très controversés ; les opposants[2] ont souligné leur côté bien trop grossier, estimant que les données ne permettaient pas de capter les aspects importants de l'éducation, qu'il s'agissait de données partielles, reflétant une activité passée et par conséquent inutilisables

---

2. Fairley J. et Paterson L., « Scottish Education and the New Managerialism », *Scottish Educational Review*, mai 1995.

à des fins prédictives. Quant à la dernière de ces réformes, ce fut un échec patent : deux écoles seulement (sur un total de près de 4 000 en Écosse) ont choisi de se passer de la tutelle des collectivités locales et dans ces deux cas la décision a été motivée par des circonstances locales tout à fait particulières.

Quoi qu'il en soit, c'est bien la mainmise croissante du gouvernement central sur les finances qui a représenté la plus grande force centralisatrice. Au milieu des années quatre-vingt-dix, les collectivités locales couvraient 15 % seulement de leurs dépenses par des impôts locaux. Elles avaient aussi des rentrées provenant de la quote-part payée par les usagers des services publics mais la plus grande part des dépenses étaient couvertes par une subvention du gouvernement central payée par le *Scottish Office*. Les collectivités locales ne disposaient que d'une liberté toute relative dans l'établissement de leur budget puisque le *Scottish Office* avait le pouvoir de plafonner les dépenses jugées inconsidérées. Par conséquent le *Scottish Office* contrôlait de près les rentrées, le niveau des dépenses, et même le détail de la gestion financière de certains services publics.

La réforme de 1995

Entre 1975 et 1995, le système d'administration locale comptait 65 conseils élus ; ces conseils étaient de trois sortes :
– des conseils polyvalents (*all-purpose*) pour les trois communautés des îles de Shetland, Orkney et des Îles de l'Ouest ;
– neuf grands et puissants conseils régionaux, compétents pour le reste du pays, responsables des « services stratégiques », plus coûteux, comme l'éducation, les services sociaux, l'aménagement du territoire et les routes ;
– cinquante-trois conseils de districts, également compétents pour la partie continentale du pays, responsables des services locaux comme le logement, la collecte des ordures, les bibliothèques, les activités de loisirs et l'aménagement.

Le gouvernement conservateur décida de réformer ce système, le jugeant inutilement onéreux, affirmant que les conseils régionaux n'étaient pas suffisamment proches des populations et que le système à deux niveaux (régions/districts) en vigueur dans la plus grande partie du pays (à l'exception des îles) était source de confusion pour le public, de gaspillage et d'inefficacité bureaucratiques. Le gouvernement proposa de revoir le découpage pour remplacer régions et districts par un plus petit nombre de conseils polyvalents; de larges consultations furent organisées pour en déterminer le nombre optimal.

En raison de l'impopularité des conservateurs en Écosse, cette réforme rencontra une opposition massive bien que le système d'administration locale à un seul niveau soit jugé préférable par tous les partis politiques.[3] Il est possible que les conservateurs aient pensé retrouver un peu de popularité en Écosse en prenant l'initiative sur un problème réunissant un large consensus. Quoi qu'il en soit, le gouvernement reçut peu de remerciements pour sa réforme puisque les conservateurs ne réunirent la majorité des sièges dans aucun des conseils élus en 1995 dans le cadre du nouveau système. De fait, seulement 82 conservateurs furent élus dans toute l'Écosse, le parti conservateur ne représentant plus une véritable force politique à l'échelon local.[4] L'administration locale connut une certaine instabilité en raison de la complexité de la réforme et des difficultés découlant du peu de moyens affectés à sa mise en place. Le nouveau système ne commença à émerger de cette période difficile qu'en 1998.

La réforme, déjà complexe, fut appliquée dans la précipitation.[5] En 1996, vingt-neuf conseils polyvalents prirent le relais de l'ancien système à deux niveaux en vigueur dans la plus grande partie du pays, les trois conseils des îles restant en place. Le plus petit conseil en termes de population représentée (49 000 habitants) et de superficie est le Clackmannanshire. C'est le conseil des Highlands qui couvre la plus grande superficie (25 800 km² – soit à peu près l'équivalent de la Belgique). Pour ce qui concerne la population, c'est Glasgow qui a le plus gros conseil avec 620 000 habitants représentés tandis que les conseils des îles du Nord, Orkney et Shetland représentent chacun une population d'environ 20 000 personnes.

3. McVicar M., Jordan G. et Boyne G., « Ships that Pass in the Night: Scottish Political Parties and Local Government Reform », *Scottish Affairs*, n° 9, 1994.
4. Denver D. et Bochel H., « Catastrophe for the Conservatives: the Council Elections of 1995 », *Scottish Affairs*, n° 13, 1995.
5. Fairley J., « The Changing Politics of Local Government in Scotland », *Scottish Affairs*, n° 10, 1995.

La réforme a été très critiquée en particulier parce qu'elle créait des unités trop petites pour permettre des économies d'échelle et être véritablement efficaces[6]; il a été souligné que ces unités ne seraient pas en mesure de mener à bien les services stratégiques dont la prévision doit se faire sur des zones plus grandes.[7] Dans un pays habitué depuis 1975 à de très grandes unités de gouvernement régional, les nouvelles unités semblaient souvent petites. Certains ont avancé l'idée que le nouveau Parlement écossais devrait à nouveau remanier ce système pour revenir à des unités de taille convenable. Cependant, à l'aune de nombreux pays européens, ces unités semblent plutôt grandes et peu nombreuses. La réforme a aussi été critiquée parce qu'elle ne tenait pas suffisamment compte de la diversité de l'Écosse et parce qu'elle prévoyait un modèle d'administration semblable pour les zones urbaines et rurales.

Après la défaite des conservateurs aux élections générales de 1997 et les avancées du gouvernement du *New Labour*, un climat différent s'est instauré, plus propice à une réévaluation de la réforme. Celle-ci a permis de supprimer les très grands conseils régionaux (celui de Strathclyde par exemple, qui couvrait la moitié de la population écossaise), souvent bureaucratiques, lents et éloignés des populations. Le pouvoir des nouvelles collectivités locales s'est vu renforcé puisqu'elles constituent désormais les seuls corps élus de leur secteur et contrôlent la totalité des services de l'administration locale. La réforme a permis aux quatre grandes villes – Édimbourg, Glasgow, Dundee et Aberdeen – d'obtenir le genre d'administration qu'elles réclamaient depuis longtemps. De plus, les zones rurales, les Highlands et l'Aberdeenshire, par exemple, ont acquis un bien plus grand rôle dans le processus de prise de décisions. Ironiquement, compte tenu de la forte opposition des conservateurs à un Parlement écossais, la réforme a supprimé les grands conseils régionaux qui auraient opposé une formidable barrière au Parlement; peut-être même a-t-elle contribué à prouver la nécessité d'un Parlement en réduisant le nombre des corps élus. En 1996, notamment en application de la réforme de l'administration locale, l'Écosse pouvait être considérée comme

6. Midwinter A., *Local Government Reform in Scotland – Reform or Decline?*, Londres, McMillan, 1995.
7. McFadden J., « The Structure and Function of Local Government under a Scottish Parliament », *Scottish Affairs*, n° 17, 1996.

sous-administrée par rapport à la plupart des sociétés démocratiques modernes.[8]

Rôles des collectivités locales

Au milieu des années quatre-vingt-dix, l'administration locale écossaise était forte. Elle contrôlait plus de 6,5 milliards de livres de dépenses publiques et employait plus de 300 000 personnes. Cependant, ses fonctions étant définies par la loi et les recettes et les dépenses étroitement contrôlées par le gouvernement central, le système n'était pas des plus démocratiques. La réforme de 1995 a modifié les attributions des collectivités locales : la supervision de l'approvisionnement en eau, du traitement des eaux usées, l'évaluation des biens, la protection des enfants maltraités ont été confiées à des corps non élus, l'administration de la police et des pompiers est passée à des conseils mixtes. De nouvelles fonctions ont été confiées aux collectivités locales dans le domaine de l'organisation de l'aide à l'enfance et du développement économique.

C'est l'éducation qui est la plus importante de ces fonctions. Le secteur éducatif privé est limité en Écosse ; les collectivités locales gèrent la plupart des écoles écossaises et emploient 50 000 enseignants auxquels s'ajoute encore le personnel d'assistance technique. Elles s'occupent également des écoles maternelles et de la formation continue. L'éducation représente environ 40 % de l'utilisation des recettes des collectivités locales. On peut cependant remarquer qu'il s'agit en fait d'un « service public national » mis en œuvre et administré par les collectivités locales qui ont peu de latitude en la matière, le pouvoir central allant jusqu'à se mêler des programmes scolaires.[9] Les collectivités locales, bien que généralement représentées aux conseils d'administration des universités, ne jouent pas de rôle direct dans le financement ni l'organisation de l'enseignement supérieur ; elles doivent cependant être consultées dans les projets de développement des premiers cycles.

8. Fairley J., « Local Authority Education in a Democratic Scotland », *Scottish Educational Review*, mai-juin 1998.
9. Kirk G., « Re-organisation and Education », dans Black S. (éd.), *The Impact of Re-organisation on Particular Services,* Édimbourg, Unit for the Study of Governement in Scotland, Edinburgh University, 1995.

Les autres services sont très divers. Ils incluent notamment les services sociaux, les services à domicile, le logement, les routes, la collecte des ordures, les bibliothèques, la défense des consommateurs, les projets de développement, l'attribution des licences (pour les taxis, les établissements autorisés à vendre de l'alcool, par exemple), la protection de l'environnement et le développement de l'économie. Les collectivités locales n'ont pas de compétences générales mais elles ont acquis une certaine latitude en la matière puisque leurs nouvelles attributions leur permettent d'entreprendre des actions de développement économique.[10] En règle générale, le gouvernement travailliste, comme ses prédécesseurs conservateurs, a encouragé les collectivités locales à fournir moins de services directs en agissant davantage par le biais des secteurs privé et associatif ou encore par des accords de partenariat. Il semble que ces gouvernements aient obéi à une idéologie commune, selon laquelle peu importe qui fournit les services publics pourvu qu'ils soient effectivement assurés de façon efficace.

Les capacités de financement des collectivités locales ont été très limitées par la doctrine thatchérienne selon laquelle la lutte contre l'inflation passe par une étroite surveillance des dépenses d'investissement. En Écosse, les collectivités locales soumettent leurs projets au *Scottish Office* et s'ils sont acceptés, elles reçoivent l'autorisation d'emprunter afin de financer ces investissements. Le gouvernement travailliste en place continue à superviser ce système de près et, poursuivant la politique des conservateurs, encourage toujours les collectivités locales à travailler en partenariat avec le secteur privé pour financer leurs projets d'investissement.

La politique des conservateurs, connue sous l'appellation d'initiative de financement privé (*Private Finance Initiative* ou PFI) a eu peu de succès auprès des collectivités locales. La politique travailliste qui a suivi, sous l'appellation de partenariats public-privé (*Public Private Partnerships* ou PPP) a reçu un accueil plus favorable. Dans les deux cas, le schéma est sensiblement le même : l'entrepreneur privé est chargé de la construction des locaux qu'il gère et dont il est propriétaire. Pour les écoles, l'entreprise privée est également l'employeur des personnels non enseignants. À la fin du

10. Fairley F., « Scotland's New Local Authorities and Economic Development », *Scottish Affairs*, n° 15, 1996.

contrat, d'une durée de vingt-cinq ou trente ans, soit la propriété revient aux collectivités locales soit elles ont la possibilité de racheter les locaux à l'opérateur du secteur privé.

Un certain nombre de collectivités locales, à Glasgow, Édimbourg ou Falkirk par exemple, ont élaboré des projets utilisant des fonds privés pour financer la construction d'écoles. Les partisans de ce système de financement y voient une manière pragmatique, noninflationniste, de réunir des capitaux fixes et de réaliser les infrastructures indispensables. Les opposants y voient une forme de privatisation rampante qui va saper le contrôle des actifs immobiliers par la communauté. Ce problème de financement a fait l'objet de longs débats au cours de la campagne qui a précédé l'élection du Parlement écossais de 1999.

Si les collectivités locales ont peu de latitude en ce qui concerne les services publics, elles ont été, en revanche, tout à fait libres de mener campagne sur des problèmes généraux touchant la population. Elles ont fait usage de ce droit dans de nombreux domaines, amélioration de l'environnement, lutte contre les armes nucléaires ou défense des femmes battues. Il faut souligner qu'une large majorité des conseils écossais était favorable à la création d'un Parlement national élu. Cinquante-huit des soixante-cinq conseils ont défendu le travail de la convention constitutionnelle écossaise (*Scottish Constitutional Convention* ou SCC) dont le rapport de 1995[11] a servi de base à la conception du nouveau Parlement. L'un des conseils a même été attaqué en justice sous le prétexte que son soutien à la convention constituait un abus de pouvoir.

Démocratie et politique

Chacune des trois grandes réformes du système cherchait à améliorer l'efficacité administrative à l'échelon local. Même si les réformes de 1975 et de 1995 cherchaient aussi à apporter davantage de démocratie et à élargir la participation de la population aux nouveaux systèmes, leur but premier était d'accroître l'efficacité de l'administration. À la suite de ces trois réformes, le nombre des assemblées représentant les collectivités locales ainsi que le nombre

---

11. *Scotland's Parliament, Scotland's Right,* Édimbourg, Scottish Constitutional Convention (SCC), 1995. Voir à ce propos le chapitre d'Alice Brown, « Passé, présent et futur de la politique en Écosse ».

des élus se sont trouvés réduits. Après la réforme de 1929, il y avait en Écosse 430 corps élus représentant les collectivités locales. La réforme de 1975 a réduit ce nombre à 65 et en 1995-1996 il a encore été ramené à 32. À chaque modification structurelle, le nombre des représentants élus à l'échelon local a également fondu. Entre 1995 et 1999, à la suite de changements décidés par la Commission du découpage électoral (*Boundary Commission*), le nombre de scrutins locaux a encore diminué.

L'Écosse ayant seulement 32 conseils et 1 222 élus locaux, le nombre d'électeurs par assemblée locale et par élu local y est élevé. Comme l'a récemment remarqué J. Stewart[12] : « Il y a probablement moins de représentants locaux en Écosse que dans tout autre pays d'Europe. » Il a souligné que tandis qu'en Europe, on trouve généralement un représentant local pour 400 habitants, le rapport est de un pour 4 000 en Écosse. De fait il faudrait doubler le nombre des élus locaux en Écosse pour approcher le rapport observé en Angleterre.

Depuis 1945, les principaux partis politiques ont cherché à investir les collectivités locales mais ce processus n'est pas achevé. À la suite des élections de 1999, il y avait six conseils « indépendants » dans les Highlands et les îles. De plus, le nombre des élus indépendants était également important dans les collectivités locales du Nord-Est et les zones frontalières. La majorité de la population dépend cependant de collectivités locales dirigées par les grands partis politiques, lesquels axent généralement leurs campagnes sur des questions d'intérêt national (voir tableau 1, p. 151).

Les positions de « gauche » ou de « droite » sont peu radicalisées. Depuis la quasi-disparition du parti communiste à la suite de la réforme de 1975, l'extrême gauche est très peu représentée. À l'issue des élections de 1999, seulement deux représentants d'obédience communiste ont été élus, tous deux dans le comté de Fife, dans d'anciens pays miniers. Quant aux conservateurs, après le déclin des années quatre-vingt-dix, leur parti ne peut plus guère être considéré comme une force politique de droite, même si une certaine embellie a été constatée en 1999. Aucun élu ne revendique

---

12. Stewart J., « Strengthening Local Democracy in Scotland : the Challenge to Local Government », *Scottish Affairs*, n° 25, 1998.

ouvertement une quelconque parenté avec un programme d'extrême droite.

Au niveau local, il est souvent difficile de différencier les positions politiques des partis. Il est curieusement paradoxal que l'irruption des partis politiques dans la vie politique locale ait coïncidé avec une certaine « dépolitisation » des collectivités locales. Le manque de choix apparent offert aux électeurs pourrait être un des facteurs à l'origine de la désaffection des électeurs pour les urnes, l'Écosse partageant avec le reste du Royaume-Uni et l'Amérique du Nord une tradition de faible participation électorale.

Les élections locales ont rarement suscité l'enthousiasme de l'électorat et la participation est généralement plus basse pour les élections locales que pour les élections des députés de Westminster. La participation était de 44 % pour les élections locales de 1995 et c'est globalement le chiffre qui a été enregistré[13] tout au long de la période d'élections démocratiques depuis l'élargissement du droit de vote à la fin des années vingt. En règle générale la participation était aussi basse dans l'Écosse rurale que dans l'Écosse urbaine bien que certains pics aient pu être observés dans des zones rurales et insulaires tandis que les chiffres les plus bas étaient plutôt relevés dans des zones urbaines.

En 1995 se sont tenues les élections pour les 29 assemblées de l'Écosse continentale, les trois assemblées des îles ayant été élues l'année précédente. Ces élections ont confirmé le parti travailliste dans sa place de principal parti politique en Écosse, lui donnant un quasi-monopole dans les zones urbaines. On notera cependant l'avancée relative du *Scottish National Party* (SNP) qui a obtenu la majorité dans trois assemblées rurales.

13. Davidson K. and Fairley J., *Running the Granite City – Local Government in Aberdeen 1975-1996*, Édimbourg, Scottish Cultural Press, 1999.

Tableau 1
Élection des conseils locaux de 1995[14]

Partis	Nombre de conseils	Nombre de représentants détenus majoritairement
Travaillistes	612	20
Scottish National Party	181	3
Indépendants/autres	161	2
Libéraux-démocrates/ Indépendants	123	1
Conservateurs	82	0

Note: Trois conseils ne disposaient pas d'une majorité absolue. Une coalition entre libéraux-démocrates et indépendants s'est formée pour obtenir la majorité dans l'un des conseils.

Les élections de 1999

La loi de 1994 stipulait que les élections suivantes se tiendraient en 1999 et le gouvernement décida qu'elles auraient lieu le même jour que celles du nouveau Parlement. Cette décision fut l'objet d'une certaine controverse. Les uns soutenaient que les électeurs risquaient d'être embrouillés par la tenue simultanée des deux élections et que l'élection du nouveau Parlement devait être aussi claire et aussi simple que possible. Les autres soutenaient que l'électorat était désormais suffisamment évolué pour faire face à deux élections le même jour et que l'enthousiasme suscité par l'élection du Parlement pouvait, par ricochet, avoir des effets bénéfiques sur les chiffres de participation aux élections locales.

À l'épreuve des faits, il s'avère que les optimistes ont eu plutôt raison. La participation aux élections écossaises n'a pas été aussi importante que certains l'auraient espéré puisqu'elle a à peine dépassé les 58 % mais ce chiffre est à la hauteur de ceux

14. *The Guide to Scottish Local Government*, Glasgow, Scottish Local Government Information Unit (SLGIU), p. 78, 1995.

observés dans certaines parties de France ou d'Espagne pour les élections régionales. De plus, il est apparu que la plupart des électeurs qui s'étaient déplacés pour élire le Parlement avaient également participé au scrutin local. Le taux de participation, en dépassant les 56 %, établit un record absolu pour l'Écosse et dépasse largement les chiffres enregistrés en Angleterre pour les élections locales.

Ce taux de participation contredit aussi l'une des raisons souvent avancées pour justifier un contrôle central accru sur l'administration locale, à savoir le peu d'intérêt de l'électorat pour la politique locale. En accordant à peu près autant de voix au niveau local et national, les électeurs ont retiré aux députés la possibilité de prétendre détenir un mandat plus démocratique que les représentants aux assemblées locales. De plus, cette amélioration du taux de participation aux élections locales fournit un élément distinctif supplémentaire entre l'Écosse et l'Angleterre où les taux ont continué à baisser en 1999.

Cette élection a également montré que les électeurs ont d'abord voté aux élections locales en fonction de questions de politique locale. En effet, quelque 30 % d'Écossais n'ont pas voté de la même façon pour le scrutin local et le Parlement national écossais.[15] Il apparaît donc qu'il s'agit de deux genres de suffrages différents pour lesquels les électeurs expriment des préférences différentes. Ces élections locales ont d'ailleurs apporté un certain nombre de surprises.

Un nombre record de candidats (3 928) se disputaient un nombre de sièges réduit au minimum (1 222). C'est le SNP qui a présenté le plus grand nombre de candidats (1 055), présents dans 86 % des circonscriptions. Les travaillistes venaient ensuite avec 980 candidats. Finalement, les travaillistes tout en perdant environ 50 sièges ont néanmoins conservé leur place de principal parti. Le SNP, les libéraux-démocrates et les conservateurs ont gagné des sièges.

[15] Conférence publique de John Curtice, le 21 mai 1999, Université d'Édimbourg.

Tableau 2
Sièges remportés aux élections locales de 1999[16]

Partis	Nombre de sièges	Pourcentage de sièges
Travaillistes écossais	551	45,1
SNP	204	16,7
Indépendants/autres	204	16,7
Libéraux-démocrates écossais	155	12,7
Conservateurs écossais	108	8,8

Les deux principaux partis ont rencontré des difficultés dans les secteurs où ils avaient remporté la majorité aux élections de 1995. Les travaillistes comme le SNP ont perdu la majorité dans certains conseils. Pour les premiers, il s'agissait parfois de conseils qu'ils présidaient depuis longtemps; le SNP a perdu certains conseils acquis en 1995. Malgré des résultats satisfaisants sur l'ensemble du territoire, le SNP a perdu la majorité dans deux des trois conseils qu'il détenait, Perth/Kinross et Moray. À l'issue des élections de 1999, le SNP reste majoritaire dans l'Angus et détient une présidence minoritaire dans le Clackmannanshire. Le parti travailliste est depuis longtemps le parti dominant dans les villes mais, en 1999, il a perdu la présidence du conseil de Dundee, et a une majorité d'un siège seulement dans celui d'Aberdeen. Dans cinq conseils, il lui a fallu se contenter de présidences minoritaires. Quoi qu'il en soit, même si les élections de 1999 n'ont pas été propices aux travaillistes, ceux-ci restent sans conteste la force dominante du paysage politique local, en particulier dans les zones urbaines.

16. *Bulletin*, n° 113, Glasgow, Scottish Local Government Information Unit (SLGIU), 1999.

Tableau 3
Présidences des conseils à l'issue les élections de 1999

Partis	Nombre de présidences
Travaillistes	20
SNP	2
Travaillistes/indépendants	1
Libéraux-démocrates/indépendants	1
Indépendants	4
Indépendants/travaillistes	1

Note: Six conseils ont des présidences minoritaires, cinq travaillistes et un SNP. Dans trois autres assemblées il n'y a pas de majorité claire.

Dans un certain nombre de circonscriptions, il apparaît que les électeurs ont voté différemment pour le Parlement et les élections locales. À Moray et Perth, ils ont envoyé des représentants du SNP au Parlement mais ont mis fin à la présidence SNP des collectivités locales. Dans le North-Lanarkshire et le West-Dumbartonshire, alors que les majorités travaillistes en place, accusées de corruption, avaient considérablement souffert de contre-publicité, les travaillistes ont amélioré leur score.

Pour certains conseils, des effets de seuil se sont fait sentir, re-lançant le débat de l'introduction d'une représentation proportion-nelle au niveau local. À Glasgow, les travaillistes, avec à peine plus de 50 % des suffrages ont remporté 75 sièges sur 79. Le SNP qui a recueilli près de 30 % des voix sur l'ensemble de la ville n'obtient que 2 sièges. À Édimbourg, les travaillistes ont pu former un groupe majoritaire sans alliance alors qu'ils avaient recueilli moins de 40 % des voix.

Pour les élections parlementaires, l'accent avait été mis sur la nécessité d'assurer une certaine égalité des sexes. Le parti tra-vailliste et le SNP ont, à eux deux, assuré l'élection d'une grande proportion de femmes au Parlement. Cependant, au niveau local, la représentation des femmes reste inchangée avec 276 sièges. Sur ce plan, c'est le parti travailliste qui est le dernier des quatre grands partis tandis que les libéraux-démocrates ont progressé en 1999. Le tableau 4 montre la faible représentation des femmes à l'échelon local et l'absence de toute amélioration tangible. Ces chiffres sont, cependant, à considérer avec beaucoup de prudence dans la mesure où les données reflètent quatre scrutins très différents (voir note du tableau).

Tableau 4
Nombre de femmes élues dans les conseils,
en pourcentage du total pour chaque parti ou groupe
entre 1992 et 1999[17]

Partis	1992	1994	1995	1999
Travaillistes	21	16	24	22
SNP	29	18	20	24
Libéraux-démocrates	29	23	29	32
Conservateurs	26	23	27	23
Indépendants/autres	19	16	13	16
Total	22	17	22	23

Note: Élections des conseils de district en 1992, élections des conseils régionaux et des conseils des îles en 1994; élection « partielle » des vingt-neuf nouveaux conseils d'Écosse continentale en 1995; premières élections des trente-deux conseils sur l'ensemble du territoire en 1999.

La commission McIntosh

Une commission indépendante, dirigée par un ancien président du conseil régional de Strathclyde, Neil McIntosh, a été mise en place par le gouvernement en 1998. Cette commission avait pour mission de faire des propositions pour optimiser les relations entre collectivités locales et Parlement et trouver comment les conseils pourraient démocratiquement rendre compte de leur action aux

17. *Ibid.*

populations qu'ils représentent. Les résultats de ses travaux devaient être remis au Parlement écossais au début de l'été 1999.

La commission a parcouru l'Écosse, tenu des réunions publiques, rencontré les trente-deux conseils et un grand nombre de groupements d'intérêts; elle a étudié l'organisation des collectivités locales d'un certain nombre d'autres pays et publié deux documents à titre consultatif. Cette enquête, par la grande ouverture qui l'a caractérisée, constitue sans nul doute un précédent dans l'histoire de l'administration locale de l'Écosse. Beaucoup ont l'espoir que la commission trouvera une manière consensuelle d'introduire les changements nécessaires au niveau des collectivités locales.

Au moment où la commission a été mise en place, le gouvernement travailliste du Royaume-Uni envisageait deux grandes réformes de gestion: l'élection des maires (*provosts*) au suffrage direct (au moins dans les grandes villes) et l'organisation d'une administration locale comprenant un cabinet. Les consultations menées par la commission ont montré que la première de ces idées soulevait peu d'enthousiasme du côté des collectivités locales; de plus, il était peu probable que les députés du Parlement écossais soient favorables à l'élection directe de tels dirigeants dans les villes. En revanche, la commission recommandera probablement la formation d'un cabinet à moins qu'elle n'enjoigne les conseils de décider eux-mêmes de la meilleure façon de rationaliser le système de prise de décision.

Le gouvernement travailliste a également commencé à impulser une nouvelle méthode de coordination des services publics, cinq parmi les conseils écossais étant chargés de mettre en place une politique de développement local (*Community Planning*). Les travaillistes considèrent qu'il s'agit là d'une politique plus moderne et plus efficace que le système d'octroi de compétences plus générales préféré par les libéraux-démocrates et le SNP. Avec le système de *Community planning*, chaque collectivité locale organise une large consultation sur les besoins et les désirs de la population avant de s'efforcer de coordonner tous les services publics en fonction d'une conception commune. Cette conception, issue d'une réflexion locale, contribuerait à favoriser une certaine diversité au sein de l'administration locale et pourrait même marquer une rupture avec la tendance actuelle à l'uniformisation. Il est probable que la commission McIntosh recommande l'adoption de cette politique sur l'ensemble du territoire écossais, ce qui impliquerait un accroissement considérable du rôle des collectivités locales dans la définition et la coordination des services publics et leur donnerait un rôle déterminant dans l'orientation de la politique locale.

Au niveau des collectivités locales, le processus décisionnel passe traditionnellement par des commissions spécialisées. Cependant, dans beaucoup de conseils travaillistes, la véritable prise de décision s'effectue au sein du groupe majoritaire du parti, les élus travaillistes appliquant ensuite la discipline de parti à l'intérieur des commissions. Les opposants voient donc dans le travail des commissions un simulacre de démocratie, soulignant que les commissions sont trop lentes et diluent les responsabilités. Ils proposent de remplacer ce système par un cabinet au sein duquel un petit nombre d'élus prendraient les décisions concernant les affaires stratégiques tandis qu'il reviendrait aux élus de contrôler les décisions du cabinet et d'orienter les actions des conseils.

Dans bon nombre des conseils écossais, des modifications ont déjà été apportées au système traditionnel des commissions. Les conseils des Highlands, d'Argyll et Bute et d'Aberdeenshire ont déjà fait des tentatives notables pour décentraliser leurs activités et se rapprocher de la population. Chacun de ces conseils a mis en place un réseau de commissions de zones, mieux placées pour prendre les décisions nécessaires localement (pour le développement par exemple) et qui ont la possibilité dans certains cas d'adapter la politique du conseil aux circonstances particulières et aux besoins des habitants. Dans d'autres régions, les commissions ont été réduites en nombre et recentrées sur les problèmes spécifiques de la population ou sur certains aspects des politiques mises en œuvre. Étant donné l'utilisation très variée du système des commissions en 1999, on peut s'attendre à ce que la commission McIntosh n'émette pas de recommandations normatives mais encourage plutôt les collectivités locales à traiter les problèmes à leur façon, ce qui signifierait que l'on s'achemine vers un système plus diversifié.

Les autres recommandations principales attendues de la commission McIntosh concernent l'introduction d'une représentation proportionnelle aux prochaines élections locales, la poursuite des réformes de gestion destinées à améliorer l'efficacité des services et des mesures incitant les citoyens et la population en général à s'investir davantage dans les activités des collectivités locales. On s'attend également à ce que la commission réclame une vérification sérieuse des finances locales.

Collectivités locales et Parlement écossais

La convention constitutionnelle écossaise (SCC) envisageait de confier aux collectivités locales un rôle important dans l'organisation d'une Écosse démocratique. Elle s'est prononcée en faveur d'un principe de subsidiarité qui garantirait un élargissement des pouvoirs des collectivités locales. Ces dernières pourraient avoir des attributions différentes pour mieux répondre aux besoins spécifiques des populations. La convention constitutionnelle a souhaité qu'un partenariat stable s'installe entre les deux niveaux de compétence après les années d'hostilité et de frictions entre gouvernement central et collectivités locales.

Les collectivités locales seront, dans presque tous les domaines, placées sous la supervision du nouveau Parlement. Celui-ci aura la capacité de modifier les responsabilités en matière de services, de changer le système de financement et le mode d'élection. La population prendra ainsi conscience des différents rôles des collectivités locales, ce qui pourrait inciter les partis à différencier davantage les mesures qu'ils proposent. Cette évolution pourrait aller dans le sens d'une revitalisation de la démocratie locale.

Le Parlement aura le pouvoir de changer le système de financement des collectivités locales. On s'accorde à dire que celles-ci devraient lever directement une plus grande proportion de leurs ressources (on parle de 50 %), de manière à renforcer leur responsabilité et à rendre le système plus démocratique. Les impôts locaux actuels (*council tax*) dont l'assiette repose pour partie sur les biens et pour partie sur les revenus personnels ne sont pas en mesure de fournir ces recettes. Il est question de rendre la taxe professionnelle aux collectivités locales et une série d'autres solutions sont à l'étude : introduction d'une taxe sur le tourisme, d'une taxe à l'achat, de péages sur les routes ; ces mesures iraient dans le sens d'une plus grande autonomie financière et donc d'une responsabilisation accrue. Le SNP est depuis longtemps favorable à l'introduction d'un impôt local sur le revenu. Un autre argument risque de peser dans le sens d'une réforme des finances locales : un système d'administration locale plus largement autofinancée permettrait de réaliser des économies au niveau central. Modifier le système en place risque cependant de prendre un certain temps et il est possible que rien ne puisse être fait avant les prochaines élections parlementaires ; il s'agit néanmoins d'un aspect vital dont dépendent l'harmonie et la stabilité des relations entre collectivités locales et pouvoir central.

L'existence du Parlement risque d'entraîner une surveillance plus étroite des collectivités locales, de leur gestion et même des services centraux de la fonction publique. Il est probable que le financement des collectivités locales sera examiné et débattu avec plus d'attention que jamais.

Il est également possible que le Parlement élargisse les attributions des collectivités locales. La convention constitutionnelle[18] a envisagé l'introduction du principe de « subsidiarité » en Écosse, l'idée étant que le pouvoir serait délégué par le Royaume-Uni au Parlement écossais à Édimbourg, puis par Édimbourg aux collectivités locales et enfin par les collectivités locales à des structures encore plus proches de la population. Il était dans l'idée des concepteurs du Parlement que la création de celui-ci inaugurerait un processus de décentralisation de la vie politique écossaise.

Les collectivités locales ont émis le vœu d'être considérées comme des « partenaires » du Parlement au sein de l'administration écossaise. Au Pays de Galles, ce partenariat entre collectivités locales et Parlement est consacré par la loi sur la dévolution. En Écosse, en revanche, il n'est pas prévu par la loi et la définition des rôles respectifs devra faire l'objet d'une démarche volontaire. Les collectivités locales ont suggéré que ces rôles soient spécifiés dans un accord librement consenti ou « concordat ».[19] C'est un des points sur lesquels l'arbitrage de la commission McIntosh sera déterminant.

La question du « double mandat » a été longuement débattue : serait-il possible aux élus locaux d'être également membres du

18. *Scotland's Parliament, Scotland's Right*, Édimbourg, Scottish Constitutional Convention (SCC), 1995.

19. Sinclair D., « Local Government and a Scottish Parliament », *Scottish Affairs*, n° 19, 1997.

Parlement?[20] À Londres, le comité constitutionnel (*Constitution Unit*) était plutôt favorable à cette idée, en grande partie parce qu'un double mandat existe dans bon nombre de pays d'Europe. Cependant, la convention constitutionnelle écossaise (SCC) a pris parti contre le double mandat, arguant que le travail de membre du Parlement serait déjà un travail à plein temps et cet avis a prévalu. Les représentants élus au premier Parlement ont d'ailleurs des liens évidents avec les collectivités locales. Trente et un des nouveaux membres du Parlement écossais étaient des élus locaux et douze autres l'avaient été précédemment. Il est probable que cette expérience préalable permettra une meilleure compréhension mutuelle, laquelle est indispensable pour que les deux niveaux de gouvernement puissent travailler correctement ensemble ; cela ne donne, par contre, aucune indication sur la position que prendra le Parlement concernant le processus de décentralisation à l'intérieur de l'Écosse.

De fait, la question qui a été longuement débattue ces dernières années était de savoir si la création d'un Parlement aurait plutôt tendance à centraliser ou à décentraliser la politique écossaise. Tout dépendait bien sûr des cent vingt-neuf élus qui allaient composer le Parlement et des forces politiques, en l'occurrence libéraux-démocrates et travaillistes, qui allaient le présider. La convention constitutionnelle s'est prononcée pour une administration renforcée par de nouvelles responsabilités conférées par le Parlement ; elle a ménagé la possibilité de moduler ces attributions en fonction des problèmes spécifiques des communautés insulaires. C'est une forme de décentralisation qui pourrait marquer un nouveau départ pour l'Écosse, représentant un premier pas indispensable vers l'établissement d'une véritable démocratie à deux niveaux.

Certains facteurs pèseront dans le sens d'un contrôle central fort, voire d'une centralisation accrue. Les grands partis, en particulier le parti travailliste, ont une tradition fortement centralisatrice. Le nouveau Parlement pourrait souhaiter avoir un contrôle direct sur les domaines politiques qui importent le plus à l'électorat, comme l'éducation, la santé et le développement économique. De plus, l'histoire récente du système de développement centralisé

---

20. Alexander A., « Scotland's Parliament and Scottish Local Government: Conditions for a Stable Relationship », *Scottish Affairs*, n° 19, 1997.

pèsera aussi dans la balance. Il est possible que les fonctionnaires souhaitent centraliser davantage le contrôle de certains domaines de la politique à Édimbourg.

D'autres facteurs iront dans le sens de la décentralisation et de collectivités locales plus fortes. Les libéraux-démocrates ont un penchant certain pour une action politique plus proche des populations locales. La nouvelle idéologie travailliste de facilitation (*enabling*) encourage des formes de décentralisation qui incluent les forces du marché; cette politique va se poursuivre avec les partenariats public-privé et l'introduction d'une politique dite du « meilleur rapport qualité-prix » (*best value*) en remplacement des CCT (soumissions concurrentielles). Cependant, l'élément le plus important est sans doute le formidable élan politique qui a conduit à la création du Parlement et a suscité beaucoup de réflexions critiques sur la vie politique par trop centralisée de l'Écosse.

Le théâtre du nouveau Parlement écossais : identités culturelles et politiques sur fond de dévolution

Ian Brown

Les membres du Parlement écossais élus le 6 mai 1999 se sont réunis le 13 mai pour prêter serment. Le président n'ayant pas encore été élu, le protocole voulait que le plus âgé des députés assume cette charge et dirige la cérémonie. C'est donc Winnie Ewing, doyenne de la délégation du parti national écossais, qui de par son âge fut désignée « Mère de la Chambre ». Elle ouvrit la séance en ces termes : « Je déclare la reprise des travaux du Parlement écossais suspendus le vingt-cinq mars 1707. » Plus tard dans la journée, après son élection à la présidence, Sir David Steel prit bien soin d'évoquer le début d'« un nouveau chant » (*a new sang*), reprenant intentionnellement les termes de Lord Seafield lequel, au moment de la suspension de 1707, quand le Parlement écossais semblait perdu pour toujours, avait déclaré : « Nous assistons à la fin d'un vieux chant » (*the end of an auld sang*). La dévolution et avec elle la création d'un nouveau Parlement ont fait naître un sentiment de renouvellement de la vitalité politique écossaise doublé d'un sentiment de revitalisation d'une certaine continuité politique.

Il s'agit d'un processus complexe, qui combine, certes, l'ancien et le nouveau mais induit aussi une révision, un rajustement de principes apparemment établis. Le Parlement fut officiellement inauguré par la reine le 1ᵉʳ juillet. Pour célébrer l'événement, de nombreux discours furent prononcés au cours d'une cérémonie qui combinait l'ancien et le nouveau. On assista à la lecture d'un poème de Ian Crichton Smith et d'un autre composé par une fillette de onze ans, on entendit « *A man's a man for that* » de Burns et deux morceaux composés par James Macmillan. La Couronne d'Écosse, la plus vieille d'Europe, fut cérémonieusement promenée. Il y eut une présentation des séances de l'ancien Parlement tandis qu'on pouvait admirer la nouvelle masse parlementaire, conçue et réalisée par un artisan écossais. De manière significative, il fut dit de la reine elle-même qu'elle « siégeait parmi nous ». Ces termes, révélateurs du nouveau processus de « réajustement » décrivaient très précisément sa position : assise sur un siège au milieu de la Chambre. D'un point de vue symbolique et constitutionnel, ils avaient cependant des implications bien plus fortes. En ces lieux, la reine n'était pas « la reine d'Écosse » mais « la reine des Écossais » ; elle n'a pas eu droit au trône que le rang de souveraine lui octroie dans la splendeur du cérémonial parlementaire de Westminster, issu du passé impérial ; elle a simplement occupé sa place au sein d'un corps politique différent, à la fois plus égalitaire et plus consensuel.

La cérémonie, qui a imposé son propre rituel, mêlant le neuf à l'ancien, a été commentée par la journaliste Ruth Wishart, dans son émission *Eye to Eye* du dimanche 4 juillet sur BBC Scotland. Elle a expliqué combien elle s'était sentie impliquée dans cette cérémonie admirable ; elle a raconté que certains journalistes chevronnés qu'elle côtoyait dans l'aile réservée à la presse étaient par moments plus occupés à essuyer une larme (*greetin*) qu'à prendre des notes. Cette émotion, cette implication, observées ici chez les professionnels les plus endurcis, sont des phénomènes remarqués tout au long du processus de dévolution. Les résultats du référendum de 1997 étaient porteurs d'une perception nouvelle des notions d'identité nationale et de nation dans la mesure où ils affirmaient l'inadaptation du système parlementaire centralisé de Westminster aux besoins et aux intérêts de l'Écosse. Il était déjà clair à l'époque que les Écossais aspiraient à d'autres formes d'expression démocratique et d'affirmation de leur identité commune. Le lendemain du référendum de 1997, *The Scotsman* titrait « *A Nation Again* » et ce titre paraît bien plat en regard des transformations culturelles et politiques qui ont conduit au résultat du référendum puis à l'établissement du Parlement écossais. On peut, en effet, défendre l'idée que seule une communauté se concevant déjà comme une nation puisse voter en faveur d'un Parlement, expression de cette identité. Que ce vote intervienne dans le cadre d'une dévolution ou non est somme toute de peu d'importance.

Il semble que les Écossais, en redécouvrant leur propre Parlement aient à la fois redécouvert et renouvelé le sentiment et les symboles d'une identité que l'on croyait dissoute dans l'État britannique. On peut considérer que cette identité et ces symboles ont continué d'exister, alors même qu'ils semblaient perdus, et qu'au moment où il s'est agi de les réaffirmer, ils étaient là, familiers, évidents, partagés, souples, avec leurs vieux aspects toujours d'actualité et leur nouvelle expression facile à assimiler. Les transformations culturelles et politiques qui ont conduit au référendum de 1997 puis aux élections générales de 1999 ainsi que les transformations qui ont suivi montrent qu'un nouvel esprit est désormais à l'œuvre en Écosse.

C'est une idée que confortent d'ailleurs les résultats des élections de mai 1999. L'évolution de la carte électorale écossaise montre une domination croissante des travaillistes, aux dépens des conservateurs, lesquels sont minoritaires depuis 1955. Aux élections générales britanniques de 1997, les conservateurs n'ont remporté aucun siège tandis que les travaillistes étaient en position de force dans la plupart des circonscriptions. Les résultats ont été quelque peu différents aux élections générales écossaises de 1999 en raison du scrutin à la proportionnelle. Le Parlement écossais compte cent vingt-neuf membres : cinquante-six travaillistes, trente-cinq représentants du parti national écossais (*Scottish National Party* ou SNP), dix-huit conservateurs, dix-sept libéraux-démocrates, un vert, un socialiste écossais et un indépendant. Il est à souligner que les conservateurs n'ont remporté aucun siège dans les circonscriptions, où le scrutin était majoritaire ; leurs mandats proviennent tous du système de scrutin par liste. Quoi qu'il en soit, la composition du Parlement a donné une image modifiée de la nature du corps politique écossais et donc, en un sens, de son identité. De fait, en raison du système adopté, c'est à Édimbourg qu'a été élu le premier député vert de Grande-Bretagne. Il est clair qu'il ne s'agit nullement d'un hasard mais bien d'un choix délibéré des électeurs puisque 11 % d'entre eux ont choisi de donner leur seconde voix (celle du scrutin par liste) à des partis non traditionnels.

Cet esprit de renouveau n'apparaît pas uniquement dans la répartition des partis politiques au sein du Parlement ; la répartition par sexe est également significative. Des changements dans les procédures de sélection des candidats (les travaillistes, en pointe dans ce domaine, se sont, par exemple, engagés à présenter autant de femmes que d'hommes), ont contribué à l'élection de quarante-six députés sur cent vingt-neuf membres, soit une proportion de 36 % de femmes. Il s'agit d'un véritable bouleversement sur la scène politique britannique dont on mesurera mieux l'ampleur en comparant ce chiffre à ceux issus des élections générales britanniques de 1997. Après les élections de 1997, 16,6 % des députés écossais au Parlement de Westminster et 18 % de l'ensemble des députés sont des femmes. Le pourcentage de femmes élues au Parlement écossais représente donc une avancée majeure. Au fur et à mesure qu'il s'affirme, le nouveau sentiment d'identité écossaise pourrait bien surprendre et se révéler plus complexe que celui qu'on connaissait auparavant. En bref, il serait peut-être plus juste de parler d'une pluralité d'identités politiques et culturelles plutôt que d'une identité écossaise unique.

On peut aborder le contexte qui a conduit aux résultats du référendum et des élections parlementaires sous divers angles. Le point de vue développé dans le présent chapitre est que l'on a assisté tout au long du XXᵉ siècle à une transformation progressive des comportements culturels et à une prise de confiance croissante dans les possibilités de la culture écossaise, et en particulier de la langue écossaise. Cette évolution a favorisé et conforté l'émergence du sentiment d'identité et de confiance qui a finalement mené à l'élection du Parlement et à la complexité des résultats. Le théâtre, élément clé de cette nouvelle confiance culturelle, est aussi le moyen de son expression. Le théâtre écossais a connu ces trente dernières années une recrudescence de créativité à laquelle sont associés les noms de Bill Bryden, Tom McGrath, Liz Lochhead, Stewart Conn et d'autres. Je me propose d'examiner cette renaissance que je considère comme un élément moteur de la vitalité, de l'identité et de l'autonomie du théâtre écossais et qui me semble représentative d'un mouvement politico-culturel plus large.

La façon dont les auteurs écossais du XXᵉ siècle ont traité de l'histoire événementielle et idéologique écossaise, de la spécificité du pays et de son histoire, de la scotticité, a été largement influencée par leur manière d'utiliser les mots, de manier la langue. Un auteur a dominé le début du siècle en la matière; il s'agit bien sûr de Hugh MacDiarmid. Son premier recueil de poèmes, *Sangshaw*, publié en 1925, a été préfacé de façon surprenante par John Buchan, auteur écossais de langue anglaise, défenseur de l'Empire britannique, qui devait terminer sa carrière au poste de gouverneur général du Canada. Buchan soulignait que MacDiarmid

... traitait l'écossais comme une langue en activité et l'appliquait à des sphères qui lui étaient étrangères depuis le XVIᵉ siècle. Puisqu'il n'existe pas vraiment de canons de la langue vernaculaire, il crée les siens propres, comme Burns avant lui, et emprunte des mots et des idiomes aux vieux maîtres. Il ne se limite pas à un seul dialecte mais choisit à son gré entre Aberdeen et les Cheviots... C'est la preuve qu'un esprit nouveau gagne dans le Nord.[1]

Je me propose de montrer que cet « esprit nouveau », repéré par Buchan en 1925, n'a pas été sans influence sur « l'esprit nouveau qui gagne dans le Nord » depuis le référendum, comme le montrent les résultats des élections parlementaires écossaises.

En 1962, MacDiarmid lui-même, réfléchissant à l'évolution de sa carrière et de son œuvre, déclarait:

Je voulais échapper à la provincialisation de la littérature écossaise. Je voulais reprendre la tradition de la littérature écossaise indépendante de l'époque de Burns car il me semblait que rien d'important ne s'était fait dans l'intervalle. Je voulais poursuivre la réintégration de la langue écossaise, aller bien plus loin que Burns dans ce domaine et poursuivre aussi cette tradition sur le plan politique.[2]

Il affirmait ainsi, aussi clairement que possible, son idée de l'importance de la nature et de l'usage de la langue écossaise sur le plan culturel, politique et idéologique. C'est d'ailleurs en ce sens qu'Edwin Morgan a commenté ce passage:

Nous verrons que ce programme englobe des éléments linguistiques, politiques et culturels. Après sa démobilisation en 1919, MacDiarmid, comme d'autres, constata l'émergence en Écosse d'un sentiment exacerbé d'identité nationale résultant de la guerre. Ses efforts pour exprimer et entretenir ce sentiment le

---

1. Buchan J., « Préface », dans Hugh MacDiarmid, *Sangshaw*, Édimbourg et Londres, W. Blackwood & Son, 1925.
2. MacDiarmid H., « MacDiarmid on MacDiarmid », *The Manchester Guardian*, 22 février 1962, cité dans Edward Morgan, *Hugh MacDiarmid*, Londres, Longman, 1976, p. 6.

menèrent à l'action politique et à la création d'une poésie d'un genre nouveau.[3]

Il me semble que les dramaturges d'aujourd'hui partagent avec MacDiarmid et ses pairs cet espace culturel élargi et peut-être même certaines options politiques. Ils ont en commun la reconnaissance de la vitalité de la langue écossaise et par voie de conséquence la reconnaissance de la vitalité et de l'autonomie historique de la culture écossaise. En revanche, les auteurs actuels, tout en admettant la portée des expériences de MacDiarmid sur la langue, ont eu tendance à réagir contre la technique décrite par Buchan lorsqu'il déclare que MacDiarmid « crée [sa propre langue écossaise], comme Burns avant lui ». On peut d'ailleurs contester l'affirmation de Buchan selon laquelle Burns aurait créé une langue vernaculaire nouvelle au lieu d'utiliser la langue parlée autour de lui, dans les campagnes de l'Ayrshire.

Les auteurs d'aujourd'hui se sont aussi élevés contre l'idée qui prévalait dans les années soixante, au moment où ils commençaient à écrire, selon laquelle l'écossais était une langue en voie d'extinction, composante d'une culture en voie d'extinction elle aussi, en particulier au théâtre. À la fin des années cinquante, en effet, l'utilisation de l'écossais au théâtre semblait menacée, notamment en raison de la proximité du théâtre commercial londonien et de la facilité avec laquelle les professionnels du théâtre adoptaient la langue anglaise. Des auteurs importants comme J.M. Barrie et James Bridie avaient parfois écrit en langue anglaise, surtout, il faut bien le dire, pour réussir à vendre leur travail aux producteurs du West End de Londres. Certains parmi les aînés, déploraient cette situation, défendant l'importance de l'écossais au théâtre. Leur argumentation s'appuyait généralement sur un concept de renaissance culturelle et nationale qui ne se limitait nullement à de la nostalgie ou à une simple querelle d'esthétique. Comme MacDiarmid, ils voulaient lutter contre le provincialisme, prônant le cosmopolitisme, une vision internationaliste compatible avec une identité et une tradition culturelles écossaises pleinement indépendantes sur le plan intellectuel. (Dans ce contexte, il est intéressant de constater que le premier député des « Verts »,

---

3. Morgan E., *op. cit.*, p. 6.

parti influent dans le reste de l'Europe, a, en Grande-Bretagne, été élu aux élections générales écossaises.) Beaucoup d'auteurs de théâtre avaient aussi la conviction que les vérités d'une société sont plus fidèlement exprimées par la langue de cette société. En 1958, dans son avant-propos à *Two Scots Plays,* Alexander Reid remarquait par exemple :

> Le retour à l'écossais est un retour au sens et à la sincérité. Pour grandir, il nous faut partir de nos propres racines et nos racines ne sont pas anglaises […]. Si nous voulons un jour réaliser le rêve d'une Écosse qui contribue au Théâtre mondial […], c'est en cultivant, et non en réprimant, nos particularités (et donc notre langue) que nous y parviendrons, même s'il est impossible de deviner maintenant si le Théâtre national écossais, à supposer qu'il voie le jour, sera écrit en Braid Scots ou dans la langue, magnifiée à des fins littéraires, qu'on entend dans Argyle Street à Glasgow ou dans le quartier de Kirkgate à Leith, banlieue d'Édimbourg.4

L'expression « braid scots » était à l'époque utilisée pour désigner une langue élaborée pour le théâtre par des auteurs comme McLellan et Reid lui-même, à partir de leur expérience linguistique de jeunesse. Ils se sont efforcés de constituer un « écossais général », sans en localiser spécifiquement les éléments, en puisant dans les divers dialectes de l'ensemble de l'Écosse et en élargissant le vocabulaire à celui de l'écossais littéraire. Cette démarche, dont le résultat semblait parfois archaïque, s'inspirait des expériences de MacDiarmid avec le « lallans ». Dix à quinze ans après l'alternative évoquée par Reid, il n'était plus nécessaire d'en deviner l'issue. Le choix avait été fait par un certain nombre de jeunes auteurs, parmi lesquels Hector MacMillan, Stewart Conn et Bill Bryden.

Il y avait, certes, des nuances dans les pratiques et les positions personnelles de ces auteurs mais ils semblaient s'accorder à considérer comme une faiblesse des expériences précédentes le fait de recourir à un écossais de théâtre, une langue en partie artificielle (comme le braid scots de Reid ou le lallans de MacDiarmid), qui impliquait l'utilisation au théâtre d'une langue différente de l'écossais effectivement parlé autour d'eux. Leur propre expérience leur disait que l'écossais était une langue bien vivante tandis que l'écos-

---

4. *N.d.t.* Quartiers populaires de ces deux villes. Citation d'Alexander Reid, « Foreword », *Two Scots Plays*, Londres, Collins, 1958, p. xiii.

sais utilisé sur scène ressemblait plutôt à une pièce de musée, à un artifice culturel aussi éloigné de leur expérience personnelle que la langue littéraire de la cour de l'Empire ottoman. Lorsque j'ai moi-même commencé à écrire, vers la fin des années soixante, les auteurs contemporains avaient déjà passé deux étapes. D'abord, et de façon peut-être un peu paradoxale, ils avaient assimilé dans l'usage de leur propre langue « naturelle » certains mots et certaines constructions du lallans, si bien que celui-ci n'était plus vraiment perçu comme une langue complètement artificielle et littéraire. Ensuite, ils s'étaient convaincus que la vitalité qu'ils recherchaient ne pouvait se trouver que dans leur propre langue et celle des gens autour d'eux. En ce qui me concerne, j'écris par exemple en écossais et en anglais mais lorsque j'écris en écossais c'est dans la langue de la ville dont je suis originaire, Alloa, où l'on parle un dialecte proche de celui de Fife (région de l'Est de l'Écosse).

L'alternative évoquée par Reid avait donc été résolue quelque dix ans après qu'il l'eut exprimée. Il est clair que Reid s'était surtout intéressé au parler des grandes villes et aux milieux ouvriers, peut-être de façon un peu désobligeante si l'on en juge par le choix de ses exemples (quartiers de Kirkgate à Édimbourg ou d'Argyle Street à Glasgow). La langue parlée dans ces quartiers est aujourd'hui utilisée sur scène, de même que l'écossais parlé dans les petites villes ou à la campagne. Cette manière d'affirmer la valeur de la langue contemporaine, en montrant sur scène le bien-fondé et la valeur des sujets et des préoccupations propres à l'Écosse, a initié un cycle de sécurisation : les spectateurs écossais ont assisté à une exploration puissante et créative de leur propre culture et ils ont eux-mêmes confirmé cette force en se rendant nombreux au théâtre. Rappelons pour mémoire comment, en 1972, les représentations de *Willie Rough* de Bill Bryden affichaient toutes « complet », au point d'entrer dans la légende.

Ce processus a soutenu et nourri une prise de confiance culturelle, puis politique, qui ne relevait pas simplement du nationalisme. La composition du Parlement écossais reflète la variété des diverses identités écossaises. Le parti travailliste en Écosse s'appelle désormais le parti travailliste écossais (*Scottish Labour*), parti qui peut être considéré comme le parti dominant des vingt dernières années. Par ailleurs, les libéraux-démocrates appartiennent à un parti fédéraliste mais ont une identité écossaise marquée ; le Parti national écossais (SNP) et le Parti socialiste écossais revendiquent clairement leur identité écossaise. Même le député des Verts a été élu sous la bannière du Parti vert *écossais* et le député indépendant, Denis Canavan, ancien député travailliste en rupture de ban, est connu pour son engagement en faveur de l'identité écossaise. Seuls les conservateurs semblent tenir encore à une identité britannique d'un autre âge.

Alors même qu'ils travaillaient encore à leur révolution linguistique, Reid, McLellan et MacDiarmid durent constater, comme tous les révolutionnaires, qu'ils étaient déjà d'arrière-garde. Mac-Diarmid se montra particulièrement irrité par la tendance des jeunes auteurs à écrire en écossais contemporain et se lança dans des diatribes, notamment contre les auteurs glaswégiens qui utilisaient leur propre langue. Au sujet du conflit qui opposait Mac-Diarmid à des auteurs comme Edwin Morgan, Tom Leonard et lui-même, Tom McGrath a notamment déclaré :

> Je crois qu'à cette époque nous arrivions avec une idéologie différente. Nous arrivions avec une approche différente, après tout ce travail réalisé en langue écossaise. Nous arrivions avec ce son venu de la rue, celui de l'existentialiste des rues, une écriture du genre « Noirs du ghetto ». Ça a tout bouleversé.[5]

Lorsqu'il utilise la langue de son propre quartier, McGrath considère qu'il utilise « le son venu de la rue, celui de l'existentialiste des rues, [des] noirs du ghetto ». Cette remarque, saisissante et complexe à la fois, a des implications politico-culturelles quant à la libération et la redécouverte d'une identité réprimée, privée de ses droits, asservie. On peut aussi considérer que McGrath a justement réalisé ce que Reid avait prédit : « un retour au sens et à la sincérité ». Il affirme ainsi la contemporanéité et la valeur culturelles de sa langue et légitime son utilisation dans un cadre international et interculturel.

McGrath va plus loin encore lorsqu'il analyse ce qui le sépare de MacDiarmid et de l'approche idéologique qui transparaît dans les œuvres de MacDiarmid et de ses disciples.

5. Brown I., « Cultural Centrality and Dominance : The Creative Writer's View ; Conversations between Scottish Poet/Playwrights and Ian Brown », *Interface*, n° 3, été 1984, p. 48.

J'éprouvais beaucoup de réticences vis-à-vis de l'idée qu'avait Mac-Diarmid de la scotticité. Mon identité ne correspondait pas du tout à la sienne. Il m'était complètement impossible de m'identifier à ce genre de langue. Cela me serait bien plus facile maintenant. Il m'a fallu parcourir du chemin pour en arriver là. C'est Neil Gunn qui m'a permis d'accepter le fait d'être écossais. Ce n'est pas Mac-Diarmid [...]. Parce qu'il [Gunn] écrivait sur un peuple, il s'intéressait beaucoup aux manières de travailler des gens, à l'élaboration et à la durabilité de ce qu'ils faisaient. [...]. Il m'est possible de m'identifier aux gens [aux Celtes de la côte Ouest] qu'il décrit et dépeint dans ses livres.[6]

Le chemin parcouru par McGrath, beaucoup d'auteurs contemporains ont dû l'emprunter. C'est un chemin qui permet de définir, de retrouver ses propres racines ; après s'être interrogé sur la place culturelle que l'on occupe, on revient souvent, comme cela a été le cas pour Tom McGrath, Hector Macmillan ou moi-même qui avons travaillé au-delà des frontières de l'Écosse ou même des Îles Britanniques, à un sentiment plus clair des identités écossaises et de leur place dans le monde contemporain.

Il apparaît alors clairement que l'identité de l'auteur écossais contemporain naît souvent d'une interaction entre au moins deux composantes de son expérience, d'une part la perspective qu'apporte le travail à l'échelle internationale et, d'autre part, la perception de l'histoire et de la crédibilité de l'usage de sa langue dans la littérature. La sensibilité artistique des Écossais d'aujourd'hui n'a rien à voir avec la perception introspective et maniérée du *Kailyard* du siècle dernier et des premières années de ce siècle. Cette nouvelle sensibilité, à l'œuvre dans le travail de Tom McGrath et d'autres auteurs, contribue au sentiment actuel d'un rayonnement international du théâtre écossais. C'est ce qui conforte l'assurance et l'autonomie dont jouit en ce moment la scène théâtrale nationale et aide à l'affirmation d'une nation écossaise cohérente, disposant d'un théâtre suffisamment sûr de lui-même pour percevoir son rôle sur la scène internationale. Ce phénomène reflète le contexte économique et industriel du moment. Dans les années soixante-dix, l'effondrement des industries locales a conduit au désespoir économique. Dans l'intervalle deux changements déterminants sont intervenus. D'abord *Locate*

6. *Ibid.*, p. 40-41.

in Scotland, agence subventionnée par le gouvernement pour favoriser la création d'emplois, a activement œuvré pour inciter les multinationales étrangères à investir en Écosse en arguant d'atouts locaux : main d'œuvre qualifiée, bonne qualité de vie et liaisons faciles. Ensuite, les multinationales déjà installées en Écosse se sont renforcées, grâce à la fermeté du secteur financier d'Édimbourg et à des investissements extérieurs dont la compagnie d'autobus Stagecoach est un bon exemple. Pour en revenir à la culture, dans cette perspective internationale élargie, les auteurs contemporains continuent de payer un tribut au travail de défrichage de MacDiarmid. Même s'ils s'opposent à son œuvre ou essaient de la dépasser, ils ne peuvent nier le rôle clé de cette figure créatrice.

En évoquant les oppositions suscitées par le travail de MacDiarmid sur la langue, nous avons regardé les positions actuelles par le petit bout de la lorgnette, les réduisant à une recherche d'une langue écossaise littéraire ou théâtrale contemporaine qui dépasse les formes historiques de la langue parlée ou écrite. Il est important de spécifier que les débats et les expériences en cours concernent les langues au pluriel et dans leur pluralité. Le projecteur n'est pas seulement braqué sur les langues littéraires ; il est braqué sur les formes du quotidien. On peut considérer que l'Écosse de ces dernières années se préparait déjà à la manifestation d'identité qui s'est concrétisée dans les résultats du référendum de 1997 et des élections parlementaires de 1999.

La diversité de la représentation sortie des urnes, déjà évoquée plus haut, reflète cette pluralité. D'ailleurs, les auteurs de théâtre écossais ne se sont pas uniquement préoccupés de dialectes régionaux, ils se sont aussi intéressés aux variantes sociales. L'utilisation de la langue écossaise n'a pas été considérée comme ayant une valeur en elle-même mais comme le vecteur de valeurs, notamment de valeurs d'égalité entre les sexes. On peut voir dans la grande proportion de femmes élues au Parlement écossais une reconnaissance politique d'un certain sexisme du monde parlementaire et une réaction à cet état de fait. Liz Lochhead a notamment déclaré :

L'œuvre de MacDiarmid, je m'en sens complètement exclue, vous savez pourquoi?... Je crois que c'est parce qu'elle est tellement mâle, elle rappelle tellement la vieille tradition didactique du barde. Les femmes n'y sont que l'objet de la poésie, l'objet de la quête.[7]

Il ne s'agit pas ici de considérations purement linguistiques ; ce qui est en cause c'est la conception qu'avaient MacDiarmid et les auteurs de son époque du rôle respectif des sexes, vue par une femme d'aujourd'hui, auteur elle aussi. Elle a forgé sa position en toute conscience de l'œuvre réalisée par MacDiarmid à son époque, et donc en toute conscience de son importance et du contexte historique. Il s'agit, quoi qu'il en soit, d'une position féminine mesurée. L'intérêt porté par les auteurs dramatiques écossais à leur langue ne peut être taxé de chauvinisme culturel, pas plus (ou rarement) que de machisme. Il ne fait que refléter la culture plurielle au sein de laquelle ces auteurs travaillent. Cette reconnaissance d'une réalité plurielle et diverse a conduit à la confiance culturelle, théâtrale et linguistique que l'on connaît actuellement, qui dépasse les stéréotypes du barde celtique et, en politique, les stéréotypes de partis.

L'usage de l'écossais dans le théâtre contemporain découlerait donc directement de la révolution initiée par certains auteurs du début du siècle. Il semble, cependant, que les auteurs contemporains, au lieu de suivre servilement leurs prédécesseurs, ont profité de leurs enseignements avant de réagir contre eux, contre leur expérience et leurs pratiques. Ils ont mis au point leur propre utilisation de l'écossais, souvent fondée sur leur expérience linguistique d'enfant, enrichie ensuite par les évolutions culturelles de l'âge adulte : c'est ainsi qu'ils ont pris confiance et même trouvé une certaine fierté dans les diversités régionales, sociales et sexuelles des identités écossaises. Si les auteurs d'aujourd'hui ont très certainement conscience du travail de leurs prédécesseurs, ils ont encore plus conscience du monde qui les entoure au quotidien. Les dramaturges, comme les autres auteurs, réagissent ouvertement à la vitalité et au potentiel créatif du monde dans lequel ils vivent et travaillent. Randall Stevenson a déclaré qu'à son avis, une grande partie de la qualité propre au théâtre écossais contemporain repose sur

---

7. *Ibid.*, p. 21.

... l'exploitation de la vitalité du parler écossais; l'utilisation de sujets et de thèmes issus de l'histoire écossaise; l'adaptation à la scène de certaines réalités fortes et dérangeantes de la vie dans les villes des Basses-Terres.[8]

En d'autres termes, il considère que les choix opérés depuis la fin des années soixante par les dramaturges, en particulier, et peut-être les auteurs, en général, ont été guidés par les stimuli de la vie urbaine contemporaine et par le processus d'urbanisation constante d'une société plutôt rurale à l'origine. Il relie la qualité de leurs écrits à la redécouverte de l'histoire et de l'historiographie écossaises et surtout à la présence effective dans leur oreille d'une langue vivante et vitale.

Randall Stevenson a repéré des signes précurseurs de ces choix linguistiques, par exemple dans la pièce de Robert Kemp sur la vie amoureuse de Robert Burns, *The Other Dear Charmer*:

> Le fait que Burns donne finalement la préférence à Jean Armour [sa maîtresse d'Ayrshire] plutôt qu'à Nancy Maclehose [beauté « anglaise » d'Édimbourg] [...] renforce l'intuition, déjà sensible ailleurs dans l'œuvre de Kemp, que le théâtre écossais dispose d'une force spécifique provenant de sa langue tout autant que de l'histoire de la nation.[9]

Randall Stevenson reconnaît que la génération actuelle n'a pas tout inventé. Cependant, ce qui est effectivement nouveau dans le travail des dramaturges contemporains tient à ce que les formes du processus créatif et sa mise en œuvre ont radicalement changé. Tandis que Kemp choisissait des thèmes et des héros littéraires et s'exprimait dans une langue quelque peu éloignée de celle qui était parlée autour de lui, s'essayant à recréer une version historique du dialecte de l'Ayrshire, les auteurs contemporains travaillent avec la langue qui les entoure. Ils recherchent une langue enracinée dans leur expérience de la vie quotidienne. Comme le dit Tom McGrath : « Si l'on veut valoriser le vécu, on ne peut le séparer de son mode d'expression. »[10]

---

8. Stevenson R., « Scottish Theatre 1950-1980 », dans Cairns Craig (éd.), *The History of Scottish Literature,* Aberdeen University Press, 1987, p. 349.
9. *Ibid.,* p. 351.
10. Brown I., art. cité, p. 46.

Le vécu d'un auteur écossais contemporain, quelle que soit la langue qu'il utilise, est forcément celle d'un Écossais contemporain, tourné vers l'Europe, habitant du village planétaire, mais installé au sein des communautés d'Écosse. Les dramaturges contemporains travaillant en écossais semblent penser qu'il est finalement nécessaire de situer une partie de l'exploration et de l'expression de cette réalité dans une communauté donnée, au sein d'une population donnée et qu'il est donc nécessaire d'explorer la nature de la langue de cette communauté. Donald Campbell évoque l'intérêt, central pour son travail, qu'il porte à ce qu'il appelle « l'exploration des complexités et du potentiel des idiomes du parler écossais ».[11] Cette exploration concerne la relation dynamique entre culture, contexte et identité dans la conscience écossaise moderne. Comme nous l'avons déjà souligné, les discriminations de sexes ou de classes ne sont pas occultées. Liz Lochhead fait par exemple la remarque suivante :

> Politique des sexes et politique de classes peuvent entrer en conflit et c'est ce que je trouve très passionnant. Il y a beaucoup de choses que je voudrais mettre sur le papier, juste pour les dire... Je veux vraiment écrire sur les femmes, mais pas d'une façon idéalisée, d'une façon où la femme serait toujours un objet complètement idéalisé. On observe le même phénomène avec les classes sociales ; dans *Willie Rough* de Bill Bryden par exemple, on a une grande idéalisation de la classe ouvrière...[12]

Le problème de classes s'inscrit dans le problème plus large de la liberté d'utilisation de la langue écossaise au théâtre et ailleurs. Parlant de sa propre expérience et expliquant comment elle a appris à utiliser la langue de façon créative, Liz Lochhead se remémore ses années d'école : « J'adorais l'exercice de composition. Je savais ce qu'ils voulaient qu'on écrive. »[13] (Elle donne un peu plus loin dans son exposé des précisions sur l'identité de ceux qui se cachent derrière ce « ils ».) Sur le sujet « votre saison préférée », elle avait par exemple choisi l'automne en raison des possibilités langagières qu'offre cette saison :

---

11. Campbell D., « A Focus of Discontent », *New Edinburgh Review*, printemps 1979, p. 4.

12. Brown I., art. cité, p. 29-30.

13. Lochhead L., « A Protestant Girl », dans *Jock Tamson's Bairns*, Trevor Royle (éd.), Londres, Hamish Hamilton, 1977, p. 129.

Placer les mots « ocre doré » et « brun-roux ». Dire que l'un de mes plaisirs préférés lorsque l'automne étire ses ailes dorées autour de nous est de m'installer près du feu avec un bon livre, une tasse de thé et des muffins grillés à la confiture... Je crois que je n'avais jamais goûté de muffins grillés à la confiture mais cela sonnait juste, anglais, presque sorti d'un livre d'Enid Blyton. Ce n'était pas un mensonge, pas vraiment. Simplement il ne m'était jamais venu à l'idée que quoi que ce soit de ma propre vie ordinaire méritait d'être écrit, rien dans mon éducation ne m'avait conduit à penser cela. Ce qu'on écrivait ne pouvait pas être la réalité. La réalité n'avait pas l'autorité qu'avaient les choses anglaises, les choses dans les livres. Les muffins à la confiture. Je savais ce qu'ils voulaient qu'on écrive. Ce que je redoute en tant qu'adulte et auteur c'est que rien n'ait changé depuis.[14]

Le sentiment qu'avait Liz Lochhead de ce qu'il convenait d'écrire, la façon dont elle répète la phrase : « Je savais ce qu'ils voulaient qu'on écrive » font clairement référence à une manière d'écrire et de vivre anglicisée, caractéristique de la classe moyenne, avec des « muffins grillés [... sortis] d'un livre d'Enid Blyton ».

L'expérience et la perplexité de Liz Lochhead l'ont amenée à relier questions de sexe, questions de classe et utilisation de l'écossais, comme elle l'a clairement expliqué dans des déclarations ultérieures sur la façon dont on lui a enseigné à utiliser la langue créativement. Elle a, en effet, remarqué qu'à l'école, elle obtenait de mauvaises notes si elle écrivait comme une femme écossaise de la classe ouvrière puis de bonnes notes une fois qu'elle a eu appris à écrire comme si elle était un homme, anglais, appartenant à la classe moyenne.[15] Son désir d'explorer la langue semble correspondre à une perception très fine des façons dont la langue permet d'exprimer et de définir « l'ordinaire ». Elle voit dans la langue une manière d'exprimer des clichés :

Je m'intéresse particulièrement aux lieux communs, à la langue de tous les jours ; j'essaie de rendre cette dimension, mais c'est assez instinctif chez moi. Ensuite je commence à jouer avec le résultat et ça prend une dimension ironique.[16]

14. *Ibid.*, p. 131.
15. Lochhead L., dans Panel Discussion, *National Stages,* University of Birmingham Theatre Conference, avril 1993.
16. Brown I., art. cité, p. 29.

Cette dimension ironique est typiquement écossaise. L'itinéraire créatif de Liz Lochhead met d'ailleurs en évidence une caractéristique centrale de la culture écossaise. On peut dire, par exemple, que si le scepticisme philosophique d'un David Hume était bien sûr le fruit d'une construction individuelle, il s'explique aussi par une tournure d'esprit modelée par l'éducation dans laquelle il a baigné et dont il a été nourri. Comme l'observe Robert Garioch :

> L'Union avait quatre ans lorsque David Hume est né et l'on peut sans doute dire de lui qu'il est le premier auteur écossais d'envergure à avoir cherché à tirer le meilleur parti possible de la Grande-Bretagne. Ayant grandi dans le Berwickshire et à Édimbourg, il est peu probable qu'il ait entendu parler une autre langue que l'écossais. À l'intention des lettrés, il s'est exprimé dans son meilleur anglais, prenant beaucoup de peine pour éliminer tout scotticisme. Pourtant le Dr Johnson fustigea son style jugé peu anglais, faisant remarquer la structure française de ses phrases.[17]

Même s'il s'est efforcé d'angliciser son usage de la langue par la suite, le seul fait qu'il ait eu besoin d'un effort pour y parvenir, effort souligné par des observateurs anglais comme Johnson, montre bien que Hume pensait et travaillait en écossais.

Les auteurs écossais d'aujourd'hui revendiquent et exaltent la scotticité que Hume cherchait à éviter. Il faut cependant reconnaître que leur intérêt pour la langue écossaise est souvent aussi aléatoire que les processus d'héritage culturel qui nous occupent ; ce n'est pas là la moindre des contradictions de l'écriture contemporaine. La force de la réaction des auteurs à la langue n'est qu'une manifestation parmi d'autres de la force de leur réaction au monde. Cela nous conduit à aborder un autre aspect du problème en nous interrogeant sur les raisons pour lesquelles il arrive à certains auteurs écossais de ne pas utiliser l'écossais. Stewart Conn a fait des remarques très intéressantes sur ce sujet :

> De nos jours, il n'y a plus vraiment de pressions sur les auteurs pour qu'ils écrivent en écossais, en écossais sorti du dictionnaire ou en écossais synthétique ; je pense qu'ils ont la possibilité d'écrire en anglais soutenu, comme l'ont fait Iain Crichton Smith ou Norman McCaig lui-même ou de recourir à l'écossais parlé, un écossais phonétique, imitant, présentant sur la page le patois de Glasgow,

17. Garioch R., « The Use of Scots », *Scottish International*, n° 1, janvier 1968, p. 34.

comme les poètes Tom Leonard et Edwin Morgan l'ont fait, et cette langue fait partie de notre large éventail poétique. Je pense que ce choix peut fonctionner si le poète est familiarisé avec cette langue naturelle et son usage, davantage que s'il s'agit d'une langue reconstituée pour répondre à une mode ou à une théorie.[18]

Face à la position de Conn qui semble considérer la liberté artistique comme allant de soi, il convient de se souvenir qu'il n'y a pas si longtemps Norman McCaig se faisait traiter de collaborateur parce qu'il écrivait en anglais plutôt qu'en écossais. Il ne faut pas davantage oublier qu'il existe une autre grande culture écossaise dont la langue n'est ni l'écossais ni l'anglais mais le gaélique. On courait le risque de voir surgir un mouvement chauvin qui aurait adopté la défense de l'écossais en imposant une sorte de démagogie de droite ou de théorie du politiquement correct sans rapport avec la création artistique, la réalité de la vie contemporaine ou la langue d'aujourd'hui. L'écriture théâtrale écossaise a évité cet écueil et s'est ouverte au gaélique, à l'écossais et à l'anglais. Détail crucial en la matière, après les transformations de ce siècle, les langues sont mises sur un pied d'égalité. Aucune n'est écartée sous le prétexte qu'elle ne conviendrait pas aux canons du théâtre contemporain.

On peut considérer que l'on retrouve un processus similaire dans la composition du Parlement et son large échantillonnage de partis. Si l'on excepte le cas particulier de l'unique représentant indépendant, ancien travailliste, élu à la fois au Parlement de Westminster et à celui d'Édimbourg, l'Écosse est représentée à Westminster par trois partis (les travaillistes, les libéraux-démocrates et le SNP) et par six partis à Édimbourg, puisque sont également représentés les conservateurs, les socialistes écossais et les verts. On serait tenté de penser qu'il s'agit des effets du système proportionnel mais il suffit pour s'en dissuader de considérer la situation au Pays de Galles où l'Assemblée a été élue au même moment et selon les mêmes principes que le Parlement écossais. Trois partis représentent le Pays de Galles à Westminster (les travaillistes, les libéraux démocrates et le Plaid Cymru) et seul le Parti conservateur est venu s'adjoindre à ces trois partis à l'Assemblée de Cardiff. À Édimbourg comme à Cardiff, l'apparition des conservateurs, précédemment défavorisés par le système majoritaire, peut

18. Brown I., art. cité, p. 54.

être considérée comme un juste retour des choses. En revanche, le fait qu'en Écosse le nombre des partis ait doublé aux élections générales de 1999 et que 11 % des électeurs aient choisi, dans le vote par listes, de donner leur voix à des partis nouveaux, peut difficilement être considéré comme un simple effet secondaire de l'introduction du système proportionnel. On y verra plutôt l'expression d'une volonté de sauvegarder les minorités, menacées parce qu'inadaptées aux « canons » de la politique contemporaine.

Pour en revenir à la dimension linguistique de la représentation des diversités de la culture écossaise, nous nous pencherons sur le cas de Stewart Conn qui est lui-même un exemple intéressant pour le théâtre puisque ses poèmes sont en anglais standard scotticisé tandis que ses pièces sont en écossais et en anglais. Il a trouvé une voix qui lui est propre et qui correspond à chacune de ses œuvres, au monde de chacune de ses pièces en particulier. Il évoque le problème de la scotticité de façon frappante :

> C'est cependant une véritable pierre autour du cou des auteurs écossais [...] cette obligation d'en passer par une scotticité explicite et patente. Sinon, on leur laisse entendre qu'ils ne sont plus considérés comme tout à fait écossais. L'auteur est donc pris au piège car ce peu de scotticité qui sera insuffisant en Écosse pour éviter l'accusation d'infidélité à son héritage linguistique, social et national, risque d'être perçu par une oreille londonienne ou du Sud comme vraiment trop écossaise. Il est donc difficile de satisfaire les deux points de vue.[19]

Ces propos datent de 1984 mais si l'on en juge par son travail récent, au théâtre comme en poésie, il semble que Stewart Conn soit resté sur cette position qui montre que, dans la vie comme dans l'écriture, la scotticité n'a rien d'homogène. Il existe au contraire, une gamme complexe de scotticités, comme en témoigne, par exemple, la façon dont les commentateurs et les médias font régulièrement référence aux trois langues nationales de l'Écosse. À l'évidence, il est difficile de communiquer, de transcrire les préoccupations et les formes linguistiques écossaises dans un contexte britannique ; il faut cependant veiller à ne pas ériger une scotticité « correcte » en ligne de conduite. Randall Stevenson a noté que le bilinguisme, le multilinguisme et l'interlinguisme caractéristiques

---

19. *Ibid.*, p. 57.

de l'usage de la langue dans l'Écosse contemporaine sont sources de vitalité.[20] On retrouve cette même vitalité dans l'œuvre de certains auteurs, Liz Lochhead par exemple, qui s'interroge sur la manière dont sa scotticité influe sur son écriture ; de plus, comme nous l'avons déjà vu, elle apporte un point de vue féminin sur la relation entre langue et scotticité, elle lui confère une dimension contemporaine qui ne renvoie ni aux mâles ni aux bardes, pour reprendre ses propres termes à propos de l'œuvre de MacDiarmid. L'étude détaillée que Stevenson a consacrée à la traduction de *Tartuffe*[21] par Liz Lochhead apporte une importante contribution à la compréhension de sa pratique. Il attire notamment l'attention sur les qualités de souplesse, d'énergie et d'expression de sa langue en comparaison d'une traduction (masculine) en anglais contemporain qu'il juge plus froide, moins haute en couleur et du texte original français. Il compare, par exemple, les différentes versions du passage ci-dessous de l'acte III, scène II. Dans la traduction de Lochhead, Tartuffe vient de suggérer à Dorine de cacher ses « whidjies », se plaignant : « *It's evil sichts like yon, I'm sure it is/That swall men's thochts wi'impurities* » (« Par de pareils objets les âmes sont blessées /Et cela fait venir de coupables pensées »).

MOLIÈRE
Dorine : Je ne suis point si prompte,
      Et je vous verrais nu du haut jusques en bas
      Que toute votre peau ne me tenterait pas

LIZ LOCHHEAD (*pour le Royal Lyceum d'Édimbourg, 1986*)
Dorine : *You must be awfy fashed wi'flesh tae fire*
      Yir appetites sae quick wi'Base Desire.
      As fur masel', Ah'm no that easy steered
      If you were barescud-nakit. aye and geared
      Up guid and proaper, staunin'hoat for houghmagandie
      I could lukk and lukk ett you, and no get randy.

CHRISTOPHER HAMPTON (*pour la Royal Shakespeare Company, 1983*)
Dorine : *I'm not so easy to arouse :*
      For instance, I could look at you stark naked
      and not be tempted by a single inch.

---

20. Lettre privée.
21. Stevenson R., « Re-enter Houghmagandie : Language as Performance in Liz Lochhead's *Tartuffe* », *Liz Lochhead's Voices*, Robert Crawford et Anne Varty (éd.), Edinburgh University Press, 1994.

Par cet exemple on comprend aisément l'attrait des dramaturges pour l'écossais moderne. On y trouve une vivacité de rythme, une richesse de vocabulaire qui ne semblent pas avoir d'équivalents évidents dans l'anglais d'aujourd'hui, en tout cas dans la langue utilisée en Écosse dans des contextes généralement formels ou académiques. L'anglais dispose, certes, d'une pléthore de synonymes et d'un vaste vocabulaire mais la force de l'écossais réside dans sa capacité à exprimer sens et émotion de façon musicale par le son et le rythme de la langue. Ceci provient notamment de ce que les règles de longueur des voyelles diffèrent complètement de l'anglais standard en raison de la loi d'Aitken, ce qui limite parfois la variété de l'expression vocalique en métrique mais permet d'imprimer un rythme général plus enlevé et plus soutenu. On notera aussi un amour marqué des auteurs écossais comme Liz Lochhead pour les allitérations et les rimes.

Une langue est le reflet d'une culture, d'une population et des valeurs implicites qui sont les leurs. À l'évidence, la traduction de Molière par Liz Lochhead montre bien les ressources de l'écossais ; ce sera d'ailleurs bientôt un lieu commun que de dire que l'écossais fonctionne mieux que l'anglais pour rendre le français de Molière, peut-être pour les raisons de rythme expliquées ci-dessus ou plus probablement pour les raisons culturelles et dramaturgiques évoquées dans mon article intitulé : « Molière into Scots ».[22] De même il semble que l'écossais soit particulièrement adapté à la traduction du théâtre d'Ibsen, pour des raisons d'ordre culturel et religieux. En bref, il apparaît que certaines langues, de par les valeurs implicites qui leur sont propres, sont plus adaptées pour servir de destination, de langue cible à la traduction des œuvres de certains dramaturges, ou d'auteurs issus de certaines communautés qui ont eux-mêmes leurs valeurs et leurs manières implicites. On peut considérer que le processus de traduction et donc de transposition d'un texte théâtral est facilité et enrichi par la langue écossaise en raison de sa propre nature linguistique et culturelle. Cette idée va dans le sens des propos de Tom McGrath selon lesquels « si l'on veut valoriser le vécu, on ne peut le séparer de son mode d'expression ».[23] Dans l'acte de

---

22. Brown I., « Molière into Scots », *Translation Research in Oxford,* conférence, St Hugh's College, Oxford, 7 novembre 1998.
23. Brown I., « Cultural Centrality and Dominance », p. 46.

traduction, la valeur de la culture de la langue cible se trouve elle aussi réaffirmée : en choisissant de traduire en écossais un classique du théâtre, le dramaturge affirme la nature et la stature internationales de la culture écossaise.

Il y a actuellement une grande variété, une grande complexité et une grande vitalité de l'écriture dans la littérature écossaise et tout particulièrement au théâtre. Des expériences diverses, tant formelles que linguistiques sont en cours. Nous ne pouvons discuter en détail le travail d'auteurs tels que James Kelman qui a lutté pour écrire dans une version anglicisée mais populaire du patois glaswégien ou peut-être faudrait-il dire dans un écossais glaswégien mâtiné d'écossais standard anglicisé. James Kelman et ses amis se battent avec la dynamique de la langue pour trouver un moyen d'expression en rapport avec leur véritable expérience de la vie quotidienne et de la langue de la rue. On a pu voir toute une série de pièces ayant pour thème les quartiers déshérités des villes : *The Life of Stuff* de Simon Donald, l'adaptation du roman d'Irvine Welsh *Trainspotting* ou encore *Shining Souls* de Chris Hannan. L'histoire récente de l'industrialisation et de l'urbanisation de l'Écosse et donc les transformations qui ont agité la société rurale écossaise suscitent un nouvel intérêt. Des pièces comme *Bondagers* de Sue Glover ou *Knives in Hens* de David Harrower explorent sur scène les possibilités de la langue dans ce domaine. Glover écrit en écossais en collaboration avec les comédiens tandis que Harrower joue sur les rythmes de l'écossais tout en cherchant à utiliser des formes anglaises d'une façon tout à fait anachronique. On constate une certaine imprévisibilité en même temps qu'une certaine vitalité de l'utilisation de la langue par les dramaturges, que nous nous sommes efforcés de mettre en évidence dans ce chapitre. La révolution de MacDiarmid se poursuit : son influence est sensible, d'une part, dans l'attitude de ses successeurs vis-à-vis de leur propre vision d'eux-mêmes et de leur langue et, d'autre part, dans l'épanouissement actuel de la langue écossaise ou plutôt des langues écossaises dans toutes leurs variétés.

Nous avons cherché à montrer que les expériences réalisées aujourd'hui en Écosse en matière d'écriture pour le théâtre s'inscrivent dans le prolongement d'initiatives précédemment menées en poésie et en fiction tout en reflétant les initiatives politiques de la dernière partie du siècle. De fait, il paraît évident que l'écriture pour le théâtre en écossais, ou en Écosse, a trouvé la confiance qui lui était nécessaire pour aller de l'avant. La bataille autour du choix de la langue semble apaisée. La représentation de la vie urbaine a suscité une certaine fièvre et la perspective de revisiter, de réinterpréter les événements historiques et ruraux semble devoir en causer une nouvelle. Oubliés les thèmes et les mots stéréotypés du *Kailyard* sentimental ou encore la romance artificielle du Braid Scots ou du Lallans, quelles qu'aient pu être leurs vertus poétiques. Les auteurs écossais contemporains, et surtout les dramaturges, perçoivent désormais l'éventail des langues écossaises d'une manière différente parce qu'ils sont convaincus de pouvoir s'en servir pour aborder n'importe quel problème et n'importe quelle période. Ils semblent partir du principe que la langue qu'ils ont choisie leur permettra d'exprimer leurs vues sur la vie moderne. Ils paraissent donc avoir la certitude que l'expression de ces vues permettra de dévoiler un peu plus largement l'identité et la sensibilité écossaises et que cette découverte favorisera un développement international du théâtre. Cette confiance culturelle peut être mise en parallèle avec la confiance politique qui se dégage du nouveau rôle du Parlement écossais, que celui-ci soit destiné à rester un organe de décentralisation ou qu'il soit appelé à devenir avec le temps le Parlement d'une nation indépendante. Dans ce contexte on peut considérer que les dramaturges écossais, s'ils ont une certaine influence, sont en retour influencés par la vitalité politique et linguistique et le potentiel de création qui caractérisent la vie politique aussi bien que la vie théâtrale de l'Écosse contemporaine.

La défaillance écossaise

Cairns Craig

Dans les années soixante-dix et quatre-vingt, la culture écossaise a donné lieu à une véritable chasse aux mythes. Les spécialistes se sont mis en quête des origines de certaines représentations considérées comme erronées alors même qu'elles étaient perçues à l'étranger comme caractéristiques de la culture écossaise. On a dénoncé les conceptions « dominantes » de la culture écossaise comme autant de fictions destinées à occulter la réalité de la nation telle que la vivait le peuple au quotidien ; ces conceptions ont été remises en cause de diverses façons : dans des expositions (« Scotch Myths » de Murray Grigor[1]), des livres (*Scotch Reels* de Colin MacArthur[2]) ou des articles (voir par exemple toute la série d'articles publiés dans *The Bulletin of Scottish Politics*, n° 2[3]).

À la base de cette opération de déconstruction on trouve des ouvrages comme *The Break-up of Britain*[4] dans lequel Tom Nairn analyse les échecs de la culture écossaise, ou l'étude de Hugh Trevor Roper sur l'invention du kilt dans *The Invention of Tradition*[5] ou encore les différentes publications traitant de la célèbre invention par Walter Scott d'un monarque « scotticisé » lors de la visite

1. Grigor M. et B., « Scotch Myths : An Exploration of Scotchness », 1981. Dans l'introduction au catalogue de l'exposition, Murray Grigor affirme : « Notre but principal est de remettre en question une culture qui continue à donner d'elle-même l'image de stéréotypes nationaux déformés » et dans le texte de clôture, Duncan Macmillan compare la culture écossaise à un poulet sans tête : « Ce que nous avons là, est-ce le cadavre décervelé de ce qui fut autrefois une créature complète ? »
2. MacArthur C., *Scotch Reels,* Londres, British Film Institute, 1982.
3. *The Bulletin of Scottish Politics*, vol. 1, n° 2, printemps 1981, p. 56-86.
4. Nairn T., *The Break-up of Britain*, Londres, Verso, 1981.
5. Trevor-Roper H., « The Highland Tradition of Scotland », dans *The Invention of Tradition,* Eric Hosbawm et Terence Ranger (éd.), Cambridge University Press, 1983, p. 29.

de George IV en Écosse en 1822.[6] Toutes ces analyses convergentes affirmaient, dans l'ensemble, que depuis deux cents ans (depuis les poèmes d'Ossian de Macpherson jusqu'à l'émission de télévision *The White Heather Club* d'Andy Stewart) l'« identité écossaise » n'était qu'un amalgame d'anecdotes fictionnelles, d'histoires fausses et de contrevérités historiques. Loin d'être une nation, historiquement ou potentiellement, l'Écosse était une entité politique et intellectuelle totalement schizophrénique, trompée par les images mythiques et illusoires de sa propre identité jusqu'à concevoir une conscience sentimentale de sa différence par rapport au reste du monde en porte-à-faux avec les réalités de l'expérience vécue. La démystification des mythes allait, selon ces auteurs, rendre l'Écosse aux Écossais : la correction des distorsions qui jusque là entravaient toute action politique, allait permettre aux Écossais d'affronter les défis posés par leur véritable environnement et ce processus commencerait par l'acceptation de l'échec fondamental de leur culture.[7]

Peu des grands artistes et écrivains écossais et aucun des moins grands n'ont résisté à cette analyse : les portraits par Raeburn des chefs des Highlands ont contribué à l'élaboration de la notion de *tartanry*; les romans de Walter Scott présentent une vision fausse et rétrograde de l'Écosse, occultant la véritable histoire de son époque; John Galt a été l'initiateur du sentimentalisme provincial de l'« école du jardin potager » (*Kailyard school*) qui a inspiré les écrivains de la fin du XIXe siècle; l'utilisation par Robert Burns de la culture populaire a conduit au sentimentalisme bucolique de la poésie en langue écossaise du XIXe ; même les quelques sommités qui ont adopté un mode d'écriture « international » (comme David Hume et Adam Smith) ont été accusées d'avoir, du fait même de leur résistance aux traditions locales, désagrégé le psy-

---

6. Voir, par exemple, Prebble J., *The King's Jaunt: George IV in Scotland, August 1822*, Londres, Collins, 1988.

7. Dans *The Bulletin of Scottish Politics*, vol. 1, n° 2, Lindsay Paterson écrit, par exemple : « La décentralisation de la démocratie va exiger bien plus que la simple mise en place des institutions sociales correspondantes [...] elle va aussi exiger un désir de participation, un élan populaire pour aider à modeler l'avenir de la société. Un tel projet va ensuite exiger une image nationale capable d'inspirer un changement social plutôt que de fournir un moyen de surseoir à cette nécessité. Ce projet exige une idéologie nationale, l'idée d'une Écosse qui s'engage dans la réalité sociale et non dans un fantastique conte de fées des Highlands » (p. 71).

chisme écossais, vouant leurs successeurs à l'échec.[8] La culture de l'Écosse n'était donc qu'un potentiel non abouti; les plus grands auteurs n'étaient tous, d'une manière ou d'une autre, que des génies manqués; les meilleurs réalisations, aussi bonnes fussent-elles, ne l'étaient jamais suffisamment pour ne pas être accusées de contribuer aux mensonges sentimentaux entretenant la fausse image que la nation avait d'elle-même.

Lorsque l'on considère l'analyse qui a été faite de la culture écossaise jusqu'à la fin des années quatre-vingt, il apparaît de façon frappante que même les auteurs qui se sont attachés à rechercher et à célébrer les réalisations écossaises du passé, l'ont fait sur un arrière-fond de déclin et d'échec inévitables. David Craig par exemple, dans *Scottish Literature and the Scottish People, 1680-1830*, présente le passé de l'Écosse comme une réalisation faussée, fruit des effets destructifs des conflits internes et de l'arriération, vouée à l'échec :

> Après le déclin de l'Édimbourg de l'époque de *The Review* et de Scott, l'Écosse n'a plus de classe littéraire locale qui puisse être considérée comme représentative des grands esprits de la société.[9]

---

8. La lecture qu'Alasdair MacIntyre fait de David Hume est particulièrement représentative de ce phénomène : il voit dans le plus grand des philosophes écossais l'auteur qui a signé la fin de la tradition de pensée écossaise en tant que telle : « Hutcheson a donc suscité un nouveau type de conflit au sein de la vie intellectuelle écossaise et il a lui-même fixé les termes du débat, ce qui marque bien son importance. Rétrospectivement, il est facile de voir dans ce conflit la continuation des débats internes à la tradition écossaise. Après tout, les participants au débat étaient tous des Écossais. Il s'agissait cependant d'un conflit qui remettait en cause la pérennité de la tradition écossaise. Ce que représentait Hume, dans presque tous les aspects importants de son œuvre, et de fait ce que Smith allait lui aussi représenter, malgré son statut d'élève le plus éminent et le plus apprécié d'Hutcheson, c'est l'abandon des modes de pensée spécifiquement écossais au profit d'une approche nettement anglaise et anglicisée de la vie sociale et de son contenu moral », *Whose Justice? Which Rationality?*, Londres, Duckworth, 1981, p. 280.
9. Craig D., *Scottish Literature and the Scottish People*, Londres, Chatto and Windus, 1961, p. 287. C'est, sans doute, dans son essai « Burns and the Scottish Culture » (dans *The Voice of Scotland A Quarterly Magazine of Scottish Arts and Affairs*, de Hugh MacDiarmid, vol. VII, n° 3-4, p. 28) que Craig expose le plus directement sa vision de la culture écossaise : « Dans une culture aussi mince et aussi mal positionnée que la culture écossaise, les conflits de société mènent presque immanquablement au gâchis et à la confusion. L'esprit nationaliste a largement investi la religion évangéliste, sous une forme souvent extrême, mais son esprit (de résistance pure et sans aucune compromission au matérialisme et au pouvoir matériel) était incompatible avec l'éthique qui était prônée [...]. Par l'intermédiaire de "la grâce", la foi religieuse se justifiait par la propre conscience qu'avait chacun de l'inspiration et du salut

Dans *The Democratic Intellect*[10], un ouvrage qui a lui-même atteint un statut presque mythique dans la culture écossaise moderne, George Davie s'attache lui aussi à l'étude de l'échec du concept qu'il considère comme essentiel à la distinction culturelle écossaise. C'est justement Davie qui attribue l'échec de la culture écossaise non pas à quelque problème systémique inhérent à l'expérience écossaise ou aux accidents de l'évolution historique mais à une « défaillance », un manque d'audace.

> Il y a eu une défaillance, un manque d'audace intellectuelle de la part des Écossais [...]. Les universités écossaises, dans leur désir de participer à la mode impériale des réceptions et des célébrations officielles ont soudainement tourné le dos au cortège des personnalités locales dont la mémoire avait jusque là, inspiré la longue aventure de l'esprit démocratique. Un oubli général a alors englouti tous les héros de la culture écossaise depuis l'époque de la Renaissance et de la Réforme [...]. Ainsi, au moment précis où les pays voisins s'intéressaient de plus en plus à leur histoire, les Écossais perdaient le sens de leur passé ; leurs principales institutions, y compris les universités, se déclaraient farouchement résolues à « ne plus être prisonnières de leur propre histoire » pour reprendre une expression en vogue dans l'Écosse du début du XXᵉ siècle.[11]

Pour Davie, l'échec de la tradition de l'esprit démocratique n'est ni l'aboutissement inévitable de processus historiques ni la conséquence obligée d'intérêts propres à certains groupes de la société : en parlant de « défaillance », Davie implique qu'une autre voie aurait pu être suivie si les parties en présence n'avaient pas flanché dans l'adversité, ne s'étaient pas résignées à une issue qui n'était pas inéluctable. Avec un peu plus d'audace, les traditions écossaises auraient pu être conservées au XXᵉ siècle. Le volontarisme de cette position est bien sûr accablant pour ceux qui ont échoué à ce

---

divins ; le droit des paroissiens à exercer cette conscience en décidant eux-mêmes de la personne qui serait leur ministre du culte a constitué le principal problème à l'origine de la division de l'Église d'Écosse et de la rupture de 1843. C'est l'une des nombreuses et profondes désunions qui ont épuisé les énergies de l'Écosse du XVIIIᵉ siècle par la dispute et l'amertume partisane, d'ailleurs caractéristiques de la race, pour en arriver à imposer un idiome d'une monotonie abrutissante sur le plan religieux, politique ou poétique, une partialité d'une inhumanité extrême, dans le cadre desquelles les positions se définissaient davantage par la violence des oppositions que par des valeurs positives. »

10. Davie G., *The Democratic Intellect*, Edinburgh University Press, 1961.
11. *Ibid.*, p. 337.

test d'« audace », mais il est en même temps libérateur pour les générations qui suivent. La tradition perdue par la lâcheté d'une génération peut être reconquise par le courage d'une autre ; un raffermissement intellectuel pourrait permettre de récupérer ces valeurs perdues puisque justement leur perte n'avait rien d'inévitable. C'est d'ailleurs l'idée centrale d'un autre livre de Davie, *The Crisis of the Democratic Intellect*.[12] Dans cet ouvrage, il montre comment les débats qu'il avait, dans son livre précédent, déclarés clos à la fin du XIXe siècle se sont, en fait, poursuivis jusqu'aux années vingt, et il suggère que le courage de certains n'a pas flanché dans la première de ces périodes, même s'il allait flancher dans la seconde.

Il y a deux points à préciser sur la façon dont Davie conçoit l'échec écossais. D'abord sa conception subordonne la réussite d'une culture à la force psychologique de son intelligentsia, laissant complètement de côté la culture « populaire » de la nation ; ensuite, sa terminologie fait appel à une longue tradition de l'écriture dans laquelle « la crainte » apparaît comme un élément fondamental de l'expérience écossaise. Dans la culture laïcisante de la fin du XIXe siècle, « la crainte de Dieu » des calvinistes s'est transformée en une morale séculière se définissant surtout en terme de crainte. La « défaillance » du pays en cette fin du XIXe siècle n'est que la généralisation d'un phénomène que l'on retrouve dans de nombreux romans de l'époque, *The Master of Ballantrae* de Stevenson par exemple ou encore *The House with the Green Shutters* de Douglas Brown.[13] Ce dernier livre dépeint justement l'expérience écossaise sous la forme d'une société déchirée par la peur dans laquelle les personnages principaux sont jugés en fonction de leur incapacité à maîtriser leur lâcheté. En attribuant l'échec de la culture écossaise dans son ensemble à une cause semblable, Davie établit un leitmotiv qui sera par la suite repris dans de nombreuses analyses historiques.

Ainsi Marinell Ash, dans son étude des traditions écossaises, impute leur déclin aux mêmes causes que Davie :

Pourquoi, malgré l'immense influence de Scott sur les historiens de l'Europe du XIXe siècle, l'histoire écossaise s'est-elle si grossière-

---

12. Davie G., *The Crisis of the Democratic Intellect*, Édimbourg, Polygon, 1986.
13. Voir à ce propos ma propre analyse « Fearful Selves : Character, Community and the Scottish Imagination », *Cencrastus*, n° 4, hiver 1980-1981, p. 29 à 32.

ment fourvoyée dans la seconde moitié de ce siècle ? C'est en Écosse qu'il faut chercher la réponse à cette question. De nombreux historiens ont souligné que de spécifiquement écossaise, la société était passée vers le milieu du XIXᵉ siècle à une société (ou à plusieurs sociétés) d'orientation britannique, voire impériale. Pourtant cette époque où l'Écosse cessait d'être une entité distincte, confiante en sa propre spécificité est aussi l'époque où l'on a commencé à dénoncer les pièges sentimentaux du passé. C'est un paradoxe supplémentaire dont les symboles sont la chère Écosse des bens et des glens, les cabanes de berger dans la brume, les Jacobites, Marie reine d'Écosse, la tartan mania et le développement de la statuaire historique.

Il y a eu une défaillance historique.[14]

Cette « défaillance historique » correspond à une incapacité à entretenir un véritable savoir historique et à voir dans le passé autre chose qu'un mythe. L'histoire était là, ne demandant qu'à être comprise, les outils pour le faire étaient là mais l'intelligentsia a failli. Allan Massie a recours à une explication similaire dans son analyse du roman écossais du XIXᵉ siècle :

De deux choses l'une : soit les romanciers écossais du XIXᵉ siècle ne se jugeaient capables que de traiter des scènes de la vie rurale, soit ils étaient attirés par les histoires d'amour au décor plus prestigieux parce qu'appartenant au passé. Il n'est pas […] injuste de voir là une défaillance, à la fois un manque d'audace et d'imagination […]. Cela pose un problème que personne en Écosse n'a pu résoudre de façon satisfaisante. Comment écrire sur une société d'emprunt ?[15]

D'après Massie, les écrivains écossais auraient pu écrire différemment, ils auraient pu être plus compétents, être moins attirés par le factice si, une fois encore, l'audace ne leur avait pas fait défaut, s'ils n'avaient pas capitulé devant les mythes qui faisaient de l'Écosse une illusion. On a donc, à chaque fois, l'évocation d'une histoire parallèle en comparaison de laquelle la réalité de l'histoire de l'Écosse apparaît déficiente ; cette contre-hypothèse n'est cependant pas simplement suggérée rétrospectivement par l'exégète, elle est présentée comme une réalité qui aurait pu se concrétiser si les

---

14. Ash M., *The Strange Death of Scottish History*, Édimbourg, Ramsay Head Press, 1980, p. 10.
15. Massie A., recension de Francis Hart, *The Scottish Novel*, *The London Magazine*, octobre 1979.

personnes concernées n'avaient pas failli. L'authentique histoire de l'Écosse est celle qui aurait existé avec un peu d'audace ; son histoire factuelle n'est donc pas seulement voilée d'un faux prestige de passés truqués, elle est, elle-même, une histoire truquée, la représentation « d'emprunt » d'une réalité et non la réalité elle-même.

L'hypothèse de la « défaillance » qui aurait affecté l'évolution de la culture écossaise n'est qu'une facette d'une problématique plus large selon laquelle la culture écossaise ne peut se comprendre qu'en fonction de ce qui ne s'est *pas* passé et non en fonction de ce qui s'est *effectivement* passé. C'est une idée qui a été développée récemment par Colin Kidd dans son ouvrage *Subverting Scotland's Past*. Il s'attache d'abord à comprendre non pas ce qui s'est passé en Écosse mais ce qui ne s'est pas passé :

> Cette facile acceptation d'idéaux anglais par la culture politique écossaise est très probablement liée au vide idéologique qui caractérise l'histoire moderne de l'Écosse et dont les causes posent d'ailleurs un second problème historique dans le cadre de cette étude. Au XIXᵉ siècle, les Écossais, au contraire des Irlandais, des Italiens, des Hongrois, des Polonais et de la plupart des autres nations d'Europe privées d'autonomie politique effective, sont passés à côté d'un véritable nationalisme « romantique ». Le mouvement nationaliste qui s'est effectivement développé plus tard, dans la seconde partie du siècle, est resté le parti d'une minorité.[16]

Colin Kidd impute ensuite ce « vide » à une sorte d'équivalent de la « défaillance », ce qu'il appelle la « dissolution de la confiance historique écossaise au XIXᵉ siècle » (*SSP*, p. 7). La nation a perdu confiance en son propre passé, a perdu le contact avec son propre passé et s'est soumise à des constructions de son identité plus anglo-britanniques que scoto-britanniques. Il faut bien chercher l'explication de cette dissolution dans des causes psychologiques de ce genre puisqu'il apparaît que l'Écosse était, de fait, l'un des pays d'Europe les plus riches en matériaux favorables à l'épanouissement d'un « nationalisme romantique ».

En 1689, les whigs écossais disposaient de tous les ingrédients dont les intellectuels européens allaient, un siècle et demi plus tard, se

---

16. Kidd C., *Subverting Scotland's Past : Scottish Whig Historians and the Creation of an Anglo-British Identity*, Cambridge University Press, 1993, p. 1 ; ouvrage référencé dans la suite du texte par les initiales *SSP*.

servir pour créer les mouvements nationalistes. Les Écossais for-
maient une « nation historique », ils avaient dans l'histoire une
place en tant que communauté politique indépendante et viable, au
contraire de bien d'autres « nations potentielles » d'Europe, qui encore soumises à des empires dynastiques pluri-ethniques étaient en
mal d'un passé historique dont elles pussent être fières et furent
contraintes de recourir aux contrefaçons et aux gloires inventées
d'intellectuels du xixᵉ siècle pour construire leur nationalisme. En
tant que vieille nation bien établie, l'Écosse disposait également
d'un discours politique de tradition éminemment ethnocentrique
dans lequel étaient clairement définis pour les whigs écossais les
notions d'indépendance nationale et de liberté constitutionnelle par
rapport aux rois tyranniques. Les chroniqueurs, les humanistes et
les archéologues de l'Écosse du haut Moyen Âge et du début de
l'époque moderne avaient créé une formidable idéologie de la nation écossaise qui aurait pu, telle quelle, nourrir un nationalisme libéral à venir et dans l'intervalle entretenir une solide identité whig.
(*SSP*, p. 28, 29)

Puisque tous les éléments nécessaires étaient réunis et accessibles,
l'absence de concrétisation politique et culturelle ne peut donc
être attribuée qu'à quelque défaut essentiel de l'élite intellectuelle
écossaise qui n'a pas été en mesure de construire sur ces fondements et a préféré s'aligner sur les idéaux et le passé anglais. C'est
ainsi que le passé de l'Écosse a perdu toute signification par rapport au présent :

> Le passé de l'Écosse est resté vivant et spécifique mais il a été dé-
> possédé de toute signification idéologique. Tandis que la menace
> des Jacobites s'éloignait, le sous-genre de l'histoire des Stuart a
> perdu son rôle partisan pour ne survivre que sous la forme d'une
> historiographie stérile au service de la couleur locale et du roman-
> tisme. (*SSP*, p. 210)

Cette déperdition marque de façon définitive l'échec de la culture
dans son ensemble. Le problème n'est cependant pas propre à
l'Écosse, il s'agit d'un débat qui concerne la culture du
xixᵉ siècle en général et dans lequel le nationalisme joue un rôle
fondamental. Il apparaît, en effet, que pour éviter l'échec, toute
culture devait impérativement s'affirmer en tant qu'entité nationale et imposer la signification idéologique de son passé national.
C'est un raisonnement qui repose sur une conception normative
de la culture du xixᵉ siècle à laquelle ne satisfait pas la culture

écossaise; c'est un raisonnement qui tourne en rond: la culture écossaise est défaillante; son échec est imputable à son incapacité à produire un nationalisme romantique; l'absence de nationalisme romantique prouve sa défaillance. On en conclut implicitement qu'il n'y a pas d'autre moyen de comprendre la culture écossaise: il faut nécessairement partir de son échec et on ne peut juger de sa réussite que par rapport à ce modèle imposé. On pourrait cependant arriver à des conclusions bien différentes en cessant d'utiliser des critères tout à fait inadaptés à la société considérée. C'est ce qu'explique succinctement Graeme Morton:

> Il est peu pertinent de juger l'Écosse en terme d'État-nation potentiel dans la mesure où cette question ne se posait guère à l'époque. L'État victorien n'était pas centralisé par nature. Une campagne pour un État écossais de type Westminster (c'est-à-dire centralisé) eût été en complète contradiction avec les idées de l'époque. Le nationalisme écossais, le sous-nationalisme culturel écossais et la culture écossaise, à supposer qu'il soit possible de les distinguer au XIXᵉ siècle, doivent se comprendre par référence à une bourgeoisie qui avait tous les pouvoirs nécessaires pour gouverner sa propre société [...]. Nationalisme et politique pouvaient parfaitement être menés de front par la bourgeoisie écossaise au niveau local.[17]

D'où vient donc cette idée de « défaillance » de la culture écossaise? De façon peut-être paradoxale, c'est une idée développée par la génération qui a cherché à réaffirmer l'identité écossaise après la Première Guerre mondiale, la génération de la « Renaissance écossaise ». Selon de nombreuses analyses de l'Écosse moderne, c'est cette génération héroïque qui, par ses efforts, a rendu possible le renouveau d'une culture écossaise moderne et authentique et a sauvé l'Écosse après l'échec de la culture du XIXᵉ siècle. Dans une certaine mesure, cela n'a pu se faire que par l'engagement effectif de ces écrivains dans un mouvement nationaliste qui a redonné une dimension politique à leurs activités culturelles. Ce qui est cependant frappant, c'est que le sauvetage de la culture nationale ne s'est pas fait en mobilisant le passé du pays dans un élan nationaliste vers la construction d'une identité nationale renouvelée mais au contraire en déniant à la culture passée tout rôle dans

---

17. Morton G., thèse non publiée, Université d'Édimbourg.

ce renouveau. Le nationalisme du mouvement de la Renaissance écossaise est très problématique dans la mesure où il a précisément cherché à reléguer une bonne part des grandes réalisations culturelles du passé dans la catégorie de l'histoire truquée, une histoire réalisée mais non conforme à la véritable signification de l'identité écossaise.

Pour beaucoup, la culture moderne écossaise doit son existence à Hugh MacDiarmid, figure créatrice exceptionnelle de ce mouvement de la Renaissance écossaise, qui a marqué par son œuvre originale et son souffle polémique non seulement ses contemporains mais aussi les générations suivantes d'auteurs écossais. L'idée de la « renaissance » pose cependant problème s'il faut la relier à Mac-Diarmid car si ce dernier souhaitait une renaissance de la culture écossaise, ce n'était certainement pas une renaissance qui préserve ou revitalise beaucoup d'éléments du passé. S'il est presque toujours vrai que les nationalistes sont attachés à la transformation d'une nation préexistante en fonction d'un certain idéal, il est, en revanche, bien rare que les nationalistes souhaitent se débarrasser des grandes figures de leur histoire nationale surtout lorsqu'il est possible de leur prêter des sympathies nationalistes. Avec Mac-Diarmid, la Renaissance écossaise correspondait davantage à la naissance d'une scotticité toute neuve qu'à la renaissance d'une scotticité ancienne ; s'il s'agissait de retrouver une scotticité passée, cela devait se faire en niant presque tout ce qui avait représenté la scotticité depuis quatre siècles. Ainsi, faisant l'éloge d'Edwin Muir (à l'époque où tous deux étaient encore alliés au sein du mouvement de la Renaissance écossaise), MacDiarmid commence par déclarer que « la majorité des auteurs écossais des cent dernières années étaient dépourvus des capacités intellectuelles nécessaires à une carrière internationale, voire nationale, tout bien considéré »[18] ; l'étendue de cette déficience est ensuite soudainement augmentée pour inclure tous les auteurs depuis les poètes du XVe siècle :

> L'Écosse s'est par conséquent insularisée et s'est contentée de produire des œuvres qui ne reflétaient que sa dégénérescence et son infériorité intellectuelle aux yeux de tous les autres pays européens.

---

18. MacDiarmid H., *Contemporary Scottish Studies,* Édimbourg, *The Scottish Educational Journal,* p. 31 ; ouvrage référencé dans la suite du texte par les initiales *CSS.*

La plupart des auteurs écossais célébrés par leurs contemporains étaient même (ou sont encore) trop « inconscients » pour éprouver un sentiment de frustration. Ils étaient trop dépourvus d'intégrité artistique. C'est en cela que Muir se distingue si nettement de la grande majorité, voire de tous ses prédécesseurs depuis l'époque des « Auld Makars », à la fois comme critique et comme créateur. (*CSS*, p. 31)

L'ensemble de la tradition écossaise est atteinte par la même maladie, une maladie qui remonte à la Réforme puisque « si l'on n'admet pas que les voies religieuses et politiques que nous avons poursuivies se sont interposées entre nous et la réalisation de nos potentiels les plus prometteurs, il est impossible d'expliquer notre relative stérilité » (*CSS*, p. 32). La « renaissance » que propose MacDiarmid est donc fondée sur la négation de la quasi-totalité de l'histoire de la culture écossaise. À propos de Francis George Scott, MacDiarmid affirme que la tradition populaire est « indéniablement l'une des plus belles du monde » (*CSS*, p. 32) mais qu'elle n'a été utilisée par aucun auteur moderne pour établir un pont entre l'art populaire et le grand art ; cependant, lorsqu'il s'exprime sur Burns, les potentialités de la tradition populaire s'envolent et toute possibilité de pont disparaît, Burns n'est plus qu'un poète qui n'est pas parvenu à exploiter pleinement son talent :

> Burns est probablement le poète lyrique le plus puissant que le monde ait connu. Il est bien caractéristique de l'histoire culturelle écossaise qu'un tel Pégase ait dû se mettre en attelage avec le plus lourd des chevaux de trait, que la puissance de son chant ait été muselée aussi prosaïquement, que son talent d'exception ait dû se manifester derrière une telle gamme sans intérêt de lieux communs les plus banals. Il est tout aussi caractéristique de l'histoire culturelle écossaise que même ainsi il soit apprécié pour la forme conformiste de son œuvre, pour tout ce qui est justement étranger à son génie, le masque et le dépare plutôt que pour l'essence de son génie lui-même. (*CSS*, p. 114)

Burns n'est pas considéré comme le poète qui a cherché à exploiter la plus belle tradition populaire du monde, il devient une sorte de MacDiarmid, un talent prométhéen entravé par les insuffisances de la culture qui se trouve être la sienne :

> Ce qui est tragique chez Burns c'est que ce grand poète a vécu à une époque et dans un contexte désespérément peu propices à

l'exercice de son art et que par conséquent il n'a pas pu accéder à un plan intellectuel en rapport avec son génie lyrique ; il y a un fossé béant entre sa matière et sa manière, entre son envergure en tant que poète et le genre de poésie auquel il s'est trouvé limité en raison de son manque d'ouverture, entre ses capacités et l'œuvre qu'il a effectivement produite et l'influence que cette œuvre a eue. (*CSS*, p. 113)

Ces mêmes arguments, formulés en 1926, seront plus tard utilisés par Edwin Muir à propos de Walter Scott dans *Scott and Scotland* (1936) :

> ... les hommes qui possèdent un génie aussi considérable que celui de Scott ont rarement ses défauts ; ils peuvent en avoir d'autres mais pas précisément les siens ; j'en suis donc venu nécessairement à chercher dans son environnement la raison de ce hiatus, en invoquant le fait – si le lecteur veut bien admettre qu'il s'agit d'un fait – qu'il a passé la majeure partie de sa vie en plein hiatus, dans un pays qui n'était ni une nation ni une province et avait en son milieu, au lieu d'un centre, un vide, un Édimbourg. Mais ce néant dans lequel écrivait Scott n'était pas seulement un néant spatial, c'était aussi un néant temporel parsemé de quelques personnalités sans rapport les unes avec les autres, placées à des intervalles divers : Henryson, Dunbar, Allan Ramsay et Burns que seul un rudimentaire contrefort de ballades et de chants populaires empêchait de tomber.[19]

En d'autres termes, les auteurs du mouvement de la Renaissance écossaise ont jeté hors du panthéon de la culture les écrivains écossais qui avaient justement eu la plus grande influence sur la littérature européenne et dont l'œuvre représentait l'essai le plus convaincant d'utilisation d'une tradition populaire qui était « indéniablement l'une des plus belles du monde ».

Bien sûr, MacDiarmid et Muir écrivaient tous deux dans l'ombre de la formidable transformation apportée à la critique par les premiers ouvrages d'Ezra Pound et de T.S. Eliot et qui allait bientôt déboucher sur une véritable école de critique grâce au travail d'auteurs tels que I.A. Richards. D'un côté, ce mouvement renforçait le caractère central d'une tradition poétique résolument anglaise, marginalisant un poète comme Burns, par exemple, au profit des productions d'un Woodworth ; d'un autre côté la poésie

19. Muir E., *Scott and Scotland*, Londres, Routledge, 1936, p. 11-12.

romantique se trouvait dévalorisée au profit notamment de l'écriture du XVIIᵉ siècle. Les deux grandes figures créatrices écossaises des deux siècles précédents ayant écrit respectivement au début et à la fin de la période romantique étaient donc exposées à la critique de cette nouvelle esthétique pour laquelle toute littérature marquait une décadence par rapport aux normes élisabéthaines et jacobéennes. Mais si MacDiarmid et Muir ont adopté cette perspective ce n'est pas simplement pour imposer cet « internationalisme » que MacDiarmid retrouve et loue dans la critique de Muir ; ni même pour imposer un nationalisme différent mais positif dont le but aurait été de retrouver une scotticité fondamentale. Je suggérerai qu'il s'agissait plutôt justement d'une « défaillance », d'une incapacité à défendre les points forts de leur propre tradition culturelle par rapport à ses faiblesses, une incapacité à favoriser les potentialités de leur culture quand il était plus facile de la nier en bloc.

Lorsque l'on considère la période 1920-1970, il est frappant de constater que ceux qui attaquent la culture écossaise et ceux qui aspirent à une renaissance de cette culture sont d'accord sur une question fondamentale : l'absence de valeurs qui la caractérise depuis la Réforme. Loin d'avoir réuni les conditions nécessaires à la renaissance d'une culture écossaise, le mouvement de la Renaissance, du moins par les écrits de ses chefs, a creusé la tombe de la culture passée, une tombe qui allait aussi accueillir leurs propres œuvres, de façon qu'il soit ensuite possible de répéter pour chacun d'entre eux ce que MacDiarmid avait dit pour Burns : il « a vécu à une époque et dans un contexte désespérément peu propices à l'exercice de son art et par conséquent il n'a pas pu accéder à un plan intellectuel en rapport avec son génie lyrique » (*CSS*, p. 113). Citons à ce propos un poème de MacDiarmid.[20]

Just as Frenchmen, loathing war,
With the intelligent distaste of that paradoxical nation,
Fought for Anatole France and the Louvre,
Germans for Bach, Beethoven, and Bierhalle,
Italians for Verdi and the Sistine Chapel.

We Scots have nothing to fight for like any of these.

20. MacDiarmid H., *The Complete Poems of Hugh MacDiarmid*, éd. Grieve et Aitken, Londres, Martin, Brian & O'Keefe, 1978, vol. I, p. 628.

Comme les Français qui détestent la guerre
Avec le déplaisir intelligent de cette nation paradoxale
Se sont battus pour Anatole France et le Louvre,
Les Allemands pour Bach, Beethoven et la Bierhalle,
Les Italiens pour Verdi et la Chapelle Sixtine.
Nous autres Écossais n'avons rien de tel à défendre.

On a souvent expliqué les limites du mouvement de la Renaissance écossaise par l'inexistence d'un nationalisme politique capable de le soutenir (au contraire de la situation en Irlande par exemple), chacun des grands écrivains écossais se trouvant très isolé de la culture qu'il aspirait à sauver. Cette interprétation correspond à l'idée que l'Écosse n'a connu que « tardivement » le nationalisme qui a caractérisé l'Europe du XIXᵉ siècle, si tardivement que le nationalisme écossais ne s'est pas organisé en parti politique avant 1920 et n'a pas obtenu de véritable succès électoral avant les années soixante.[21]

Mais peut-être sommes-nous ici victimes d'un certain aveuglement dû à la façon dont on en est venu à comprendre le « nationalisme » et les processus politiques de l'État moderne.

Les essais de MacDiarmid, initialement publiés dans *The Scottish Educational Journal,* vers 1920, ont été réédités dans les années soixante-dix. Dans l'introduction à cette réédition, MacDiarmid saisit l'occasion de s'attaquer à John Buchan, laissant entendre que les valeurs chères à celui-ci transparaissaient dans son commentaire selon lequel « mis à part l'audacieuse expérience du fascisme, la décennie n'a pas fourni de grandes figures politiques constructives » (*CSS*, iv).

Presque quarante ans après la mort de Buchan et cinquante ans après certains autres commentaires de MacDiarmid sur le fascisme, le désir de ce dernier de se démarquer de Buchan est révélateur ; en effet, au début du siècle, Buchan a été l'une des sources d'inspiration de MacDiarmid et l'un des plus ardents défenseurs de la poésie en écossais. Buchan a également été l'un des vaillants

---

21. Voir mon analyse de cet aspect de la construction de l'expérience écossaise dans *Out of History*, Édimbourg, Polygon, 1986, chap. 4 « Absences ».

pourfendeurs des effets débilitants de la *Kailyard school*, qu'il a attaquée dès 1897 dans un débat de l'Oxford Union, faisant « une présentation frappante de la nature de la véritable Écosse, du charme
romantique et de l'ironie de son histoire en opposition avec la
conception étroite et provinciale du caractère écossais tel que dépeint par ces auteurs ».[22] Pendant la Première Guerre mondiale,
Buchan a écrit une préface à l'ouvrage de Violet Jacob *Songs of
Angus* et publié en 1917, dans une édition à tirage limité un recueil
de vingt-huit poèmes, moitié en anglais, moitié en écossais. En
1924, il a publié *The Northern Muse*, anthologie de poésies en écossais depuis Dunbar jusqu'à la fin du XIXᵉ siècle que MacDiarmid
lui-même a salué, y voyant

> un équivalent pour la poésie écossaise de *The Golden Treasury* de Pal-
> grave pour la poésie anglaise [...] un livre de référence, comblant
> enfin un douloureux manque d'une façon susceptible de donner
> une telle impulsion à la poésie écossaise qu'il restera un monument
> de notre histoire littéraire...

De plus Buchan a apporté une aide directe à MacDiarmid dans sa
carrière journalistique, si bien que l'ouvrage de MacDiarmid
Annals of the Five Senses (1923) lui est dédié et qu'on lui a demandé
d'écrire une introduction au premier recueil de poèmes en écossais
publié par Grieve, *Sangschaw* (1925). La contribution de Buchan à
la régénération de l'écriture en écossais a été telle que MacDiarmid
a dit de lui qu'il était « le doyen de la faculté des lettres écossaises
contemporaines » (*JB*, p. 191).

Dans ce contexte, l'attaque de MacDiarmid contre Buchan
semble peu généreuse ; il convient cependant de préciser que Buchan représentait un genre de nationalisme très en vogue au
XIXᵉ siècle, un nationalisme qui, loin d'être en révolte contre
l'Union et l'Empire britannique, trouvait son épanouissement au
sein de ses structures politiques. En d'autres termes, il s'agissait
d'un nationalisme qui ne cherchait pas à renverser les structures
politiques en place mais aspirait à maintenir et à développer le statut de quasi-indépendance de l'Écosse au sein de ces structures.
L'aspect paradoxal de la situation de MacDiarmid provient non
pas de sa position de poète écossais en révolte contre les pouvoirs

---

22. Lownie A., *John Buchan, the Presbyterian Chevalier*, Londres, Constable, 1995, p. 53 ;
ouvrage référencé dans la suite du texte par les initiales *JB*.

colonialistes de l'État britannique mais contre la culture florissante d'un nationalisme unioniste qui avait déjà très largement fait usage des « ingrédients idéologiques à partir desquels les intellectuels européens allaient, un siècle plus tard, créer leurs mouvements nationalistes ». Si donc le nationalisme de MacDiarmid est si « vide » et n'existe que par la négation des réalisations passées c'est en fait parce que la tradition « nationale » écossaise du XIXe siècle tout en étant particulièrement riche ne voyait pas la nécessité de revendiquer plus que l'autonomie (*Home Rule*) au sein de l'Union ou l'indépendance au sein de l'Empire. Sans souhaiter une indépendance politique, Buchan déclarait dans son deuxième discours à la Chambre des Communes : « Je crois que tout Écossais devrait être un nationaliste écossais au vrai sens du terme » (*JB*, p. 211) ; sa position s'inscrivait directement dans le prolongement de celle de Walter Scott dont il a publié une biographie en 1932, précisant dans la préface : « C'est un livre que je me devais d'écrire car j'ai eu la chance d'être né et d'avoir grandi dans l'ombre de cette grande tradition. » (*JB*, p. 186)

Voir dans l'écriture écossaise du XIXe siècle une « grande tradition », voilà qui était impossible à MacDiarmid comme à Muir ; leur négation des traditions réunissant Burns, Scott et Stevenson les privait des éléments sur la base desquels un nationalisme écossais moderne aurait pu fonder un passé littéraire, une mythologie, une « ethnie ».[23] Bien que MacDiarmid ait fini par considérer Muir lui-même comme partie prenante de la tradition de Scott et Buchan[24], ils se sont tous deux pareillement employés à vider la cul-

---

23. En français dans le texte.
24. Voir par exemple « Notes on our Forerunners, Sir Walter Scott » publié par MacDiarmid dans *The Voice of Scotland*, vol. II, n° 1, juin-août 1939 : « Comment expliquer, à ce tournant des affaires écossaises, les prises de position pro-Scott non seulement d'unionistes comme lord Tweedsmuir ou Sir Herbert Grierson mais aussi de socialistes notoires comme M. Edwin Muir ? Ce que l'on peut dire de *Scott and Scotland* s'applique aussi aux écrits de lord Tweedsmuir et de Sir Herbert Grierson à plus d'un titre. *Scott and Scotland* est une réaffirmation des arguments littéraires en faveur de l'unionisme écossais, cette caste de laquais mis à profit par l'impérialisme anglais pour perpétuer le statut provincial de l'Écosse et faciliter son exploitation ; cet ouvrage a pour but de discréditer les idées du mouvement de la Renaissance écossaise et pis encore, pour annihiler ce mouvement littéraire et le mouvement politique qu'il a suscité, de réconcilier avec l'autorité anglaise l'opposition et les voix qui se sont élevées dans le cadre de la Renaissance et sont désormais sans objet. » (p. 26-27)

ture écossaise de toutes ses réalisations significatives ; ils ont créé un désert et l'ont nommé commencement de la victoire. Dans son introduction à la réédition de *Contemporary Scottish Studies*, Mac-Diarmid admet qu'« on ne peut prétendre que l'objectif principal du Mouvement [de la Renaissance écossaise] ait été atteint » puis il définit cet objectif comme « l'émergence d'un génie spécifiquement écossais » (*CSS*, iv). Le problème est qu'il fallait que ce génie spécifiquement écossais vu par MacDiarmid s'inscrive dans une scotticité n'ayant aucun rapport avec l'histoire effective de l'Écosse depuis la formation de la nation écossaise ou presque. Voici comment l'un des correspondants du *Scottish Educational Journal* résumait la position de MacDiarmid en quelques points :

> Le propos de la Renaissance écossaise est de créer à partir d'un champ de ruines une nouvelle culture qui devra s'affirmer comme une force vive dans une culture mondiale catholique.
> Il est impossible et peu souhaitable d'élever cette culture sur des fondements celtiques.
> Il n'est pas davantage souhaitable de l'asseoir sur la culture moderne anglaise, laquelle est décadente.
> Elle ne peut pas davantage s'appuyer sur la culture de l'après-réforme, désespérément provinciale.
> Il est, en revanche, possible et souhaitable de développer de façon moderne et créative la culture scoto-anglaise interrompue au XVᵉ siècle. (*CSS*, p. 68)

MacDiarmid déclara à ce propos que le journaliste « [exposait] très clairement sa position générale » et que ces points « [décrivaient] admirablement [sa] position et [son] programme » (*CSS*, p. 72). Ce programme impliquait l'anéantissement de la quasi-totalité de la culture écossaise existante pour permettre la création d'une « nouvelle culture », guidée par une élite nietzschéenne ; l'Écosse de MacDiarmid devait consister en une « aristocratie intellectuelle composée de ceux chez qui les caractères distinctifs de la psychologie écossaise sont naturellement forts » et en une multitude inculte « dont le devoir […] [serait] de reconnaître ces esprits supérieurs et de suivre leur exemple » (*CSS*, p. 68).

Le fait que l'Écosse ait ainsi été spoliée de ses véritables traditions par MacDiarmid et Muir dans les années vingt et trente al-

lait avoir des conséquences importantes et profondément négatives sur la vision de la culture de l'Écosse pendant près de cinquante ans, même si l'œuvre de création de ces deux auteurs a,
par ailleurs, inspiré un nouvel élan à l'écriture en Écosse. C'est
en fonction de leur vision foncièrement négative de la culture
écossaise que plusieurs générations de critiques se sont employés
à rechercher les faiblesses, les défauts et les échecs de l'écriture
écossaise plutôt que d'essayer d'analyser et de mettre en évidence ses points forts. La « défaillance » de l'Écosse, qu'elle soit
intellectuelle, historique ou d'imagination, n'était pas la réalité du
passé de l'Écosse : c'était le préalable à une idéologie qui exigeait
que l'Écosse ait failli afin de pouvoir repartir de zéro pour
construire une nouvelle culture autour d'une conception des
« caractères distinctifs de la psychologie écossaise » bien éloignée
du véritable psychisme passé ou présent des Écossais et des
Écossaises. Ironiquement, pendant les cinquante années précé-
dant MacDiarmid et Muir, l'Écosse a, en fait, traversé une période particulièrement riche du point de vue culturel mais ces
réalisations ne cadraient pas avec les exigences de leurs principes
esthétiques « modernistes ».

L'environnement culturel de l'Écosse de la fin du XIXe siècle, au
moment où d'après Davie, l'Écosse a « failli » était loin d'être le
désert qu'ont dépeint des générations de spécialistes. D'abord, il a
souvent été souligné que bon nombre des grands écrivains londo-
niens de l'époque étaient d'origine écossaise. Dire que ces auteurs
n'appartiennent pas à la culture écossaise simplement parce qu'ils
vivaient à Cambridge ou à Londres revient à procéder à une am-
putation que l'on ne risquerait pour aucune grande nation : Thomas Mann a-t-il cessé d'appartenir à la culture allemande lorsqu'il
était en exil en Amérique ? Joyce a-t-il cessé d'appartenir à la culture irlandaise lorsqu'il était à Trieste ? James Baldwin a-t-il cessé
d'être un auteur noir américain à Paris ? Les écrivains du Sud des
États-Unis cessent-ils d'être du Sud parce qu'ils vivent à New
York ? Pour l'Écosse du XIXe siècle, Londres est la grande métro-
pole : la culture écossaise fait des allers et retours entre Londres et
l'Écosse. Considérer Londres comme le pôle de la seule culture
anglaise revient à faire une grossière erreur d'interprétation de la
réalité culturelle de cette période. Londres est partie prenante dans
le processus par lequel la culture écossaise doit s'exprimer et se

mettre à l'épreuve et tant mieux si cela complique notre notion de ce qu'est la culture « écossaise ».

On trouve le meilleur exemple de cette culture écossaise élargie dans ce qu'Alasdair MacIntyre a appelé « la seconde période écossaise des Lumières », c'est-à-dire la période qui a vu l'apparition des théories de Clerk Maxwell sur l'électromagnétisme et la neuvième édition de l'*Encyclopaedia Britannica*, édition qui pour la première fois tentait d'intégrer la théorie évolutionniste dans toutes les disciplines et à laquelle ont participé non seulement Clerk Maxwell mais James George Frazer et une foule d'écossais, professeurs de philosophie et de sciences. Même si cette neuvième édition est la dernière qui soit à prédominance écossaise, elle montre bien la formidable vitalité intellectuelle de l'Écosse du XIXe siècle. Comme le signale T.O. Beidelman dans son étude sur Robertson Smith, responsable de cette édition,

... cette neuvième édition a été baptisée « encyclopédie des érudits », d'une part, parce qu'elle comprend des essais rédigés par un ensemble d'érudits internationaux des plus distingués et, d'autre part, parce qu'elle est la première à tenir compte des grandes avancées intellectuelles réalisées au XIXe siècle dans presque tous les domaines des connaissances.[25]

La vivacité intellectuelle de cette neuvième édition ne laisse transparaître aucune « défaillance » de la part de l'intelligentsia écossaise ; elle dénote à la fois une volonté de comprendre et une aptitude à transmettre les aspects fondamentaux d'un savoir humain en mutation.

De même, la tant décriée *Kailyard school* n'était pas la seule manifestation de la culture écossaise entre 1880 et 1930. En fait, il apparaît clairement que cette école s'inscrit dans un contexte où les auteurs écossais ont joué un rôle majeur dans le développement de nouveaux genres littéraires destinés à un public de masse. Ce genre d'écriture était peut-être sans valeur aux yeux de MacDiarmid et de Muir mais rétrospectivement, d'un point de vue dicté plus par l'analyse culturelle que par une critique purement littéraire, le fait que les auteurs écossais aient joué un rôle aussi déterminant dans l'apparition de ces nouveaux genres témoigne

---

25. Beidelman T.O., *W. Robertson Smith and the Sociological Study of Religion*, University of Chicago Press, 1974, p. 25.

d'une culture en prise directe avec les derniers développements du moment plutôt que d'une culture repliée sur elle-même. Depuis l'invention par George MacDonald du roman fantastique moderne, en passant par l'archétype du récit d'aventure de Stevenson jusqu'à la création par Conan Doyle des premiers romans policiers et du thriller par Buchan, les écrivains écossais ont considérablement contribué à la définition des nouveaux genres de la culture populaire de masse. La *Kailyard* n'était qu'un aspect de ce qui allait être l'une des périodes les plus riches en réalisations culturelles « populaires » qu'une petite culture ait jamais connue puisque tant d'auteurs écossais ont ainsi joui d'un grand succès international et inventé des modèles qui allaient être adoptés par des auteurs de l'ensemble des pays de langue anglaise. C'est justement contre ce succès de la culture populaire écossaise que MacDiarmid et Muir sont entrés en révolte tout en se gardant de reconnaître la puissance d'une tradition capable de permettre à une telle palette d'écrivains de participer avec autant de succès aux développements de l'écriture populaire.

L'hypothèse de la « défaillance » évacue la culture écossaise en avalisant justement une notion de « culture » qui ne tient aucun compte de l'énergie et du dynamisme d'une culture qui a su s'imposer, sinon dans le cadre d'un combat nationaliste du moins en préservant sa position spécifique dans un marché culturel en voie d'internationalisation rapide. Un des événements les plus significatifs de l'opiniâtreté de cette culture s'est peut-être déroulé à l'époque qui, pour George Davie, caractérise la destruction des traditions écossaises dans les universités, c'est-à-dire entre 1858 et 1892. L'Association écossaise de football a été créée, en 1871. Les Écossais s'irritent depuis des années de ce que l'Association anglaise se nomme simplement Association de football tandis qu'en Écosse il est nécessaire d'ajouter l'adjectif « écossaise ». Cette différence est perçue comme le symptôme d'une supériorité anglaise. C'est pourtant un Écossais du nom de McGregor qui a créé l'Association de football à Manchester, en 1870, sans en « nationaliser » le titre parce qu'il la concevait comme une organisation commune aux équipes écossaises et anglaises.[26] Les Écossais ont

---

26. Crampsey B., *The Scottish Football League: the First 100 Years*, Glasgow, The Scottish Football League, 1990, p. 5 et suivantes.

ensuite insisté pour avoir leur propre ligue et leurs propres règles (fixées par Queen's Park), règles qui ont d'ailleurs servi à fonder la version moderne du jeu. Aujourd'hui, alors que, pour la première fois, l'équipe de football écossaise représente une nation qui a tenu bon et voté pour l'autonomie, il est utile de rappeler que la culture populaire écossaise n'a souffert aucune défaillance : elle a trouvé des moyens de garder sa propre conception de l'identité nationale tout en s'intégrant aux nouvelles structures internationales de « l'industrie culturelle ». Après trente ans d'analyse destructrice, le succès international que connaissent des auteurs comme Irvine Welsh et Alan Warner semble prouver que la culture écossaise est capable de survivre aux spoliations de ceux qui ont cherché à la réinventer en commençant par la détruire.

La Constitution écossaise
ou
la vengeance de Tamson

Tom Nairn

Nous sommes « tous des enfants de Jock Tamson »![1] Peut-être,
mais qui aurait cru que Jock Tamson allait se venger sur ses
propres enfants d'une manière aussi rapide et dévastatrice ? Après
seulement huit semaines d'existence, le nouveau Parlement écossais avait déjà déclenché un incroyable déluge de critiques et de ré-
criminations acerbes. En peu de temps, l'ingratitude écossaise a atteint des sommets encore inconnus de ce grand art. Les experts
ont rivalisé de fausses louanges assassines, de camouflets meur-
triers et de condamnations au vitriol. Deux cent quatre-vingt-
douze années d'attente et de quoi écopait notre nation ? d'une assemblée lamentable, veule, stupide et égocentrique, composée
d'incompétents égoïstes qui jouaient à former un Parlement. C'est
en tous cas ce que l'on pouvait conclure à la lecture des tristes
comptes-rendus de l'été 1999.

> Les canailles étaient de retour, en quelque sorte. En plus mainte-
> nant, ces salauds ne partent plus vendre la nation à l'Angleterre, ils
> prétendent la récupérer en vertu de quelque minable clause addi-
> tionnelle au contrat de vente à tempérament et leur façon de mener
> cette affaire est des plus déplorables.

1. « All Jock Tamson's Bairns » : Jock Tamson est l'Adam écossais. Personne ne
semble d'ailleurs savoir d'où vient ce nom, cité par le *Concise Scots Dictionary* au
XIXᵉ siècle (« la race humaine, une humanité commune [...] unis par un sentiment
commun, un intérêt commun, etc. »). Son existence a été signalée au reste du monde
le 1ᵉʳ juillet 1999, à la cérémonie d'ouverture du Parlement écossais, lorsque fut chanté
« A Man's a Man for a'That and a'That », dans lequel Robert Burns donne sa version
de ce mythe.

Il n'est pas vraiment nécessaire de rappeler ici les détails de la controverse et des conséquences qu'elle a eues le 1er septembre 1999, devant le Parlement. Ce jour-là, le président, David Steel, s'est senti obligé d'adresser une réprimande générale aux médias. Il a demandé qu'on « laisse une chance » au Parlement, soulignant l'absurdité des commentaires de la presse (et en particulier du *Daily Record* de Martin Clark, le journal le plus lu dans le pays) qui s'était lancée dans un dénigrement délibéré et cynique de l'autonomie. Certains commentateurs plus avisés, comme Iain Macwhirter du *Sunday Herald* se sont interrogés sur les origines de la controverse. Le 5 septembre il se demandait encore pourquoi tant de journalistes s'étaient acharnés sur le thème « d'une assemblée de parasites bons à rien », quand tout le monde savait qu'il n'y avait pas beaucoup de vérité dans ces propos ridicules. Les ordures éditoriales et le parti pris probritannique n'expliquant pas tout, n'y avait-il pas quelque chose de plus profond là-dessous ?

> Cette attaque envers le Parlement est sans doute l'expression d'un certain philistinisme ou crétinisme propre au caractère écossais. Un manque chronique de confiance en soi [...] transparaît sous le vernis des fanfaronnades et des critiques hyperboliques [... ainsi] en dénigrant le Parlement, ils se dénigrent eux-mêmes.

Aussi lamentables qu'ils soient, les commentaires de la presse traduisaient donc une certaine réalité : le sentiment largement partagé que le Parlement écossais aurait dû, d'une manière ou d'une autre, *être plus que ça*.

Pour illustrer ce point de vue, Macwhirter citait un certain nombre d'exemples qu'il n'est pas nécessaire de reprendre ici tant il semble que chacun dispose désormais de son propre stock d'anecdotes scandaleuses. De façon plus intéressante, il concluait en affirmant que le Parlement trouverait sa meilleure défense dans l'attaque. Il rejoignait ainsi l'avis du lord-maire Eric Milligan qui avait enjoint le Parlement de « commencer à se comporter en véritable Parlement national » et donc d'affirmer sa propre identité. La seule façon de combattre le « poids mort du provincialisme écossais » c'est de le rejeter et d'affirmer ouvertement la fonction et l'envergure nationales de la nouvelle assemblée.

Je suis persuadé que Macwhirter et Milligan ont raison. Il était de toute façon prévisible que le Parlement écossais aurait à légitimer son existence haut et fort. L'amère expérience de ces premières semaines a confirmé cette hypothèse. Même si c'est ce qu'attend Londres, il est inutile que les nouveaux députés jouent à domicile aux parfaits représentants de l'autonomie : ici la mise est trop importante. Ce jeu est inutile, peut-être même dangereux. Je reviendrai plus tard sur ce point. La seule voie possible passe aujourd'hui par une « démarche identitaire », pas moins.[2] L'ampleur du désenchantement est à la hauteur des espoirs suscités par le Parlement et certains imbéciles malintentionnés n'ont pas eu de mal à exploiter ce désenchantement, avec les mêmes méthodes que les tabloïds britanniques, c'est-à-dire en utilisant un genre de populisme mesquin et revanchard, qui, fondamentalement versatile, peut à tout moment être mobilisé contre un objet ou son contraire. Il serait vain de vouloir s'y opposer par le mépris ou la désapprobation, la contre-attaque est la seule stratégie valable.

Les médias ne sont pas seuls en cause. Entre mai et octobre 1999, aux calomnies de la presse s'est ajoutée une offensive *politique* visant à la « normalisation » du nouveau Parlement, en clair son renvoi à un rôle de composante subalterne de l'État britannique. En l'occurrence, la vieille Constitution a redressé la tête et ressorti son outil préféré, le *Scottish Office*, plaidant pour un « partenariat » entre celui-ci et le nouveau gouvernement. Avec le regard plein de sollicitude des spécialistes horticoles des émissions télévisées, certains partisans de la modération ont déclaré qu'ils étaient prêts à « repiquer » (expression horticole très en vogue) les nouvelles propositions. Mais avant de « repiquer » il faut bien sûr d'abord se débarrasser des plantes indésirables en utilisant régulièrement un désherbant antiséparatiste sans oublier d'épandre de bonnes quantités d'engrais néo-travailliste.

2. Le rejet de la « démarche identitaire » faisait partie intégrante de la campagne du *New Labour* pour les premières élections écossaises. Ce rejet a fait l'objet d'une brochure, largement diffusée, rédigée par Gordon Brown et Douglas Alexander. Pour les auteurs « identité » va de pair avec une obsession stérile pour les drapeaux, les uniformes et les ambassadeurs et n'a rien à voir avec ce qui doit réellement occuper le Parlement, à savoir une « véritable » politique économique et sociale en harmonie avec le programme de réformes de Westminster. Voir *The Battle Between Social Justice and Separatism*, Gordon Brown et Douglas Alexander, 1998.

Comme d'habitude, on a eu droit au refrain de la « politique de la raison » et au couplet de la régularisation. À l'aune du désir de changement de la population, cette « normalisation » équivalait en fait à une révision à la baisse, la nouvelle administration se voyant réduite à jouer gentiment le rôle qui lui était imparti dans les plans du *New Labour*... Depuis l'arrivée de Tony Blair, « raisonnable » signifie tout à coup « en conformité avec le projet ». On a en quelque sorte autorisé, non – encouragé –, le jardinage politique : prévoir une haie de séparation par ci, un beau buisson par là, étant bien entendu que ces éléments doivent s'insérer dans le plus large dessein de la modernité britannique. Le problème c'est que c'est justement ce genre de bricolage politique qui a suscité le malaise de la population et les critiques malveillantes de la presse.

En septembre, un certain nombre de parlementaires écossais s'étaient déjà rendus compte qu'ils risquaient plus gros à rester frileusement recroquevillés contre le parapet qu'à passer impétueusement par-dessus et qu'à la réflexion la première solution était probablement pire que la seconde. Après tout, une Écosse parfaitement raisonnable et obéissante s'exposait à la dérision sans aucune contrepartie. En revanche, prendre le risque de sauter le pas, même si cela allait à l'encontre du philistinisme ambiant et du complexe d'infériorité chronique, pouvait donner des résultats. En quatre mois, les Écossais ont commencé à apprendre les règles. Comme l'a dit Eric Milligan (autrefois opposé à la dévolution) dans leur situation il fallait penser grand et agir encore plus grand.

Agonie constitutionnelle

Les opposants à la « démarche identitaire » (dont le chef de file se trouve au 11, Downing Street) sont partis dès le départ du principe que les Parlements de Cardiff et d'Édimbourg *pourraient* s'inscrire dans le cadre rassurant et fiable de l'ordre constitutionnel britannique. Il me semble que cette idée était déjà très illusoire en 1997. D'ici aux prochaines élections à Westminster, elle ne sera sans doute plus qu'un souvenir embarrassant. Il est vraiment temps de reconnaître franchement que « le roi est nu ». *Cet ordre constitutionnel n'existe pas.*

Il a disparu à un certain point entre le « mercredi noir »³ et mai 1997. Il semble qu'il ait rendu son dernier soupir au cours de cette période miteuse et crépusculaire mais que le cadavre ait mécaniquement continué d'avancer ou plutôt de tituber sur sa lancée. Margaret Thatcher et John Major se sont appliqués à le vider de son contenu et Tony Blair a, sans le vouloir, détruit une bonne part de ce qu'il en restait. Mme Thatcher avait le dessein incroyable et obstiné de réaliser une révolution radicale du système économique et social sans modifier l'État britannique en quoi que ce soit. Tony Blair lui a emboîté le pas avec une conception un peu plus avancée : *certaines* choses pouvaient être modifiées mais seulement ces petits archaïsmes d'État qu'il fallait adapter à ses propres projets : la dévolution par exemple ou le contrôle des taux d'intérêts, les accords avec l'Irlande du Nord ou la Chambre des Lords. Il était cependant entendu que le cadre historique d'ensemble resterait en place. Il s'agissait de moderniser, non de reconstruire. Avec une bonne dose de sérénité et les conseils des *think tanks*, il avait l'espoir que le vieil ordre remanié fonctionnerait mieux que jamais.

Il ne lui est pas venu à l'idée que l'*ancien régime* formait un tout. Même s'il était dépourvu de cohérence *logique* (au contraire de ce qu'ont affirmé des générations d'apologistes) il bénéficiait d'autres ciments, comme par exemple une solidarité affective, le protestantisme, le respect de certains symboles, un sentiment de supériorité lié à l'Empire et une puissante culture élitaire. Il avait sa propre logique inimitable, la logique d'un palimpseste plutôt que celle d'une charte philosophique. Ces trente dernières années, toutes ces conventions se sont étiolées et le charme s'est rompu. Les livres sacrés ont perdu leur magie et en raison de la nature même du système on ne peut guère lutter contre cet état des choses. La Constitution a « mûri » et cela implique qu'un jour, après une certaine période de décomposition, de démoralisation et un certain nombre de cures de rajeunissement (dont nous avons un exemple actuellement), elle devra mourir. Les constitutions écrites peuvent être amendées ou révisées, voire remplacées lorsqu'elles ne remplissent plus leur rôle ou sont démodées mais pas une constitution comme

---

3. *N.d.T.* 16 septembre 1992, dévaluation de la livre, qui sort du serpent monétaire européen.

celle-ci, faite d'observances sacrées, de suppositions tacites et de
rituels sentimentaux. Pour la prolonger, il n'y a que la prière, l'in-
vocation ou (et c'est la particularité du blairisme) des éclairs de
génie, des révélations astrales en quelque sorte, capables, d'une
manière ou d'une autre, de lui garantir jeunesse éternelle et élé-
gance.4

Dans ce contexte, obtenir que la dévolution « se mette en
place » signifiait s'assurer que les Écossais, les Gallois et les Nord-
Irlandais joueraient bien le rôle qui leur avait été imparti dans la
révolution virtuelle et travailleraient au rajeunissement de l'identité
britannique orchestré par le *New Labour*. Ils devaient apprendre à
se considérer comme des partenaires autorisés, épaulant les Anglais le moment venu dans leurs efforts de renouvellement du système britannique, un vieux système remis au goût du jour par un
lifting mesuré plutôt que purement et simplement rejeté et rem-
placé par une constitution moderne (que la Charte 88 réclame depuis dix ans).

Implosion d'un projet

Bien sûr, si la Charte 88 est dans le vrai, une telle « mise en place »
équivaut à un lent suicide (c'est d'ailleurs ce que suggèrent les premiers pas du Parlement écossais). Il est possible que la Couronne
appartienne désormais au royaume des morts-vivants en dépit des
déclarations de M. Blair à son retour de San Rossore.5 Peut-être la
Chambre des Communes ne sera-t-elle jamais plus que le simulacre de ce qu'elle fut. Peut-être les lords ne seront-ils plus que des
marionnettes uniquement chargées d'avaliser « une dictature élec-
tive » tandis que le système bipartite se transformera en une lutte

---

4. Pour une étude plus approfondie de ces caractéristiques du blairisme, se référer au
premier chapitre de *After Britain : New Labour and the Return of Scotland*, Tom Nairn,
Granta Books, 2000.

5. Voir l'intéressant interview de Tony Blair publié dans l'*Observer* du 5 septembre
1999 sous le titre : « Mon manifeste moral pour le XXIe siècle (« *My Moral Manifesto for
the 21st Century* »). Le journaliste (Andrew Rawnsley) s'est senti obligé de faire la remarque suivante : « J'ai relevé une douzaine d'occurrences du mot "révolution" ou
d'une de ses variantes dans notre conversation. Il y a cependant une limite ; Tony Blair
passe un week-end avec la reine à Balmoral... À ma question : " Comment la monarchie héréditaire trouve-t-elle sa place dans cette nouvelle Grande-Bretagne moderni-
sée et méritocratique ?... ", il a répondu : " Sans problème, mieux qu'un
président puisqu'elle apporte un sentiment de continuité et de tradition. " »

de plus en plus marquée par le nationalisme (officiellement britannique mais en fait de plus en plus anglais) pour le contrôle à long terme d'un état croupion. Il est possible que le processus de paix échoue complètement. Même les protestants d'Ulster, fidèles parmi les fidèles tribus composant le vieil Empire britannique, pourraient finir par perdre leur foi. D'ailleurs toutes les composantes du vieil empire pourraient bien finir par se brouiller irrémédiablement sur le problème de l'Europe.

Dans ce cas, comment le Parlement écossais doit-il s'affirmer ?

Il ne sert à rien de dire qu'il ne doit pas se montrer trop tapageur ni faire preuve d'un nationalisme gratuit ni vouloir être différent pour être différent. Ce qu'il faut c'est dire ce qui *doit* être fait, avoir un discours positif, et là on ne dispose bien sûr d'aucune règle à suivre, d'aucun fil directeur. Ce manque s'explique par la façon dont la dévolution britannique a été mise en place. Si elle s'était inscrite dans un projet de réforme générale de la Constitution, avec des statuts écrits, des cours d'adjudication et d'appel, un préambule historique et philosophique, de nouvelles institutions plurinationales, etc., il y aurait eu des règles et des principes d'orientation, des modèles sur lesquels les juristes et les partis en présence auraient pu s'opposer. Mais l'identité britannique n'a jamais fonctionné comme cela. Elle s'est, de fait, fondée sur un refus historique de « tout ça », cette paperasserie considérée comme l'apanage des systèmes prétendument rigides d'Europe continentale et d'Amérique.

Les protagonistes de l'autonomie interne sont bien sûr tous très contents que le passage à l'acte ait eu lieu après 1997. D'un autre côté, à peine plus d'un an après, soit une période très courte selon les normes de la constitution britannique, il fallait bien se rendre à l'évidence qu'il s'agissait d'un *coitus interruptus*. Il est clair que le moment de libération a été suivi de symptômes de plus en plus évidents de retrait. Pour le moment, personne n'est, par exemple, en mesure de dire si le *New Labour* va ou non réformer le système électoral. Ce point a pourtant toujours été considéré comme la pierre angulaire de la modernisation constitutionnelle. Si l'on excepte quelques allusions gnomiques à ce qui pourrait se produire au cours de la prochaine législature, ou de la suivante, nul ne connaît l'avenir réservé d'ici huit ou même *onze* ans, au rapport de lord Jenkins recommandant l'introduction d'une faible dose de représentation proportionnelle à Westminster. Des rumeurs persistantes voudraient que la représentation proportionnelle ait suscité des mécontentements importants au Pays de Galles et en Écosse. Quant à l'Europe, au vu des étonnantes pirouettes du ministre des Affaires étrangères sur le sujet, personne ne sait quand le gouvernement prévoit d'organiser un référendum sur l'adoption de la monnaie unique, ni même si un tel référendum est vraiment à l'ordre du jour.[6] Quant au projet de suppression de la Chambre des Lords, il apparaît clairement que l'assemblée des vieux grincheux ne cédera sa place ni à un sénat ni à un *Landtag* et ne sera en fait pas supprimée du tout.

La monarchie, qu'elle puisse ou non être considérée comme moralement défunte, a déjà été « sauvée » en ce sens qu'elle a été sortie du quartier des condamnés à mort. Dans le cadre du dernier processus de paix, il était, en effet, question de mettre sur pied une nouvelle entité constitutionnelle englobant l'ensemble du Royaume-Uni, le Conseil irlando-britannique ou « Conseil des îles ». Cette assemblée devait ressembler à une sorte de *Landtag* fantôme, représentant toutes les populations de l'archipel et fonctionnant sur la base de la consultation, voire de nouveaux statuts écrits. S'agissait-il simplement de montrer aux unionistes nord-irlandais qu'il y aurait toujours une Union ou s'agissait-il d'un projet constitutionnel sérieux, premier pas vers une conception différente, plus démocratique du pays ? Dans le premier cas, ce projet sera enterré avec l'échec du processus de paix. Dans le second, il devrait logiquement prendre encore plus d'ampleur après un échec à Belfast, toutes les bonnes intentions mobilisées dans le cadre du projet n'étant plus freinées par sa composante la plus apathique et la plus conservatrice, l'unionisme nord-irlandais. On verra bientôt s'il s'agissait ou non de paroles creuses.

---

6. Fin juillet 1999, M. Cook a d'ailleurs déclaré qu'il était *ridicule* de prétendre que le *New Labour* s'était engagé à organiser un référendum sur l'Europe au cours de la présente législature ou même de la suivante, soit avant 2006 ou 2007. Cinq semaines plus tard, il affirmait devant une audience japonaise que Tony Blair souhaitait rejoindre la monnaie unique aussi rapidement que possible. En quelques semaines le gouvernement a donc d'abord renoncé à la marche rapide vers l'Europe annoncée initialement avant de faire à nouveau volte-face, sans doute en raison des signaux économiques de l'été (possible chute du dollar et léger raffermissement de l'euro). Que le fait de rejoindre l'Europe soit une question qui touche à la fois aux fondements de la politique et de la Constitution n'a aucunement été mentionné.

Mais il est peu probable que qui que ce soit à Holyrood ne compte sur le Conseil des îles pour déterminer la route à suivre. Le fait est que le gouvernement Blair a réformé l'ancien système juste assez pour lui donner le coup de grâce. Il l'a rendu irrémédiablement instable. Il n'est plus question désormais de revenir aux vieux modes de fonctionnement irréfléchis de l'État britannique. L'instabilité, cette légendaire « pente glissante » de la fin du xxᵉ siècle s'est installée dans le système multinational britannique, et pas forcément au niveau des nouvelles administrations et assemblées elles-mêmes. Les néo-travaillistes ont suscité l'attente de changements radicaux alors qu'ils n'avaient ni vraiment prévu ni vraiment souhaité un bouleversement aussi important. Ils n'ont, en particulier, pas de projet *constitutionnel* à la hauteur de leur discours, pour la simple raison que, en fin de compte, la grande majorité anglaise des électeurs n'est pas intéressée par ces idées novatrices. Il ne sert à rien de déplorer cet état de fait. Il va de soi que tout gouvernement londonien s'attachera nécessairement à la satisfaction des désirs de la majorité, des quelque 85 % des électeurs qui forment l'Angleterre.

La Constitution manquante

Puisqu'il apparaît désormais qu'aucune réforme de grande ampleur ne sera mise en œuvre, il me semble qu'il revient au Parlement écossais de concevoir et de mener à bien la sienne propre. Il n'aura pas d'autre choix que de continuer à élaborer sa propre Constitution. J'utilise à dessein le terme « continuer » parce que je pense qu'entre 1980 et 1997 toutes les actions et les réflexions qui ont mené à la renaissance du Parlement écossais allaient déjà dans ce sens. Pendant ces dix-sept années, depuis le *Claim of Right* jusqu'à la convention constitutionnelle (*Constitutional Convention*), c'est bien de cela qu'il s'agissait : de l'affirmation de la souveraineté populaire en tant que droit. Il est important de voir que c'est bien un droit et non pas la simple expression d'une protestation éthique contre certaines politiques ou positions du gouvernement de Londres. Il s'agissait d'affirmer la démocratie écossaise, non par un vote ponctuel, expression de la majorité anti-Tories du moment, mais par l'institution d'un système, d'un droit reconnu. En d'autres termes, l'établissement d'une Constitution ou en tout cas le désir d'une Constitution.[7]

Il est bien évident que personne ne songeait à la vieille Constitution écossaise de 1706. Il fallait donc lui trouver une continuation ou un équivalent contemporain (dont l'autonomie interne était une forme initiale et approximative). Tout le monde se souvient des deux recettes préconisées pour aller de l'avant. Du côté des nationalistes du SNP, on estimait qu'il fallait appeler la population aux urnes pour agir à "notre" façon sans se préoccuper de ce qui pouvait se passer, ou ne pas se passer, dans le reste du Royaume-Uni. Du côté des unionistes, travaillistes ou libéraux-démocrates, on pensait que la réforme devait s'inscrire dans un projet de changement général, plus global, impliquant une démocratisation, voire un bouleversement de la notion d'État britannique. À ce propos, on a parlé tantôt de socialisme, tantôt de fédéralisme bien compris ou encore de *Home Rule* généralisé. Je ne pense pas me tromper en disant que personne n'avait envisagé l'avènement d'une quelconque autodétermination écossaise sans la réalisation de l'un de ces scénarios. C'est pourtant exactement ce qui s'est passé.

Aucun des grands projets annoncés n'a été concrétisé et il est désormais peu probable qu'aucun ne le soit. Les autonomies galloise et écossaise ont émergé en complète contradiction avec ce qui avait été prévu. Elles ont maintenant atteint un stade irréversible par l'intermédiaire de ce que l'on peut qualifier de demi-révolution pragmatique, de surprenant mélange entre théorie radicale trompeuse et pur hasard. On disait autrefois que l'Empire britannique était né de pertes de lucidité successives. C'est certaine-

---

7. Certains historiens du droit ont déjà reconnu ce fait. « La convention constitutionnelle écossaise doit être considérée comme un groupe de pression efficace. Le travail qu'elle a mené pendant plusieurs années a abouti à la mise sur pied d'un projet de réforme constitutionnelle qu'il était possible à un gouvernement bien disposé de reprendre tel quel ou presque. Après l'ajout de quelques autres propositions sur certains points plus techniques, il était possible à un gouvernement d'utiliser l'ensemble du projet qui lui était offert sur un plateau », Himsworth C.M.G. et Munro C.R., introduction à *The Scotland Act 1998*, 1999, p. 10-11. En d'autres termes, les Écossais ont préparé leur propre accession à l'autonomie. Est-il donc surprenant qu'il leur faille maintenant préparer leur accession à une pleine existence constitutionnelle ? On trouvera un autre point de vue intéressant sur cette question dans le dernier chapitre du nouvel ouvrage historique de Tom Devine, *The Scottish Nation: 1700-2000*, Allen Lane, 1999, p. 604-614.

ment de cette façon qu'il est en train de disparaître. Le Royaume-Uni, l'État, a été privé de ce qui constituait son assise, la Souveraineté avec un S majuscule, et rien n'a été mis à sa place. Il s'agit maintenant de trouver comment reconstituer l'État. On nous explique tous les deux jours que la Souveraineté nationale doit désormais être « partagée », qu'elle doit diffuser dans toutes les directions mais aucune loi nouvelle n'a été instaurée pour organiser ce processus : seules subsistent les anciennes règles britanniques, les fameux préceptes chamaniques sur l'impartialité, le compromis, les avantages du grand sur le petit et l'idée qu'il ne faut pas pousser le bouchon trop loin.

C'est ainsi qu'une sorte de demi-Constitution sans État est née en Écosse. Le problème est maintenant de savoir qu'en faire. Tandis que la souveraineté britannique sous toutes ses formes continue de s'effondrer, la question prend un caractère d'urgence. Le Royaume-Uni est sur une pente glissante qui favorise la redécouverte politique des droits et des responsabilités anglaises. La désagrégation de l'Empire finissant entraîne de nouveaux remous tourbillonnaires tandis que le nationalisme anglais renaissant se heurte au courant européen, qui semble justement prendre de l'ampleur et s'affirmer. Même en 1979, l'Écosse aurait pu retrouver un régime politique en traversant des eaux bien plus calmes : le système multinational en place était certes déjà sur le déclin mais possédait encore une certaine stabilité et quelques réflexes d'autorité. Vingt ans plus tard, le Royaume-Uni ne tient ensemble que par la vertu du charisme personnel de son Premier ministre, les relations publiques d'un parti unique, la nostalgie de la livre sterling et une roue du millénaire quelque peu récalcitrante.[8]

La situation est encore envenimée par le plaidoyer pour une « Constitution » que le *Scotland Act* de 1998 a imposé au nouveau Parlement. Le *Scotland Act* prétend lui-même faire office de Constitution et se conclut par une liste d'interdictions grotesques, les « pouvoirs réservés ». La particularité la plus étonnante de ce document incroyablement britannique se trouve à la clause 37 de la première partie, sous le sous-titre « Autres provisions ». On y lit :

---

8. *N.d.T.* Allusion à la grande « roue du millénaire » (*Millenium Wheel*) érigée sur les bords de la Tamise. Elle devait prendre ses premiers passagers lors des célébrations du 1er janvier 2000, ce qui n'a pu se faire pour des raisons techniques.

L'Acte d'Union avec l'Écosse de 1706 et l'Acte d'Union avec l'Angleterre de 1707 (Actes d'Union) sont confirmés par le présent Acte...

J'ai indiqué précédemment que personne ne souhaitait ressusciter la bonne vieille Constitution écossaise du XVIIᵉ siècle et voilà pourtant qu'on nous l'impose par intervention expresse de Westminster. Pour le cas où certains n'auraient pas encore compris (que le Traité d'Union est inscrit dans l'histoire), la clause 37 de la partie 1 est étayée par vingt-deux pleines pages de réserves, les fameux *Schedules 5 & 6*. Ces pages représentent près d'un cinquième de l'acte lui-même et occupent toute la partie comprise entre l'indication de la destination légale très précise des « Lettres patentes signées de la main de Sa Majesté » (p. 17) et le chapitre « Règlement des activités dans l'espace » (Section L6, p. 91).[9] Les premières paroles du nouveau régime, prononcées par Mme Ewing déclarant « la reprise des travaux » du Parlement étaient d'ailleurs en contradiction avec la clause 37 comme le serait toute action visant à mettre en place une Constitution écossaise ou à organiser un scrutin sur le sujet puisque ce type d'action modifierait *de facto* la Constitution du Royaume-Uni et contribuerait à attenter à la souveraineté de la couronne, etc.

On a beaucoup loué le nouveau système de commissions mis en place dans le cadre du Parlement écossais. Ce système prévoit que le plus gros du travail législatif soit effectué en dehors de la Chambre et débouche directement sur des propositions législatives. Cependant, il convient de souligner qu'une commission manque à l'appel, la plus importante, celle qui est indispensable à tout nouveau Parlement: la commission constitutionnelle. Dans le cas présent, elle n'aurait d'ailleurs qu'à poursuivre l'admirable travail effectué par la plus efficace et la plus influente des commissions préélectorales, le *Consultative Steering Group on the Scottish Parliament* (comité consultatif d'orientation).[10]

---

9. Au sujet de la clause 37, voir *Green's Annotated Acts: The Scotland Act 1998*, 1999, Himsworth C.M.G. et Munro C.R., « General Note », p. 52.

10. Voir à ce sujet le rapport du comité consultatif, *Report, Shaping Scotland's Parliament* (*Scottish Office*, décembre 1998) et en particulier la liste des neuf commissions essentielles, p. 26 à 30. Le comité consultatif a modestement omis de se nommer dans cette liste alors même que les gens se trompaient très souvent sur sa dénomination, parlant de « comité *constitutionnel* » au lieu du comité consultatif.

La politique de l'apocalypse

Prôner la création d'une telle commission ne revient-il pas à demander la création d'une « commission sur l'indépendance » ? On pourrait simplement répondre à cette question par la négative mais la réalité est, bien sûr, plus nuancée. En particulier parce que la politique des partis représentés au sein du nouveau Parlement reste dominée par des idées d'apocalypse ou de « trous noirs » directement héritées de l'avant-autonomie. J'ai déjà évoqué plus haut les idées qui animaient la génération précédente entre 1970 et le référendum de 1997 : l'opposition entre les partisans d'une indépendance sans concession, d'une part, et les partisans d'une transformation maintenant l'Écosse dans le giron britannique, d'autre part. Il faut se souvenir que cette période correspondait, inévitablement, à un certain vide politique et que les ambitions de l'époque pouvaient difficilement échapper à l'abstraction et à la fantaisie. À ce moment-là, personne ne savait si l'autonomie écossaise avait une chance d'aboutir ni comment on pouvait l'envisager. On ne pouvait qu'y « croire », d'une façon ou d'une autre, dans une société encore marquée (comme nous l'a rappelé récemment James Macmillan) par des croyances en concurrence depuis bien longtemps.

Il y avait des enseignements à tirer des expériences étrangères, c'est vrai. Elles étaient cependant terriblement différentes et s'inscrivaient dans des processus historiques et des systèmes constitutionnels qui avaient peu de points communs avec le Royaume-Uni.[11] Au sein même des Îles Britanniques, les seuls exemples disponibles étaient irlandais, exemples certes très concrets mais peu susceptibles d'inspirer confiance. Nous parlons d'une époque antérieure à la fois au miracle économique du sud de l'Irlande et au processus de paix du Nord.

C'est la raison pour laquelle les axes du débat politique écossais (mais peut-être serait-il plus exact de parler d'« usure » plutôt que de débat) ont été ancrés dans un curieux décalage spatio-temporel. Il n'y a pas vraiment eu « débat ». Les gens exprimaient leurs « positions » puis rentraient chez eux pour cultiver leurs obsessions et surtout leur mépris croissant pour l'autre bord. Il n'y avait que

11. J'ai consacré une annexe à ce sujet dans l'ouvrage intitulé *After Britain : the Return of Scotland* (Granta, 2000), sur la base des documents de la commission de la Chambre des Communes sur les affaires écossaises (*Scottish Affairs Committee*).

deux bords. On avait d'un côté une indépendance boiteuse, dépendante de l'éventuelle « conversion » d'un nombre suffisant d'électeurs écossais pour procurer au SNP une position d'autorité morale. *Scotland Free by Ninetey-Three* (une Écosse libre avant 93) reste un des slogans les plus populaires de cette variété de nationalisme.[12] On avait de l'autre côté, une Union britannique conçue sur un modèle quasi immuable, présenté comme absolument parfait et inaltérable. Si ses partisans parlaient beaucoup de « flexibilité », les facteurs expliquant ce miracle se résumaient surtout à un anglo-britannisme inflexible, qui d'une manière où d'une autre existerait toujours. Il ne restait donc aux Écossais qu'à agir particulièrement vite s'ils voulaient se sauver et éviter un avenir marqué du sceau de la vieille tradition britannique. Avec du temps et de la bonne volonté, Britannia allait une fois encore tirer son épingle du jeu et produire son propre modèle de socialisme, fédéralisme, con-sociationalisme, régionalisme, sa troisième voie ou que sais-je encore! Dans l'intervalle, elle devait être défendue contre les vandales. Il fallait donc choisir entre une sécession ethnique et une nouvelle forme de civilisation britannique (et donc universelle). Entre ces deux extrêmes, il n'y avait que confusion.

C'est à n'en pas douter la confusion qui est sortie victorieuse du débat (grâce à Dieu) et nous a déposés dans le présent, et avec nous, hélas, un certain nombre de vieilles habitudes. Il est difficile de se débarrasser d'idéologies et de convictions rigides, soigneusement cultivées depuis des années. Quiconque penserait, par exemple, que le Parlement écossais peut déboucher sur la création d'un État comparable à la centaine de ceux qui forment aujourd'hui le monde onusien n'aurait pas plus de plomb dans la cervelle que l'imbécile qui s'acharne à défoncer un tableau de famille à coups de marteau.[13] D'un autre côté, quiconque continue de pen-

---

12. La stratégie du SNP était particulièrement délicate en raison de son acceptation implicite du système britannique. Tout le monde savait qu'une « majorité » électorale correspondrait très probablement à un pourcentage très inférieur à 50 % des votants. Le système en vigueur à Westminster pouvait très bien permettre l'obtention d'une majorité des sièges écossais avec moins de 40 % des suffrages, ce qui n'aurait pas marqué un véritable soutien pour l'indépendance. Dans ce cas, le Royaume-Uni n'aurait pu que s'incliner, battu par ses propres règles ou aurait pu, à la rigueur, imposer quelqu'autre test d'opinion. Heureusement un tel dilemme ne s'est jamais posé.
13. (*N.d.T.* Allusion à un spot télévisé diffusé pendant la campagne électorale.) Peter Jones nous apprend dans son intéressant article du numéro 28 de *Scottish Affairs* (été 1999) que nous devons cette idée à Philip Chalmers, « publiciste travaillant à temps

ser ou d'espérer que le Royaume-Uni est encore viable et plein de bonne volonté, que certaines caractéristiques de la société britannique méritent encore d'être sauvées est une dupe qui va aider les travaillistes à enfermer l'Écosse pour toujours dans la prison que constitue leur insultante conception de l'administration locale.

En fonction de votre attirance pour un trou noir ou pour l'autre, vous étiez jugés – jugés et justement haïs, avec cette détermination caractéristique d'un monde où rien ne se passait vraiment et qui n'avait le pouvoir de changer ni les choses ni les gens.

Cette politique de l'apocalypse, de la damnation ou de la rédemption n'est certainement pas étrangère aux propos du lord-maire Milligan sur le « poids mort du provincialisme écossais ». Elle permettait en quelque sorte de marcher sur les eaux, dans le contexte d'une culture institutionnelle inamovible faite de médiocrité et de routine, et en ce sens était très conservatrice. Il s'agissait de faire accepter aux gens qu'il ne se passait rien, qu'il y avait peu de chance qu'il se passe quoi que ce soit en invoquant des terres promises, nationalistes ou internationalistes, ethniques ou ultra-british. Il semble que certains soient incapables d'oublier les vieilles habitudes et d'accepter qu'il faille désormais compter avec une nouvelle donne politique.

La nouvelle politique

Dans le cadre de cette nouvelle donne, une nouvelle politique, voire de nouveaux partis sont nécessaires. Ils sont probablement déjà en gestation et le processus va bientôt s'accélérer. Cependant, plutôt que d'émettre des suppositions à ce propos, je préfère en revenir aux aspects constitutionnels sous-jacents.

Pour avancer vers une Constitution écossaise, il est d'abord nécessaire de statuer sur le constitutionnalisme britannique, que le *Scotland Act* le permette ou non. Un verdict de ce genre est forcément lié à d'autres jugements parallèles sur la Grande-Bretagne ou l'Angleterre. Ce lien, ce mélange, est encore compliqué par une ca-

---

plein pour le parti travailliste. P. Chalmers est responsable du spot publicitaire que l'on peut probablement qualifier d'action la plus négative de toutes les campagnes politiques écossaises et qui montre la répétition d'un cadre brisé représentant une Écosse sinistre et désolée au milieu de scènes en noir et blanc. » (« Campagne électorale pour les élections du Parlement écossais », p. 3) ractéristique du Royaume-Uni *ancien régime*: son incapacité chronique à faire la différence entre État et société civile. L'identité britannique, un peu comme un rideau de fumée, avait pour rôle d'empêcher les spectateurs de faire des distinctions trop précises et potentiellement dangereuses. Il est bien évident qu'au cours des deux derniers siècles les citoyens anglais ont, de façon très vexante, eu beaucoup de mal à séparer dans leur imagination l'Angleterre du Royaume-Uni. Être britannique c'était en fait être (plus ou moins) « anglais » ou presque anglais ou quelque chose d'approchant tandis que le fait d'être anglais était bien sûr une condition suffisante, sinon nécessaire, pour atteindre et représenter l'identité britannique. C'est ainsi que fonctionnait l'imaginaire collectif, par le mélange des identités et des niveaux sociaux pour obtenir ce qui était généralement considéré soit comme une merveilleuse synthèse, soit comme une pagaille démentielle au service des intérêts de la composante majoritaire (anglaise).

C'est ainsi que fonctionnait la conscience unioniste et dans une certaine mesure c'est aussi ainsi qu'ont fonctionné les opposants nationalistes. Dans leur grand désir d'opposition et d'efficacité, ils ont souvent eu tendance à confondre l'emphase mystique de l'identité britannique avec son pouvoir réel. Ils avaient du mal à dissocier la société anglo-britannique réelle de ses institutions étatiques baroques, clinquantes, déférentes, follement prétentieuses et terriblement londoniennes. Puisque l'idéologie dominante combinait sous la même appellation « de conformité aux usages » des choses très hétéroclites (chemins de campagne façon Orwell, puddings, cabines téléphoniques rouges, huissier de la Chambre des Lords en uniforme d'apparat, siège du Grand Chancelier, élections majoritaires à un seul tour, etc.) l'opposition est partie du principe qu'il fallait tout rejeter en bloc. Pour être différent, il fallait être *complètement* différent, il ne suffisait donc pas d'avoir un État, des lois et une Constitution distincts, il fallait posséder une âme et une culture différentes et les montrer. Il ne servait à rien, en quelque sorte, de s'opposer à « eux » sans être en mesure de faire étalage d'un univers aussi complet que le leur mais totalement indépendant, d'exhiber une Irlande ou une Écosse aussi complètes que le Léviathan.

Il est bien sûr plus facile de voir maintenant combien ces suppositions étaient erronées. Cela arrangeait bien la vieille classe dirigeante de penser qu'une fusion civilisationnelle magique s'opérait sur les bords de la Tamise, consacrée par la couronne des Hanovre. Mais ce n'était qu'une illusion soigneusement entretenue, aussi trompeuse que les oppositions et autres formes de dissidences qui l'ont beaucoup imitée. Heureusement, nombre des qualités « britanniques » appréciées des Anglais et des autres populations de cette partie du monde proviennent de la société civile et non de l'État britannique. L'identité britannique qui existe dans la tête de la plupart des Écossais, Irlandais et Gallois est un mélange d'éléments personnels, culturels et institutionnels qui, en règle générale, leur sont chers et auxquels ils accordent même souvent une grande importance. Il est difficile de chiffrer ce genre de choses mais il me semble que si l'on considère l'« identité britannique » comme un bloc, on peut affirmer que 80 ou 90 % de ce bloc n'a rien à voir avec l'État représenté par Westminster. Si un tremblement de terre du genre de celui qui s'est produit en Turquie devait demain rayer de la carte tout le quartier de Westminster et même anéantir en plus le château de Windsor, je ne pense pas que la « culture britannique », telle que je viens de la définir, en serait grandement affectée.

Ce n'est pas l'avis des antiséparatistes acharnés. Que l'huissier de la Chambre des Lords vienne à disparaître et les usages, Jane Austen, les traditions qui nous sont communes pourraient bien s'évaporer avec lui. Attention à ce que vous faites, vous pourriez bien détruire le tableau de famille avec votre marteau !

Les séparatistes nous content bien sûr l'histoire d'une tout autre façon : il nous faut l'indépendance maintenant, tout de suite et sans restrictions ou sinon le terrible monstre britannique va encore nous réduire en esclavage (comme à son habitude). La pensée essentialiste galope toujours de cette façon. Cependant, après la création du Parlement qui commence à faire une différence, j'espère qu'il va être possible de penser différemment, de définir des stratégies différentes.

Il y a quelques années, George Kerevan avait trouvé une formule qui synthétise à merveille cette nouvelle stratégie et que les hommes politiques comme les journalistes écossais feraient bien d'adopter[14] : en ce qui concerne les relations avec l'Angleterre et les nouveaux

---

14. À mon grand regret je n'ai pas retrouvé où M. Kerevan avait formulé cette apophtegme. Il pourra sans doute nous éclairer lui-même. Sa formule méritait certainement d'être inscrite en bonne place dans le bâtiment d'Holyrood Road avant que le Parlement ne s'y installe.

Anglais, un seul mot d'ordre : « Avec eux, si possible, sans eux sinon ! » Nous pouvons nous passer de *l'État* britannique ou en tout cas d'une bonne partie de ce qui le constitue sans être plongés dans le trou noir de l'imaginaire séparatiste, cette espèce de royaume des morts-vivants où nos cousins du Sud sont considérés comme des extraterrestres, les émissions de télévision anglaises sont brouillées et les institutions les plus courantes proscrites ou victimes de ségrégation : la *société* britannique ou irlando-britannique est bien plus forte que cela. Elle est capable de survivre au développement en son sein de nombreux systèmes de contrôle politique ou même de contrôle de l'État, et il va falloir qu'elle le prouve.

D'un autre côté, il est clair que ces développements vont devoir être *négociés*. Le nouveau système britannique ne peut nous être imposé des bords de la Tamise, sur la base de simples « consultations ». C'est ainsi qu'a été pensée la réorganisation de l'administration locale depuis 1960 jusqu'à la fin des années quatre-vingt-dix (y compris l'introduction de la *Poll Tax*). L'autonomie écossaise, galloise et nord-irlandaise (si cette dernière voit jamais le jour) n'a rien à voir avec ce type d'administration locale. Elle ne correspond pas davantage à un gouvernement régional, puisque ce dernier impliquerait l'organisation constitutionnelle d'une région Centre que la Souveraineté britannique a toujours soigneusement et dédaigneusement évitée. La seule certitude que puissent avoir les Écossais c'est que le nouveau Royaume-Uni de Tony Blair devra être fondé sur le principe d'*égalité*. Le Parlement d'Holyrood, ne représente peut-être pas un État indépendant mais dans le contexte actuel il devra s'efforcer de se comporter comme si c'était le cas, en recherchant un partenariat équitable, de type fédéral, qui a toujours été éludé tout au long des années de l'Union.

Comme le savait pertinemment G. Kerevan, dans cette situation très problématique, ce sera plutôt « sans eux » qu'« avec eux », davantage en raison de la structure traditionnelle du système politique britannique qu'en raison d'une quelconque frénésie nationaliste de la part des électeurs ou des élites politiques des pays de la périphérie. Les raisons qui peuvent pousser des individus à passer d'un parti à un autre, ne relèvent aucunement de l'exaltation de conversions de légende ; elles sont plutôt motivées par l'accumulation d'obstacles pratiques, souvent liés à la rigidité du principe de Souveraineté ou à de surprenantes clauses d'exclusion par lesquelles le Parlement d'Holyrood se trouve ligoté. La seule voie qui puisse encore permettre à l'Écosse de négocier démocratiquement la rénovation du Royaume-Uni c'est celle qui consiste à faire ses propres propositions, à préciser noir sur blanc quelles institutions les Écossais désirent voir rester britanniques (et non devenir européennes, par exemple, ou encore revenir à l'Écosse). Cette position est bien sûr difficile à arrêter, d'autant qu'il n'y a aucun précédent. C'est ce que dans *After Britain*, j'ai appelé « indépendance *de facto* », ce qui revient à dire que le Parlement écossais ne ressemble à rien de ce qui existe déjà et doit par conséquent essayer de créer son propre statut. Le processus de construction d'une Constitution que j'ai évoqué plus haut semble le seul moyen d'y parvenir. Il nous faut, d'une certaine façon, traduire dans les faits le *Claim of Right* et montrer par des moyens juridiques qu'il ne s'agit pas d'un simple document exprimant protestations et doléances.

Dès que l'on aborde des préoccupations « constitutionnelles » de ce genre, la conversation a tendance à s'interrompre. Une soumission prolongée au système politique britannique a vacciné tous les sujets de la couronne contre cette folie constitutionnelle qui semble être une seconde nature pour, notamment, les Américains ou les Français. J'aimerais beaucoup voir Édimbourg en proie à cette folie mais je suis résigné à l'idée que cela prendra un certain temps même si l'on peut déjà parler d'un honnête début, récemment salué par Graham Leicester dans le *New Stateman*. Il fait dans son article des commentaires sur la façon dont le Parlement devrait réagir après la publication du rapport de Sir Donald Acheson sur les inégalités en matière de santé et de soins, puis il poursuit :

> L'Écosse n'aura pas de mal à se montrer à la hauteur du défi moral. Sir Acheson n'a rien révélé que les Écossais ne savaient déjà en leur for intérieur. Il est impossible d'éluder la question de l'inégalité dans la société écossaise : elle saute aux yeux à la lecture de n'importe quelle étude statistique ; évidente, elle ridiculise et bafoue l'image de cohésion consensuelle que la nation voudrait donner d'elle-même. C'est le plus grand défi qui se pose au gouvernement écossais. Peut-être même est-ce le seul. Mais nous n'avons pas encore pris en compte ce défi organisationnel.[15]

15. *New Stateman*, 6 septembre 1999. Il est important de souligner que les remarques de G. Leicester s'inscrivent dans un contexte plus large, à savoir le débat international sur l'inégalité qui a pris de l'ampleur après le texte fondateur de Richard Wilkinson,

Je pense cependant que le terme de « organisationnel » ne convient pas ici. Il semble indiquer qu'une administration compétente suffira à traiter le problème. Or, il apparaît que, jusqu'ici, toutes les questions sensibles, celles qui ont eu une importance décisive dans le débat sur le retour d'un gouvernement en Écosse, touchaient de près ou de loin à l'inégalité : la campagne pour la parité hommes-femmes, le scandale de la non-représentation des minorités après la première élection, la bataille sur les frais de scolarité des étudiants, les actions visant à modifier le suffrage pour l'élection du gouvernement local ou la législation sur la propriété terrienne et l'abolition des pratiques féodales, les protestations de James Macmillan contre les vestiges d'une discrimination anticatholique ; tous ces mouvements ont mis en lumière un problème qui dépasse largement le domaine de l'organisationnel. Ils sont la preuve d'une préoccupation « constitutionnelle » suscitée par l'inégalité, un thème repris et souligné en musique le 1er juillet, lors de la cérémonie d'ouverture du Parlement. Cette préoccupation appelle à la création d'une Constitution explicitement égalitaire, manifestement en contradiction avec les règles du *Scotland Act* qui vise à maintenir l'Écosse à l'intérieur du cadre plus large de la Souveraineté britannique. Si, dans le même temps, comme cela a été le cas avec Margaret Thatcher, la Grande-Bretagne anglaise de Tony Blair devient de plus en plus *inégalitaire*, le gouvernement écossais sera confronté à un dilemme évident, qu'il n'est pas nécessaire de souligner davantage.

C'est probablement l'idée que G. Leicester avait en tête en concluant son article par une réflexion sur l'avenir de la nouvelle donne politique écossaise : « Réformer les sociaux démocrates reviendra en quelque sorte à soulever le chapeau du magicien pour voir quels miracles se sont opérés en dessous » Je pense qu'on y trouvera simplement ce vieux Jock Tamson lui-même. Nous ne le renierons pas. Il faudra se montrer à la hauteur du personnage en choisissant une ligne constitutionnelle et civique pure et dure.

Unhealthy Societies : The Afflictions of Inequality (Routledge, 1996). Wilkinson défend l'idée que la principale cause de mauvaise santé et de mort prématurée est *de loin* l'inégalité sociale. On citera également la contribution de Charles Tilly à ce débat avec *Durable Inequality* (1998).

Table des matières

ÉCRIRE, PUBLIER, LIRE EN RHÔNE-ALPES
Le dynamisme culturel de Rhône-Alpes se manifeste dans tous les domaines : théâtre, cinéma, danse, arts plastiques, etc.
La vie littéraire est à la mesure de cette richesse et de ce foisonnement en cette région-carrefour où le commerce des idées et les arts de l'écrit ont une longue et brillante tradition.
Aujourd'hui plusieurs centaines d'auteurs et de traducteurs, des pôles de recherche universitaire particulièrement actifs, des dizaines de maisons d'édition, un réseau dense de bibliothèques et de librairies contribuent au rayonnement régional, national et international de la vie intellectuelle.
Depuis plusieurs années, la Région Rhône-Alpes soutient activement la production littéraire, la recherche intellectuelle et la conservation du patrimoine écrit. Elle entend ainsi favoriser le plus large accès aux domaines du livre et à la diversité des pensées et des écritures.

Ouvrage publié avec le soutien du
Conseil régional Rhône-Alpes

par

Achevé d'imprimer
en février 2001
IMPRIMERIE LIENHART
à Aubenas d'Ardèche

Dépôt légal février 2001
N° d'imprimeur : 2966
Printed in France